（修订版）

国士无双
伍连德

王哲◎著

世界知识出版社

图书在版编目（CIP）数据

国士无双伍连德 / 王哲著. — 北京：世界知识出版社, 2020.2
ISBN 978-7-5012-6169-7

Ⅰ. ①国… Ⅱ. ①王… Ⅲ. ①伍连德（1879-1960）- 生
平事迹 Ⅳ. ① K826.2

中国版本图书馆 CIP 数据核字 (2020) 第 024444 号

书　　名	**国士无双伍连德**
	Guoshiwushuang　Wu Liande
策　　划	席亚兵　张兆晋
责任编辑	苏灵芝
责任校对	张　琨
责任印制	王勇刚
封面设计	张　乐
出版发行	世界知识出版社
网　　址	http://www.ishizhi.cn
地址邮编	北京市东城区干面胡同 51 号（100010）
电　　话	010-65265923（发行）010-85119023（邮购）
经　　销	新华书店
印　　刷	文畅阁印刷有限公司
开本印张	710×1000 毫米 1/16 20.50 印张
字　　数	300 千字
版　　次	2020 年 2 月第 1 版 2020 年 2 月第 1 次印刷
标准书号	ISBN 978-7-5012-6169-7
定　　价	66.00 元

序

　　伍连德先生是我国著名预防医学家、医学教育家、社会活动家、国际著名卫生防疫专家，是中国卫生防疫、检疫、医学教育、医院管理和医学交流的先驱。从1907年到1937年的30年间，伍连德为了中国现代医学的建设做出了非凡的贡献，尤其是在1911年东北大鼠疫中，他作为清政府的全权总医官，率领东北防疫人员，在不到4个月之间彻底消灭了这场百年不遇的烈性传染病的流行，拯救了千万人的生命。除了在卫生防疫上的成就外，伍连德还是中华医学会的创建人之一和第一、二任会长，他主持创办了20多所医院或医学院校，力主收回港口卫生检疫权，也是中国禁毒的主要人物。

　　伍连德先生不仅是国际知名的科学家，还是爱国知识分子的榜样。在他的一生中，无论取得多大成绩，享有多高的荣誉，始终把这一切都归功于祖国给予他为国效力的机会，以为祖国作贡献而自豪，以为人民解除病痛、提高人民健康而欣慰。

　　伍连德先生出生在南洋槟榔屿，在英国接受医学教育，学成后毅然回国服务，将自己最宝贵的年华贡献给中国的卫生防疫事业。无论在国内还是在海外，他一贯以身为中国人而自豪，随时随地为捍卫中国的主权，扩大中国的影响而努力，无论风云如何变幻，他心中永远以祖国为重。在他身上充分体现出科学是没有国界的，但是科学家是有自己的祖国的这一道理。伍连德先生是我国百万留学人员的杰出代表。改革开放以来，我国有更多的莘莘学子走出国门，负笈求学。伍连德先生是值得广大留学人员学习的榜样。

今天，我们伟大的祖国已经发生了翻天覆地的变化，中华民族正在腾飞。伍连德先生在风雨如磐的旧中国，尚且能够在医疗卫生事业中作出举世瞩目的成就，我们现在的医学工作者更应该在医学领域取得世界领先的原始创新成果，并结合中国的实际情况，走出一条保障全体国民健康的独特道路。这是当代中国医学工作者应有的民族自信和自觉。

伍连德和北京大学医学部渊源颇深，是附属人民医院的创办人和首任院长。由北京大学医学院毕业生王哲先生为他写传，也体现了新一代医学工作者继往开来的意愿。

是为序。

2006 年 12 月 16 日于北京

目　录

序（韩启德）

国难思良将（修订版前言）   1

前　言   3

第一章　　少年苦旅   5

第二章　　此去经年   20

第三章　　天赐英才   35

第四章　　慷慨出关   53

第五章　　飘雪天涯   70

第六章　　风波骤起   85

第七章　　决战时刻   100

第八章　　经历绝望   118

第九章　　慷慨悲歌   135

第十章　　天下扬名   152

第十一章　　十年磨剑   168

第十二章　　卷土重来   185

第十三章　事业由人　200

第十四章　先锋旗手　217

第十五章　中西之辩　227

第十六章　奠基创业　241

第十七章　生死一线　256

第十八章　最后一战　272

第十九章　老兵不死　286

第二十章　光芒重现　301

附　录　伍连德年谱　308

主要参考文献　313

初版后记　315

再版后记　319

国难思良将（修订版前言）

2020 年 1 月，时隔 16 年，伍连德先生再回中国。

上一次是在 2003 年萨斯爆发之后，人们在回顾历史的时候，发现了伍连德先生的丰功伟绩，然后有了很多伍连德先生的崇拜者，也有了这本书。

过去十几年里，每一次疫情出现，人们都会想起伍连德先生，都会重温他的事迹，特别是东北抗疫的事迹。同样的故事，每一篇都能达到 10 万 +。

活在人们心中，莫过于此。

新型冠状病毒（COVID-19）疫情爆发后，人们又想到伍连德先生。

国难思良将。重温伍连德先生的事迹让我们多了很多感慨。

人以国士待我，我自以国士待之，这是伍连德先生对国家对民族的承诺。

伍连德先生重回中国后，他在东北大鼠疫防疫中首创的隔离措施渐渐被中国的医学工作者所采纳。结合萨斯的防疫经验，隔离成了中国当代防疫的良策，在此次新型冠状病毒防疫中，更是推出了全球首创的大城市隔离。

武汉隔离，各地响应。

不过，在和朋友们谈到隔离措施的时候，我引用了武侯祠的著名对联中一句话，"不审势即宽严皆误"。

伍连德先生在指挥东北大鼠疫防疫中，果断采取了隔离措施，但只隔离疫情中心的傅家甸，东三省和关内并未实施任何隔离。

在此次隔离和之后的防疫隔离中，伍连德先生特别关注交叉感染的问题，确保不存在这样的隐患。

希望新型冠状病毒疫情，能够推动中国卫生防疫的真正进步，以慰伍连德先生在天之灵。

2020 年 2 月 10 日于弗吉尼亚

前　言

　　2005 年夏天的一个下午，我下班回到家里，脱去西装，换上满是油漆的圆领衫，准备和过去几个星期一样，继续装修家里的地下室。

　　来到厨房，打开冰箱，拿出一瓶饮料，回头一看，电话上显示有一个留言。

　　"这里是劳顿县图书馆，你的馆际借书到了，请速来取。"

　　站在电话前面，愣了一阵才明白过来，原来是苦苦等了两个多月的那本书终于到了。随便找来一件干净的衣服换上，急忙驱车赶到图书馆。交纳了一块钱手续费后，从那位一只手残疾的图书馆员手中拿到了一本蓝色的、封皮已经很陈旧的厚厚的书。翻开封皮，发现是来自乔治亚大学图书馆，里面竟然还有一张上学的时候常见的借阅卡片，上面印的上一次出借日期是 1983 年 8 月 21 日，也就是说我将是 22 年里第一个读这本书的人。

　　回到家里，胡乱找个地方坐下，翻开头一页："1910 年 12 月 24 日那个苦寒的下午，一个年轻的中国医生抵达北满哈尔滨火车站……"，于是我家地下室到现在还和那天一模一样。

　　整个事情的起因是我两年前写的一篇著名科学家汤飞凡先生的传记"国之瑰宝"，在网上流传之后，很多朋友一直期待着我能够按这种风格写下去。就我本人看来，这种题材可遇不可得，写作时还需要有热情和冲动。但是在众多的鼓励和期待下终于动心，开始寻找值得写的题材。

　　首先想到的，是在学校和工作时只鳞片爪所听到的新中国成立后控制一号病和二号病，也就是鼠疫和霍乱，相信其中必有很多可歌可泣的故事，马上有了一个非常感性的题目："中国，请让我为你执着！"有了立意和题目，信心十足地开始收集材料。因为岳父恰好是霍乱方面的专家，电话打到北京，说明了用意。

"写写伍连德吧。"越洋电话那头传来岳父平静的声音。

伍连德？这个名字似乎听说过三两次。打开互联网搜索，发现只有不多的几页资料。改用英文搜索，一下子发现他的自传，跑到县图书馆填写了馆际借书单。然后在一点一点收集有关他的资料的同时，等待着那本自传。

几个礼拜过去了，隔三差五打电话去询问，每次得到的回答都是没有借到，于是像这辈子干很多事情一样兴趣缺缺。索性从脑力劳动转向体力劳动，趁着妻儿回国探亲的空档重新装修起地下室来，直到接到图书馆留言的这一天。

如果说我的一生有可能因为一个人而转变的话，他就是伍连德。

从晚清到新中国，中间半个多世纪风雷震荡。有伟人英雄，也有魔鬼恶棍；有先贤智者，也有小丑无赖；更多的是和你我一样的平平凡凡的中国人。近年来人们开始重新审阅那段历史，在那些痛心疾首，和那些慷慨悲歌之中每每有一些令人不可置信的发现。

历史原本静静地在那里，问题是如何去看、去领会。逝去的年代里的某些人，某些事，在今人眼中总是有些不真实、有些不可能。不是因为虚假，也不是被历史所歪曲或美化，而是因为我们总觉得我们高于古人，总以为他们不可能做到，而没有意识到这些在我们眼中有些虚幻飘渺的人，正是支撑中华民族一脉五千年的脊梁。

我要写的伍连德，就是这种被今人所遗忘的民族栋梁。不仅仅现在我们回顾他平生所为时发出了这般的感叹，即使在八十余年前，在他风华正茂的年代，有一位大名鼎鼎的人物极其不寻常地写道："科学输入垂五十年，国中能以学者资格与世界相见者，伍星联博士一人而已！"

写这段话的人叫梁启超，他要我们记住的只有四个字：国士无双。

第一章　少年苦旅

1

　　每个人的故事都应该开始于一个女人，因为每个人都有母亲。不管这个女人多么平凡，在孩子的眼里她永远是这个世界上最崇高最伟大的女人。

　　1857 年，在南洋的槟榔屿，年仅 13 岁的华侨女子林彩繁出嫁了，新郎是 25 岁的小金铺老板伍祺学。时辰到了，新郎穿着一身类似清朝官服的礼服，带着花轿和吹鼓手，敲锣打鼓地来到林家，把满脸是泪的小新娘接到唐人街观音庙旁的新房里。

　　新婚燕尔的林彩繁心里没有多少喜悦，有的只是淡淡的哀愁。从懂事那天起，她就知道，这是她的宿命。按本地的称呼，彩繁是第二代侨生娘惹。爷爷和他的新婚丈夫是同乡，都是从广东台山来闯南洋的华侨。父亲林道解出生在槟榔屿，娶了一位也是本地出生叫 KOK 的客家女子，头胎生下了彩繁。重男轻女的林道解非常失望，取名彩繁的意思是造成麻烦。没想到后来一连生了五个儿子，然后是两个女儿，最后也是一个儿子，这八个孩子主要是由长女彩繁照料。

　　这时候，林道解心烦的不是没有儿子，而是如何养活一大家子人。林道解是位木匠，家境艰难，因此要早早给老大彩繁找个家境比较殷实的人家，出嫁后可以接济娘家。

新郎伍祺学属于闽南洋中的佼佼者。按照当时广东的习俗，家中的长子和女孩子留在家乡，其他男孩子长大后都要出洋闯荡。伍祺学是家中老四，二哥和三哥去了美国加利福尼亚，他来到南洋，五弟去了澳大利亚。最后在加州的两个哥哥只能勉强温饱，在澳洲的弟弟穷困潦倒，只有他能够立业并接济父母和兄弟姐妹。

16岁那年，穿着一身光亮黑绸制的宽松外套和短裤的伍祺学来到槟榔屿，随身除了一张草席和一只枕头，就是勇气和希望。运气很好的伍祺学很快进金铺当学徒，几年后学成手艺，自己开了金铺。由于手艺好，样式独特，生意很兴隆，雇用了几名助手，专门生产供当地女子佩戴的首饰。现在应该成家了，同时也是为了给铺子找个老板娘，生意上有个帮手。

伍林联姻以后的32年间，伍祺学和林彩繁一共生了15个孩子，存活下来的有11个，5男6女。伍家的金铺生意一直比较稳定，比上不足比下有余，虽然贫寒但尚可温饱。

这门亲事果然对林家帮助很大。家中几个男孩子渐渐长大后，在本地发展起来比较有限，家里也不需要那么多帮手。这时，正好赶上大清水师在南洋招水手。当年内忧外患不断的清廷，洋务派占了上风，大力发展海军。水师的建设完全按英国的模式，因此急需能讲英文，而且能行走海上的水手，林家兄弟正是这样的人，大儿子林国祯和二儿子林国祥这对双胞胎决定去福州投军。

可是林家家境贫寒，根本不可能给他俩出路费。还是大姐彩繁取得家里的同意后，给他俩提供了路费和生活费。两人到福州参加了大清水师，老二林国祥由于勤奋好学，被选拔入福建船政学堂[①]，成为福建船政学堂第一批学员，后来升任管带[②]，名列北洋水师的一代天骄。

国祯和国祥在军中站稳脚跟以后，把几个弟弟相继接到福州，参加了大清水师。一家兄弟六人同在水师服役，极为罕见。

---

① 福建船政学堂俗称马尾水师学堂，1866年由闽浙总督左宗棠在福建马尾创办，官名"福州船政局"，从事船炮轮机的制造和驾驶人才的训练。
② 即舰长。

伍连德的父亲伍祺学和母亲林彩繁

　　几年后，老大林国祯退伍返回槟榔屿，渐次成为槟榔屿最高法院首席通译，娶了一位福建富茶商的女儿。老四林国礼退伍后也回到家乡，继承母亲家族的采矿事业。老五林国湖一直在福建水师服役。老六林六经因在中法战争中表现出色而获得朝廷颁发的表扬奖状，回到槟榔屿后做了二十多年的政府通译，退休后在金宝开矿致富以后，投资建筑成为当地首富。在怡保拥有大批产业，迄今当地还有以他的名字命名的林六经市场和林六经故居。

　　甲午中日决战，林国祥担任"广乙号"舰管带，与"济远号"舰奉命护送"仁字"军赴朝鲜。1894年7月25日晨，"广乙""济远"返航时为日舰"吉野""秋津洲""浪速"所阻拦。双方激战1小时20分钟。"广乙"受伤多处，人员伤亡很重，林国祥下令向东北方向逃避。"广乙"驶至朝鲜西海岸搁浅后，林国祥为免军舰被敌人夺去，下令凿坏锅炉，焚烧火药舱，率领剩下的79人登岸，往牙山投叶志超军营。到了军营发现叶志超已经溃逃，便搭乘英国军舰回国。途中为日舰拦截，被迫签署永不与闻兵事的声明，才被释放回国。此即为黄海海战前的丰岛海战。

　　9月17日中日海军在黄海决战，在旗舰中弹，主帅重伤，北洋水师全军混乱之时，"致远号"舰管带邓世昌下令对日军旗舰"吉野"做自杀式冲击，最终中弹沉没。关键时刻"济远"管带方伯谦临阵脱逃。黄海一战，北洋水师退守威海卫，不再出战。战后，方伯谦被斩首于旅顺。朝野上下将林国祥与方伯谦比较，一片赞许。10 月 16 日，李鸿章奏以林国祥接替方伯谦任"济远"管带。林国祥接任"济远"管带后，在威海卫之战中并无突出表现。北洋水师全军覆没后，林国祥被革职。不久后又被重新启用。

林家三郎林国裕，在甲午海战中被日军弹片击中，和邓世昌等一起成为壮烈殉国的北洋先烈。

中国近代史上，最令人惋惜最悲壮的莫过于甲午一战。北洋水师全军覆没，彻底断送了清廷扬威七海的雄心，在南洋更是遍地哀歌，许多南洋子弟在此役中为祖国捐躯，历史上只有抗日战争时期上千南洋机工牺牲在滇缅公路之时可比。

所谓祸不单行，刚刚经历过丧弟之痛不久的林彩繁又痛不欲生，因为她最出色的儿子患伤寒，高烧已经三周，生命垂危。

2

在马来半岛的西北部，位于马六甲海峡交通要道上，有一个四方形的岛屿。1786 年英国东印度公司的代表法兰西斯·莱特船长从吉打苏丹手中得到这个岛屿，将其命名为"威尔斯王子岛"，以纪念后来成为英国国王的乔治四世。可惜莱特并不是哥伦布，最后这座岛屿无论在马来语，还是在华语中，都沿用记载在"郑和航海图"中的名字：槟榔（屿），乔治的名字只留做首府的名字。

华人在槟榔屿的历史远在郑和以前，可以追溯到东晋高僧法显。据说当他从印度取经自海路返回时，曾经两次抵达的一个岛屿，就是这个槟榔屿。唐朝时便开始有华人在此定居，或因为岛上产槟榔，或因为岛形如槟榔，便有了槟榔屿的名字。

槟榔屿气候温暖、物产丰富，经过几个世纪的前赴后继，这里已经成为马来西亚华人占多数的唯一的一个州。以福建移民和广东移民为主的槟城华人在近代中国不乏英才，成为南洋和海外中华文化的一颗明珠。孙中山流亡海外时，就曾客居槟城，组织同盟会，筹划反清大业。康有为也曾到此鼓吹君主立宪。对生长在槟城的华人来说，他们永远是中国人。也正因为这种很强的向心力，无论是以反清为主的同盟会，还是清朝政府，都把这里视为必争之地。

那一年，槟城的一个开金铺的华人家庭添丁时，他们习惯地记下：光绪五年二月十八，这一天是西元 1879 年 3 月 10 日。凌晨三点，一个男婴出世了。家中一切如常，没有太多的喜悦，因为这是家中第八个孩子，而且是第四个男孩。可是，家中细心的女孩子和店里的伙计清清楚楚地记得，这个孩子出生时，天上的乌云突然散开，一轮明月异常明亮。按习俗，这是非常幸运的月光。

这个孩子会带来幸运吗？他的一生会有幸运相伴吗？

世界上本来没有什么幸运，那些看起来幸运的人是因为适逢其会。机会到处都是，但是只有坚韧不拔、刻苦努力的人才能抓住机会。

这一家的主人伍祺学只身从广东来到槟城，学到了做金银首饰的手艺。他设计的项链和脚链很受本地妇女和姑娘们喜爱，因此家境还算过得去，除了养活一大家人外，还可以周济在台山的父母和在槟城的岳父两家。大儿子连胜十岁时送回广东，大女儿月霞和母亲小时候一样负责照顾弟妹。家中儿子的名字以连排行，连胜、连兴、连发，因此这个儿子取名叫连德。按照广东人的习惯拼音，伍姓为 NG，因此这个孩子的名字叫 NG LEAN-TUCK，但是从他懂事那天起，就知道自己名字的意思是五个相连的美德，因此 30 年后，回到祖国的他按中国文人的习惯起了字：星联。

童年在伍连德的记忆中是纷乱的。父亲在唐人街租了房子，楼下是金铺，一家人住在楼上。街上主要是华人和印度人，偶尔能见到打渔为生的马来人。华人对小连德来说，又分成和自己一样讲广东话的广东人，讲闽南话的福建人和客家人。他印象最深刻的是那些静静的印度高利贷店铺和街头演出。有一次晚上看完演出后，连德被堂叔背回家里，才发现脚上的金链子被贼偷去了，从那天起，他立誓毕生再不佩戴任何首饰，而且做到了。有志者事竟成，从这件不为他人注意的童年小事上，已经显示此人非凡的毅力和决心。

这种各民族混居，而且华人移民的来源也很多的生活环境，对伍连德的成长产生最大的影响，是他的平等宽容的生活态度，以及善于和不同种族不同

槟城大英义塾的校门

背景的人打交道的能力，这两点对他日后的成功是非常关键的。

1886 年春节刚过，将满七岁的伍连德该上学了。槟榔屿是英国殖民地，有公立学校（Penang Free School），华人称之为大英义塾，每月学费一元，穷人可以免费。这笔钱对孩子很多的伍家来说也算是不小的支出。和槟城其他华人家庭一样，伍家也是重男轻女。男孩子到岁数就要受教育，女孩子则基本不接受教育，其中只有三姐月清上过几年私塾。伍家的惯例是中英交替，老大连胜在广东老家习中文，老二连兴入大英义塾习英文，此时已经 18 岁，马上就要毕业了。老三连发入私塾习中文，现在老四连德该入大英义塾了。

连德早早起来，穿上母亲特意做的新衣服，背好书包，规规矩矩地给父母磕了头，然后在大姐月霞的陪伴下到观音庙烧香拜佛，之后去学校。连德告别了姐姐，高高兴兴地进了校门，来到办公室，排队等候注册。

学校负责注册的职员是一位 45 岁左右的华人，连德听二哥讲过，这是个福建人，叫甘阴吉。轮到伍连德了，甘阴吉用英文问："你叫什么名字？"

"伍连德。"连德按广东话发音回答。

甘阴吉愣了一下，又问："你能用英文写你的名字吗？"

连德想起来了，二哥告诉过自己，甘先生是讲闽南话的，不明白广东话发音。于是点点头，工工整整地在纸上按广东话的拼音写下：NG LEEN TUCK。

甘阴吉看了看，摇摇头，又问："你能用中文写你的名字吗？

连德又点点头，在纸上认认真真写下三个汉字：伍连德。

甘阴吉终于点点头，嘴里用闽南话念这三个字：GNOH LEAN TEIK。随后在注册簿上写下：GNOH LEAN TUCK，然后指着这三个英文字告诉连德："记住，这是你的正式名字。"

于是，伍连德就有了 GNOH LEAN TUCK 这样一个闽南话和广东话杂交的名字。按照英国人的习惯，他成了德（TUCK）先生，以至后来，他的行医执照上写的是颁发给德医生的。直到 1908 年伍连德来到天津时，才按照国语的拼写，开始使用 WU LIEN TEH 这个名扬四海的名字。

大英义塾采用英国式教育，用英语教学，辅以马来语和中文。伍连德入学后的头几年，大英义塾的教育水平比较初级，也没有室外活动的场地。和其他学生相比，伍连德的条件更差，家里没有专门供他学习的房间，他只好找到哪里是哪里，有时是店里的一个角落，有时是餐桌角。当时还没有电灯，全家的照明就靠挂在房顶的一盏煤油灯。晚上过了十点，便熄灯安歇。这时候，勤奋的连德便点燃粗浅陶碗上泛着细绳子的小椰子灯，继续看书学习。摇晃不定的微弱烛光伴随着他度过无数个苦读的夜晚，也使得他视力受到损伤。

可以说，上学的前几年，无论是学校，还是家庭，都没有给伍连德提供良好的条件，有的只是一个弱小的少年日复一日地自强不息。

而此时的伍连德本人，可以说看不到什么美好的未来。他所能憧憬的，就是和二哥一样，从大英义塾毕业，到地方法院担任通译，挣钱养家，然后娶妻生子，有个稍微体面的生活而已。多少个日出日落，一个南洋少年，在槟榔屿岸边，望着远方，有些迷茫，有些叹息，还有些不甘心。

远方是和槟榔屿、马六甲同属海峡殖民地的新加坡，连德听说过，那里远比槟榔屿繁华，那里的孩子也比槟榔屿的孩子幸运。就在他上学的前年，英国海峡殖民地总督金文泰（Sir Elementi Smith）发起并建立了女皇奖学金，每年授予两名优秀学生每年 200 英镑，为期四年的奖学金，并提供来回船票去英国深造。

当时海峡殖民地没有大学，殖民地政府对除白人以外的其他

槟城大英义塾的早期建筑

种族采取歧视政策，华人子弟根本没有进入上层社会的途径，唯一的办法就是经商致富。女皇奖学金一建立，便成了华人子弟唯一的上进途径，因此竞争十分激烈。从 1885 年到 1892 年，女皇奖学金均由教育程度较高的新加坡学生获得。对于槟榔屿的孩子们来说，一来公校教育水平太差，二来要去新加坡考试，单程要坐 30 小时的船，费用不低。连德听从新加坡回来的人谈起过女皇奖学金，可是对他来说是天方夜谭。

就在连德入学五年后，学校为了提高教育水平，于 1891 年从英国聘请哈格立夫先生出任校长。哈格立夫来到槟城后，改革了义塾的教育体制，按照英国公校的办法，引进室外活动和英国文学、历史、地理、拉丁文和几何等高级课程。短短两年，槟城公校的教学水平突飞猛进，改变了女皇奖学金由新加坡学生独霸的局面，从 1893 年开始，槟城公校的学生连续获得女皇奖学金。

夜深人静，涛声不断，小椰子灯下，一个少年合上书本，揉揉疲倦的双眼，看着远方，心中燃起了希望。

3

1892 年，槟城大英义塾从全校各年级选拔优秀学生，成立了专为考取女皇奖学金作准备的优等班。全班年龄最小的学生只有 13 岁，他就是伍连德。6 年的灯下夜读，不仅使他成为同龄人中成绩最好的学生，而且成绩超过绝大多数高年级同学。

突击准备了几个月后，优等班的学生便参加当年的考试。考场设在新加坡，考卷送英国剑桥审阅。当年运输靠海运，因此要等四个月才能公布结果。由于路费和食宿费自筹，对槟城的孩子们特别是像伍连德这样贫寒的家庭来说是个很大的难题。所幸中国人重教育之风在南洋依然盛行，居住在新加坡的富裕的槟榔屿商人为这些家乡的优秀学生提供了路费和资助，而且以此为荣。孩子们在这些主要靠鸦片发财的商人家中度过非常快乐的一周，伍连德也正是在这里见识了巨大的贫富差异，特别是见识了鸦片的制作和交易的过程，加上他自幼随处所见的瘾君子，在这时他终于能够把这一切都联系起来，心中久久不能平静。

1893 年，伍连德首次参加女皇奖学金选拔考试，名列第八。1894 年再度参赛，名列第五，获得 50 英镑奖金。1895 年名列第二，获得了女皇奖学金的资格，但因为年仅 16 岁，没有达到 17 岁法定年龄，只获得 180 英镑奖金。

在重教育的槟城华人移民里，每年一度的女皇奖学金选拔考试就如同祖国的科举，考试成绩优秀的学生在槟城广受关注。眼看伍连德天资聪慧，加上勤奋，已经是槟榔屿以至整个海峡殖民地最优秀的学生之一，伍祺学感到万分欣慰，这个孩子就是他们家光宗耀祖的希望。可是就在这时，伍连德突然生病了。

那天连德下学回来，依旧坐在厨房的一角读书，等到吃饭的时候，大家发现他竟然睡着了。仔细一看，才发现烧得很厉害。母亲连忙去请中医来看，说是偶感风寒，休息几天就没事了。可是连德卧床已经一个多礼拜了，发烧越来越严重。父亲连忙去请来西医，也没有好的办法，眼看人高烧得就要没命了。

镇里最好的西医，英国医生布朗被请来了。他给伍连德诊断了一番，摇摇头，安慰病人的家属，要有耐心。

镇里最好的中医，号称是无所不能的林花潜也被请来，一样无能为力。

伍连德的父母只好每天到庙里烧香拜佛，祈祷儿子能渡过难关。

三周以后，在大家开始绝望，甚至打算给伍连德准备后事时，他的病情竟然奇迹般地好转了。父亲大喜之下，将他送到乡间疗养。

这次死里逃生对伍连德最终选择医学作为职业，可以说起着决定性的作用。这也许就是孟子说的"天将降大任于斯人也，必先苦其心志，劳其筋骨，饿其体肤，空乏其身，行拂乱其所为，所以动心忍性，增益其所不能"。

大病初愈，伍连德马上抓紧时间温习功课，参加 1896 年的女皇奖学金选拔考试。

1896 年 6 月，海峡殖民地女皇奖学金结果公布。第一名是个已经在仰光上了大学的英国人，来新加坡旅游时正好是考试期间，出于好奇便参加了，考取以后自己申请取消。因此总督批准第二名递补为第一，另外一名空缺。这唯一的一名获奖人，就是伍连德。

喜讯传到槟城，伍家上上下下喜气洋洋，就如同在家乡中了举人进士一样。亲朋好友来祝贺的络绎不绝，当地报纸也贯以"槟城一鹤"的标题大张旗鼓地宣传："本埠自开埠以来习英文者多矣，以冠军闻名者惟该童为首届，真人杰哉。"[①]金铺挂出东家有事今日歇业的招牌，父母在铺子里忙里忙外地招待客人，脸上挂着难得一见的开心的笑容，伍连德像众星捧月似的成为中心，感到浑身上下不自在，加上前来道喜的人中有好几家当场提亲，弄得他满脸通红，索性躲到楼上的屋子里，关起门来看书。

喧闹的一天终于过去了，客人陆续告辞，就剩下自己家人了。父亲闷闷地抽着水烟，母亲不做声地缝补衣服，兄弟姐妹也都不做声。最后，还是已出嫁的大姐月霞打破了沉默："爸爸，四弟去英国读书的事情您到底同意不同意？"

伍祺学不说话，林彩繁开口道："你姨妈说的话不是没有道理，新加坡去英国读书的子弟有不少剪掉了辫子，还娶回来洋媳妇。"

二姐月桂道："我听人说，四弟学业这么出色，肯定能在官府找到事干，日后一定能出人头地，起码比大舅有出息。"

刚刚上学的小弟弟德安抢着反驳说："我觉得应该让四哥去英国，我们校长也是这么讲的，四哥肯定能学成。"

几个孩子七嘴八舌吵了起来，伍祺学拿烟袋轻轻敲了敲桌子，孩子们都不做声了。他看着一直没说话的连德，叹了一口气："连德，我知道你愿意去英国读书，可是你妈和我最担心的不是你剪不剪辫子、娶什么样的老婆，而是你的身体。"

听到这里，林彩繁掉泪了："孩子，去年你差点送命。这一去千山万水，三年五载的，身边也没有个亲人，万一再生场大病，妈妈怕再也见不到你了。"

伍连德本来有一肚子的话，可是看着泪流满面的母亲和日渐苍老的父亲，在心里长长地叹了一口气，算了，就和哥哥姐姐们一样，在槟城终老吧。

大门突然被推开了，一个健壮的年轻人冲了进来，手里拿着大包小包，进门就喊："四弟，我一下船就听说你考中了，赶紧准备去英国的行李呀。"

伍连德一看，是已经做到地方法庭第二通译的二哥连兴，这几天外出公差。在家里，只有二哥坚持让他一定去英国读书，而且一定要学医。就因为他去年

[①] 槟城新报，1896 年 6 月 23 日。

大病不死，连兴相信这么聪明的弟弟一定能成为槟榔屿以至南洋最好的医生。

见到一贯支持自己的二哥，伍连德也来了信心："二哥，爸爸妈妈担心我的身体，不让去。"

连兴冲着爹妈道："不用担心，大难不死，必有后福，我敢保证，连德从此百病不侵。这个机会不能放弃，一定要去。"

由于长子连胜在广东老家，所以连兴从来都是扮演家中长子的角色。连兴为人十分固执，有时候到了迂腐的程度。他认定的事，别人很难说服他，爹妈也拗不过他。

伍祺学看了看不依不饶的老二，又看了看满脸乞求的老四，一跺脚，终于点了头。

4

1896 年 8 月 7 日，槟榔屿码头挤满了人，这一天是伍连德离家的日子。除了亲朋好友外，许多本地的华人也来送行。

在二哥的坚持下，父亲同意他去英国读书。关于申请学校，校长把他介绍给后来成为槟榔屿县长的英国学者温根生先生。温根生的意见和二哥连兴的意见出人意料的一致，也建议他学医。

因为殖民地在选拔官员、交通和民生福利各个方面普遍施行不平等政策，政府用人的标准不看才能只重肤色，亚裔人才只有学习医学和法律等专业，才有可能成为高级公务员，因此历届女皇奖学金获得者中的华裔子弟均学医或者法律。温根生认为，以伍连德的特点，适合学医。

正是从这一年开始，女皇奖学金施行新的条例，获奖者可以进任何一所英国大学，不像以往仅限于爱丁堡大学等几所。问题是每年 200 英镑的奖学金，对学生来说在大部分学校是不够开销的，往年获奖者的家里都要资助一部分，伍连德家境贫寒，本人坚持不用家里的钱，所以经济成为选校的一个重要因素。

二哥和温根生商量，最后确定申请剑桥大学的意曼纽学院。学院较小，费用较低，教授对学生的个别辅导也相对多一点。还有一个原因，温根生知道意曼纽学院的学生多是平民家庭出身，和伍连德这样的清贫子弟容易相处。于是，温根生帮他写了推荐信，相信入学考试能够顺利通过。

船就要开了，母亲还拉着连德的手说个没完："在外面一定要注意身体，一到英国，马上找你二舅。"甲午战争以后，海军元气大伤，像林国祥这样马尾一期的学生很是宝贵，所以清廷很快重新起用，奉命前往英国监造订购的"海天""海圻"两艘巡洋舰，一共要在英国待三年。

父亲过来，拍拍儿子的肩膀："上船吧，一路顺风，学成速归。"

伍连德在亲友的祝福和母亲的泪水中登船，启程。

从槟榔屿到新加坡，再换船前往英国，在当时要航行一个多月。第一次出远门，年仅17岁的伍连德好奇又有些不安，一路上不是在船上左看右看，就是站在甲板上看风景。

这天，船马上就要抵达英国了。他站在甲板上，望着海天茫茫，突然有一股冲动，决定干一件有生以来自作主张的大事。他找来船上的理发师，花了五先令剪掉了辫子。靠岸以后，他把剪下的辫子小心翼翼地包好，寄给母亲。没有这条从小到大、已经成为身体一部分的"猪尾巴"，浑身上下没一处感觉舒服的伍连德登上了英伦三岛。

19世纪20世纪之交的英国，是维多利亚女皇执政下最光辉伟大的时代，其国内外各方面都蓬勃发展。政治体制日益改进，努力追求稳定的政体，人民的选举权日益扩大，由君主体制转向民主体制。在经济方面，有"世界工厂"之称，工业革命促进商业的活跃发展，是当时世界上最富裕的国家。

除去没有辫子外，只身一人来到异国他乡的伍连德，在领略了英伦三岛的繁华喧闹、游览了以往在教科书中学到的古迹以外，还要承受不少压力。一到剑桥，马上就得参加入学考试，准备时间只有两个礼拜。一共有两门科目可以选择，即逻辑学和神学。这两门功课对于伍连德来说都是陌生的。虽然他在海峡殖民地女皇奖学金选拔中胜出，可是相对其他剑桥新生，他的基础可以说是最差的。因为神学教材有上百页的摘要，可以应急，于是他选择神学。两个礼拜几乎足不出户，靠死记硬背顺利地通过了考试。

尽管是为了应付考试，却使伍连德系统地接触了作为西方文明基础的基督教，让他有机会和从小所受的儒家哲学相比较。一方面给他提供了解西方生活的契机，另一方面使他对基督教有了较为深刻的理解。正是因为这种出于科学角度的认识，伍连德对基督教的态度终其一生是敬而远之的。

通过了入学考试，伍连德才长长地松了一口气。放松下来后，开始感受到英国的严寒，这对来自热带的他来说是度日如年，而孤独凄凉和寂寞更让他难以承受。就在伍连德情绪最低落的时候，突然想起母亲的吩咐，去找二舅。

阿姆斯特朗造船厂里，卫兵把伍连德带到船坞，工人们正在紧张地忙碌着，人群中有三位身穿清朝海军服装，脑后留着长辫的华人显得与众不同，像监工一样四处走动。

卫兵来到其中一位大约40来岁的军官面前敬礼报告，军官扭头看到伍连德，顿时兴高采烈，健步走来，边走边用广东话喊："连德，连德。"

伍连德认出是小时候见过面的二舅林国祥，也激动地喊："二舅，二舅。"

舅甥俩在异国他乡紧紧拥抱在一起，热泪盈眶。

林国祥仔细端详了半天，拍拍伍连德的肩膀："好呀，长大成人了。在英国还习惯吗？"

伍连德点点头："还习惯。"

林国祥笑了笑："我知道你一个人留学，一开始肯定不适应。坚持住，你一定会有出息的，舅舅对你有信心。来，给你介绍两位老乡。"边说边走到另外两名军官面前，指着其中的年轻军官说："这位是谭学衡①大人也是咱们新会同乡，你就叫他谭大哥吧。"

伍连德赶紧恭敬地叫："谭大哥，请多关照。"

谭学衡忙着点头："好说好说。"

林国祥又指着另外那位中年军官介绍说："这位是程璧光②大人，是香山人，叫程叔叔。"

---

① 谭学衡（1871—1919），字奕章，广东新会棠下天乡礼村继龙里人。广东水路师学堂毕业，曾参见甲午战争，清帝退位前任海军大臣。1912年一度出任南京国民临时政府海军部正首领。

② 程璧光（1861—1918），字恒启，号玉堂，广东香山（今中山）人。1868年赴美国旧金山，1871年因丧父运柩回国。马尾船政学堂驾驶班第五期毕业。1909年任巡洋舰队统领，1917年任中华民国军政府海军总长，1918年2月26日在广州遇刺身亡。

1911 年，程璧光（前左）率"海圻号"舰访问美国时与纽约市长威廉·杰·盖纳（前右）等人合影

还没等伍连德开口，程璧光已经接过话茬："别别，你也叫我程大哥吧。"

伍连德突然想起来了："程大哥，我听说过，你也是以一校一级战一国的。"

林国祥三人闻言一起哈哈大笑，程璧光道："伍兄弟，以一校一级战一国说的是刘总兵、邓管带、你舅舅他们这几位师兄，我是马尾五期的，是一校可不是一级的。"

甲午海战时，北洋水师 12 艘战舰一共 14 位管带（包括继任）均为俗称马尾水师学堂的福建船政学堂毕业生，其中 10 人为船政学堂第一期毕业生。这才有以一校（福建船政学堂）、一级（马尾一期）战一国（日本）之说。这 14 人中，4 人殉国，3 人因战败自杀，1 人被斩首，生还者包括林国祥、程璧光在内仅 6 人，而且林程二人一曾被俘一受重伤，可谓惨烈之至。

林国祥音调有些沙哑地说："连德，你程大哥、谭大哥和我，还有你殉国的三舅都参加了甲午海战。我们不甘心呀。"

场面一下子变得非常沉默，三个身经百战的军人眼中隐隐有泪光闪动。过了片刻，林国祥提高声调："朝廷决定重建海军，这里建造的'海天''海圻'就是我们大清水师重新扬威东海的开端。"程璧光、谭学衡闻之一振。林国祥继续说："也许我等不到那一天，恒启、奕章，记住早晚有一天，我们要报甲午之仇，以慰在黄海殉国的北洋水师官兵在天之灵。"

程璧光、谭学衡立正，行礼，伍连德也听得热血沸腾。林国祥对着伍连德道："连德，你虽然是学医的，可是大医医国。你程大哥从小在美国，长大后回国效力。你要向程大哥学习，学成以后如有机会的话，争取能回国报效。"伍连德连连点头，林国祥对着程、谭两位下属道："如果连德将来真的能回国报效，你们可要多多提携。"程、谭两位也频频点头。

林国祥抬头看看天色："时间不早了，咱们找个好馆子吃一顿，这可真是开洋荤了。"

一阵笑声中，四个人并肩向船厂外走去。不知是谁起头，唱起了《满江红》。

"……靖康耻，犹未雪。臣子恨，何时灭……"

第二章　此去经年

1

告别了舅舅和刚刚结识的两位大哥，在他们的鼓励下，伍连德克服了孤独和寂寞，回到剑桥，开始了紧张的学习生活。

剑桥大学当年聚集了从世界各地来的优秀学者和学生，尤其在生理学、人类学和物理学等领域举世闻名。对伍连德来说，进入剑桥就像进入了一个科学殿堂，里面有无穷无尽的知识等待他去汲取。

当时在剑桥大学读书的华人很少，除了伍连德外，还有三名中国人，一个是新加坡的律师，一个是槟榔屿大鸦片商的儿子，还有一位是夏威夷富商的儿子。而这几位整天花天酒地不务正业，纯粹是来镀金的，只有伍连德在认真学习。他十分珍惜这个来之不易的机会，抱定了行为正当，不损人利己，努力用功，对得起抚养自己成人的父母和资助自己来此求学的殖民地政府的念头，和过去十年里一样，持之以恒坚韧不拔地学习。

按当时的标准，每年200英镑的奖学金应该是很充裕的，何况在意曼纽学院。可是对于医学生来说，这笔钱根本不够，因为学费较高而且要买很多书籍，甚至一些实验还要额外交费。伍连德曾经估算过，按平均的标准，他起码每年还需要50英镑。他知道如果向家里开口的话，父母省吃俭用也会挤出这笔钱来的。可是想到一生辛劳的双亲不仅要养活一家大小，而且还要周济双方老人，伍连德决定不向家里伸手，自己解决困难。办法就是节衣缩食，能省就省，虽然捉襟见肘，日子非常艰苦，但是安排得很有计划，没有因为经济困难而影响学业。

作为海峡殖民地第一个进入剑桥大学学习自然科学的学生，和其他学生相比，伍连德并没有优势，甚至可以说在很多方面不如别人。伍连德并非才华横溢、天资过人，从本身资质上说在剑桥属于中等，而且和欧美学生相比，他的基础较差。他唯一的长处，就是沉静执着的个性和勤奋用功、孜孜不倦、实事求是的态度，这种平实的处世和为人使得他能够脚踏实地地积少成多。

在意曼纽学院，伍连德选修了化学、动物学、解剖学和人类学，以及为了医科考试选修的物理学和植物学。槟城大英义塾的化学课教学水平很高，伍连德学起化学来毫不费力，动物学和植物学也很出色，以至于动物学教授一度拼命企图说服他从事动物学研究。他最不擅长的是物理，自认是因为数学不好，不过应付考试还是绰绰有余的。天道酬勤，在很短一段时间内，伍连德的学习成绩便开始名列前茅。

这个矮小的东方人很快在意曼纽学院人人皆知，起初并不是因为他的学习成绩优异。入学以后，按照英国人的习惯，大家都称呼他为德先生，而他总是不厌其烦而又徒劳无功地向每一个这样称呼他的人解释，他姓伍不姓德。但直到半个多世纪后，等他的儿子踏着父亲的足迹进剑桥大学读书时，发现尽管父亲已经成为剑桥大学的优秀毕业生之一，可老朋友们还是习惯称呼他为德先生。

第一次世界大战以前，剑桥大学还只招收不拿学位的女学生。男女一起上课的时候，按照西方的礼仪，第一排留给女生，第二排谁也不去坐，第三排才是男生们。而矮小近视的伍连德为了更好地看清黑板上的字，总是不识时务地坐在女生后面的那排空座上。每到这个时候，教室里就会发出男生们用皮鞋敲地的起哄声。

虽然生活很清寒，但伍连德并不自我封闭，课余时间积极参加学校的活动，结识了许多非常热心善良的朋友。这些正直的英国人非常欣赏他乐观积极的个性，经常为他提供力所能及的帮助，他们的友情也使伍连德终身难忘。

伍连德的毕业照

入学第一年由于刚刚开始，各项支出极大，使他过得非常艰苦。幸好他的指导老师，后来出任伦敦气象局局长的萧恩博士对他不断给予鼓励使他克服了困难。有付出就有收获，第二年复活节时，伍连德获得学院颁发的自然科学成绩优异奖。对此他喜出望外，不是因为获奖本身，而是因为有 40 英镑的奖金。不仅在今后小半年可以过得舒服一点，还可以借此机会请朋友们吃一顿，作为他们以往款待的回报。他因而更加努力地学习，次年在大考中摘取科学一等名誉奖，并获得 50 英镑奖金，并如期获得文学学士学位。

在意曼纽学院三年的学习结束了，按计划伍连德应该进入医学院继续深造。可是原定四年的女皇奖学金只剩一年，殖民地政府不肯延长。对伍连德来说，唯一的出路就是争取大学学院奖学金，这是专门为英属殖民地学生进圣玛丽医学院学习提供的资助，但是每年只取两名，竞争十分激烈，因为这个资助包括每年 150 英镑的生活费和在圣玛丽医学院免费学习三年。他参加了考试，取得了其中一个名额，于 1899 年赴伦敦，成为圣玛丽医学院的第一名中国学生。

圣玛丽医学院后来培养出以发现青霉素的弗莱明为首的一批医学巨匠，不过在那时候圣玛丽还没有那么出名。伍连德靠着每年 150 英镑的学杂费，加上女皇奖学金剩下的一年资助，可以顺利完成在圣玛丽的学业。不过他依然很清贫、依旧要省吃俭用。

在圣玛丽医学院的三年中，伍连德的学业非常忙碌，社交生活和在意曼纽学院相比，可以说是非常沉寂，来往不过一二好友而已，但也因此更加专注于学业。和以前一样，伍连德几乎囊括了学校所有的奖项，包括 1901 年临床外科手术特别奖、临床医学特别奖、克斯莱克病理学奖学金，1902 年奇德儿临床医学金牌奖。每次得奖，他都十分喜悦。同样不是因为荣誉，而是因为随之而来的几十英镑的奖金，不仅可以让他温饱一段日子，而且在假期里还可以在英国旅游。

在此期间，由于接触病人和到病人家中出诊，使他能全面地了解英国社会和英国民众。过去在家乡，他所见到的英国人全是有钱有势，一副殖民者的嘴脸，几乎没有能以平等态度对待亚裔人的。在英国学习期间，他发现很多英国人非常坦诚、友善，没有种族歧视。他也观察了解了英国的平民生活，特别是和殖民地白种人奢侈的生活形成鲜明对比的贫民的生活，给他很大震撼。这种贫富悬殊的事实使他更加坚定毕生从医的志向，而不像其他女皇奖学金获得者那样弃医而从商从政。

英国世纪之交的自由民主之风，在伍连德这个成长于多民族殖民地社会的少年身上，熏陶出广阔的文化包容和无私平等的人生观，奠定了自由、平等、正直和对科学及现代知识的追求，成为他一生最坚实的基础。学业固然重要，在留学期间形成的人生观和为人处世的原则才是伍连德与众不同、得以脱颖而出的关键。他如同一块璞玉，终于雕刻成器。

1902 年 4 月，伍连德完成医学学士考试，只用了五年零三个月便完成了全部学业，成为 1896 届剑桥大学 135 名医学生中第一位获得医学学士学位的学生，同时他还获得外科学士学位。

为了拿到医学博士学位，他开始做住院医生和参加研究，先在伦敦南部布罗穆顿医院做住院医生，专门实习治疗在家乡常见的传染病，特别是结核病。然后利用意曼纽学院提供的为期两年的研究奖学金开始从事研究工作。

他先在利物浦热带病研究所参与科研，在这里，他结交了一位来自美国约翰霍普金斯大学的好友，他就是湖南湘雅医学院的创始人胡美博士。

1903 年初伍连德赴欧洲大陆，分别在德国哈勒大学卫生学院及法国巴斯德研究所进修。19 世纪是微生物学的黄金时代，德国的科赫、法国的巴斯德是其中的翘楚，伍连德在八个月中得到系统的微生物学训练。1903 年 8 月，他向剑桥大学递交了一篇关于破伤风研究的论文作为博士答辩论文，顺利通过了博士考试，获得医学博士资格，又是同届中的第一位，这一年他年仅 24 岁。

由于学校规定获得医学学士者晋升为医学博士的间隔起码三年，伍连德的博士学位要等到 1905 年才颁发，在这期间，他算是候补医学博士。至此，他在剑桥大学一共获得五个学位，即文学学士、医学学士、外科学士、文学硕士和医学博士。

七年负笈，学业有成，在同期学生中出类拔萃。意气风发的伍连德比过去七年的任何时刻都想家，该归去了。

2

学业有成，尤其是在热带病和微生物学上得到严格的训练，伍连德认为现在应该实现他的愿望，返回家乡，成为造福一方的医生。他心中充满自信，以自己在剑桥大学出类拔萃的成绩，一定能在家乡找到充分发挥自己长处的位置。

下定了返乡的决心，伍连德兴冲冲地来到英国政府主管海峡殖民地的殖民地部。接待他的官员听取了他的愿望，看了他的简历，又查阅了文件，满脸微笑地说："伍博士，你的学业和研究经历非常出色，完全可以以此进入海峡殖民地的医疗系统。"

伍连德很高兴，谦虚地回答："谢谢，能回海峡殖民地报效是我的荣幸。"

那位官员接着说："根据殖民地的相关条例，你可以出任助理医生，月薪 250 元坡币，根据工作年限以后还可以增加。"

"助理医生？"伍连德大感不解："我是剑桥大学的医学博士，据我所知，在海峡殖民地的医生中没有人具备医学博士学位。"

官员点点头："我知道你的资历是很出色的，可是按规定，医生只能由纯英国血统的白种人担任。"

伍连德目瞪口呆，他没有料到殖民地当局还有这种歧视性的政策。愣了一下又问："那么我可以申请政府的公职吗？"

官员查了一下，回答："伍博士，很抱歉，现在空缺的公职也必须由白种人出任，没有适合你的位子。"

伍连德万丈雄心一下子化为乌有，哑口无言，只能默默地离开殖民地部。

他从生下来就是二等公民，原本对这种歧视习以为常。但是到英国以后，在正直的英国朋友的热情和平等的思想熏陶下，特别是在相对平等的竞争中拔得头筹，使他忘却了自己在大英帝国永远是下等人。尽管他和英国人受同等的教育，尽管他以优异的成绩击败了所有同学，其中包括大英帝国未来的医学栋梁，尽管在海峡殖民地行医的英国人没有一个有医学博士学位，可是他，这位剑桥大学的第一个中国人医学毕业生，依旧和其他华人医学生一样，只能做二等医生。

在英国的种种不快一下子涌上心头，他想起1900年在圣玛丽医学院时，受中国义和团运动影响，他好几次在伦敦街头被人追打，那些人边追边喊："快来，这里有个拳匪，用石头砸死他。"

一个概念突然出现在他心中：祖国！

在大英帝国，他是下等人。只有中国，才是自己的祖国。

好在平实的性格使伍连德坦然接受这场打击，在这个时候，由于在英国的七年中所受的自由和民主思想的熏陶，他对大英帝国还抱着很大的幻想，以为在很短的时间内这一切都会改变的。给英国人当助理是他万万不肯的，他决定利用意曼纽学院剩下一年的研究生奖学金，到新成立的吉隆坡医学研究院从事疟疾和脚气病的研究工作。

1903年8月底，伍连德带着少得可怜的行李，和省吃俭用存下的400英镑，乘船离开了生活、学习了七年的英国。

七年前来的时候，心中是不安、憧憬和期待。经过七年漫长的学习他成熟了。归程的33天的航行恰恰给了他一个审视过去、放眼未来的机会，特别是最近的遭遇，让他有一种非常强烈的想了解中国过去和现在的渴望。可是作为一个华人，由于从小接受英文教育，他几乎不能读中文，让他感到很是惭愧。无奈之下，上船以前买来几本英文的中国历史书，利用这个长长的航程认真阅读。

海轮在大洋中航行，伍连德则沉浸在中国的历史中。从明清交替开始，他知道崇祯皇帝吊死在煤山，读到李自成兵败山海关，吴三桂引清兵入关，于是开清朝260年基业。他了解了康乾盛世，然后就是鸦片战争、太平天国，最后是他熟知的甲午战争、义和团和巨额的庚子赔款，他愤怒地在日记里质问：

西方列强如此地贪婪，根本没有意识到义和团运动中也有他们的责任。

就在这样一种非常非常不愉快的阅读中，船到终点了。1903 年 10 月 7 日 伍连德回到了阔别七年的故乡，尽管到码头已经是晚上 11 点了，可是大批的亲朋好友依旧等候在码头上迎接他。他被接回家，按中国人的传统给父母双亲磕头请安奉茶。见到儿子安全返回，年老的父母和伍连德都热泪盈眶。次日，衣锦还乡的伍连德平生第一次上坟祭祖。

接下来的两周是无休止的宴请和聚会，在每一个场合都会有人重复地问同样两个问题：是否结婚了？有没有和某个英国姑娘订婚？当伍连德一律回答"没有！"以后，对方马上提亲。槟城几乎所有家中有待嫁女儿的富家都希望把女儿嫁给这位剑桥的高材生，对此伍连德一律拒绝，借口是自己还有一年的进修计划，现在不是考虑成家的时候。

然而，真正的原因他没有说出来，奇遇恰恰发生在他回家之前，在新加坡逗留的两周内。

3

伍连德在英国安排归程时，决定先去吉隆坡落实好在那里的研究工作，然后再返乡。可是他在吉隆坡无亲无故，便打算在新加坡借宿。很快联系到 1887 年第一届女皇奖学金的获得者，也是第一个华人子弟获得女皇奖学金者，获得爱丁堡大学医学学士和外科硕士的林文庆医生。曾经在剑桥大学进修，事业有成的林文庆爽快地同意这位小师弟住在自己家里。

轮船在新加坡靠岸，甲板上一片混乱，旅客纷纷拿着行李下船，伍连德收拾好行李正准备下船。

"是伍博士吗？"有人用广东话问道。

过去七年里，他早已习惯了别人称呼他德先生或者德医生，乍一听有人叫伍博士，愣了一下，才明白是叫自己。沿着熟悉的乡音看过去，一个身材矮小的黑头发、留着小胡子的绅士正微笑地看着他。

"您是？"

"林文庆。欢迎你回来。"

两个人握手致意，一起走下船去。伍连德问："我记得林博士祖籍是福建，难道记错了？"

林文庆哈哈一笑："没错，我祖籍是福建。广东话说得不好，让你见笑了，还要请你多指教。"

刚刚回到海峡殖民地，伍连德就上了一课。南洋的移民以广东、福建人为主，要为华人看好病，就得像林文庆那样广东话、闽南话都能讲。后来他才知道，林文庆会讲的不止这两种方言。

林文庆和伍连德一样，是出生在南洋的华人后代，不同的是他父母也都出生在新加坡，他属于第三代移民。林文庆自幼父母双亡，是祖父抚养大的，因此有非常浓厚的中华情感，从小马来语、英文和闽南话都讲得很流利。

林文庆自幼出类拔萃，因此在首届女皇奖学金选拔中抢元是众望所归。1891 年毕业后，和伍连德的遭遇是一样的，无法进入政府机构，在剑桥大学从事一年的研究后返回新加坡私人开业。因为是新加坡第一位华人子弟留学海外的医生，所以事业非常成功。林文庆有极高的语言天赋，为了更好地和病人沟通，他又学会了广东话、泰米尔语、中国官话和日语。

海峡殖民地设立的女皇奖学金培养出一批华人精英，作为这批佼佼者的大哥，林文庆的一生绚丽多彩。他除了身为南洋名医外，还热心于新加坡华人社会和华人教育的改革，并积极参政。此时是新加坡市政局委员、立法院华人议员，是新加坡华人的领袖人物。1896 年他率先从南美引进树胶，因此被称为马来亚树胶之父。他还曾经担任肃亲王府的英文教师，和清廷权贵关系不错。尽管如此，在孙中山的感召下，1906 年林文庆加入同盟会，是新加坡早期的同盟会员。辛亥革命后担任临时政府内务部卫生司司长，同时兼任孙中山的保健医生。陈嘉庚创建厦门大学后，聘请林文庆当校长，使厦门大学名扬中外。

两个人下船登车前往林家，路上说起中外区别很有同感，因为林文庆也一直被人称作文庆医生。谈笑之间，林家到了，一位漂亮的少妇闻声出迎，林文庆向伍连德介绍，这是他太太黄端琼，黄端琼热情地和他打招呼。

伍连德在家乡时见到的基本上都是土生土长、很少受教育的女孩子，留学期间接触的全是洋姑娘，还是第一次见到受过良好的西方教育、同时受过良好中国传统教育的华人女子。林文庆介绍黄端琼的家世，更让他肃然起敬。

黄端琼的父亲黄乃裳是福建著名侨领，早年是传教士，后来参加科举中举。曾经创建福建近代第一张报纸《福建》，大力倡议改革，受到变法派的重视，王锡蕃特意向光绪皇帝推荐黄乃裳入京参加经济特科考试。到北京后，他六次晋谒李鸿章，八次上书光绪皇帝，倡言变法维新，成为维新派著名人物。

慈禧太后发动政变时，他与康有为、梁启超等人同被列问罪名单，苦劝六君子之一林旭往美国使馆躲避未果后，冒着性命危险，通知康、梁出走避祸，自己才离京返闽。变法失败后，黄乃裳赴南洋考察，经林文庆介绍，在新加坡和孙中山订交。确定沙捞越诗巫为垦殖之地，召集福建同乡建设新福州。此刻，新福州农场已经初具规模。

寒暄之后，宾主进屋。客厅里一位少女亭亭玉立含笑站在那里，伍连德一见之下，心跳加速，手足无措。

少女身着白色纱裙，稍显苍白的脸上带着红晕，有些慵懒地站在那里。伍连德恍惚中听到黄端琼介绍说："这是我二妹淑琼。"

少女用纯正的英文说："叫我露丝。"

"露丝，你好。"伍连德结结巴巴说不出话来。

"叔叔，你就是新回来的医学博士？"童音打破了尴尬，一个六七岁的小男孩站在伍连德面前。林文庆道："这是我大儿子可胜。"

林可胜继续问："叔叔，你用了几年获得医学博士？"

"五年加三个月完成学业，然后一年的进修和实习，一共七年。"

"我爸爸是医学学士，是不是因为他只在爱丁堡待了四年？"

所有人不禁哈哈大笑，伍连德笑着解释："剑桥大学的规定，获得医学学士后要在有关研究机构继续进修，通过博士考试方能拿到医学博士学位，不过必须间隔三年。所以我的博士证书要到两年后才能拿到，现在吗，应该叫候补博士。"一说起这些，伍连德变得口若悬河，林可胜听得津津有味，不停地打断他，提出新的问题。

林文庆忍不住打断了两个人的对话："可胜，伍叔叔一路劳累，先让他休息一下。他要在我们家住上一段时间，你有的是时间请教。"

林可胜点点头，转身离去，走了几步，回过头来，对着大家说："我将来也要成为医学博士。"

经童真无邪的林可胜这么一闹，伍连德在林家感觉自在多了。落座以后，林文庆夫妇借故离开，留下他和淑琼单独在一起。伍连德又不知说什么好，倒是淑琼落落大方先开口："伍博士这次回来时坐哪家公司的轮船？"

伍连德与宋旺相（左）、林文庆（右）合影

"是一家日本公司的，它的头等舱价钱和其他公司二等舱的价钱差不多，服务很周到。"

"在船上吃的东西还习惯吗？"

"鱼生之类看着很干净，一开始还是很不习惯的，时间长了便习惯了，还是蛮好吃的。"

这个话题一开头，两个人越聊越投机。

"露丝。"客厅门口有人喊，伍连德扭头一看，一位健壮的中年人手持一束鲜花站在那里。中年人走了过来，把鲜花递给淑琼，按英国人的礼仪吻了她的手，然后向伍连德伸出手："伍博士，我是宋旺相。"

伍连德眼睛一亮："久仰久仰。"

宋旺相在新加坡华人中，和林文庆为一时瑜亮。1887年考试成绩突出，获得女皇奖学金资格，和伍连德一样因为年龄太小，只得将名额让给林文庆。次年再度抢元，是海峡殖民地首位进剑桥大学读书的华人，1893年获得法律学位后返回新加坡，此时已经是著名律师，后来成为东南亚首位英国华人爵士。

宋旺相看来是林家的常客，坐下以后滔滔不绝，边和伍连德聊在剑桥的往事，边陪黄淑琼解闷，看得出是黄二小姐狂热的追求者。

当时在南洋，身世比较好的人都会回中国娶妻。在当年，女子受教育的很少，像黄氏姐妹这样中西合璧、出身良好、长相不凡的女子，裙下不乏青年才俊。

夜深了，伍连德在林家客房，虽然很疲倦可就是不能入睡，脑子里全是黄淑琼的影子。他看出黄淑琼对自己有好感，可是和宋旺相相比，他自惭形秽。无论是从家世、事业还是外表上，宋旺相都强过自己。伍连德长叹一声，想起几年前的一段往事。

伍连德在剑桥的三年内结交了不少本校和牛津大学的朋友，和其中一位叫达文波特·雷华德的同学最为要好。家境富裕的雷华德经常邀请他和自己全家一起度假，在第二年的暑假，伍连德和雷华德的妹妹克雷蒂娜擦出了火花，两人的关系进展很快。可是伍连德意识到对方是一位富家女子，自己是位万里求学的穷学生，彼此的差距太大，他理智地选择了逃避。为了纪念这位在异乡给自己难忘友情的好友，当他长子出生后，英文名字就叫达文波特。

这一次，伍连德也打算和上次一样理智地退却了。

4

这时门外有人敲门，伍连德开门一看，是林文庆。林文庆进来以后，关心地问："连德，住得习惯吗？"

伍连德点点头："谢谢，非常舒适。"

林文庆早就看出他的心事。他告诉伍连德，岳父黄乃裳托自己给淑琼找个合适的丈夫，正好借着伍连德在他家做客的机会，把淑琼从福州接来，让他们熟悉一下。至于淑琼要从伍连德和宋旺相中选择哪一个，则要由淑琼自己决定。

林文庆临走时拍拍伍连德的肩膀："别灰心，你还是有希望的。无论淑琼选择谁，我希望你、我和旺相能成为好朋友。"

伍连德感激地连连点头。送走了如大哥一样的林文庆，伍连德满怀憧憬进入了梦乡。

接下来的两周内，伍连德除了办理在吉隆坡进修事宜外，其余时间都和黄淑琼在一起。这段日子，宋旺相也天天来访，师兄弟像绅士一样地展开竞争。没想到，这时候又出现一位竞争者，是新加坡房地产大亨陈伍烈，经常邀请黄淑琼到自己的几处豪宅做客。

外人眼里，三人之中伍连德最无希望。宋旺相已经是新加坡名流，前途不可限量。陈伍烈富甲一方，嫁给他一辈子衣食无忧。而伍连德只是个刚刚毕业的、连正式工作都没有的小医生。

日子一天天过去，伍连德自己心里也一点把握都没有，他和淑琼这位从小在教会学校长大的女孩子差距太大了，直到那个傍晚。

这一天，两个人一边看着天边的落日余晖，一边海阔天空地聊着。伍连德眉飞色舞说起七年前刚到英国时和舅舅以及他的两位下属见面的事，顾自说了半天，才发现淑琼好久没有作声，扭头一看，淑琼美丽的脸庞上全是泪水。

"露丝，你怎么了？"

淑琼擦去脸上的泪水，沉痛地说："我三叔当年是'致远'舰的二副，就是在那一战殉国的。"

九年前的甲午海战，南洋殉国者的故事在南洋可以说妇孺皆知，伍连德也了解得非常清楚，他想了想问："你三叔就是钦赠武威将军的黄乃模？"

淑琼点点头，泪水又止不住地流了下来。

伍连德想起15岁那年三舅殉国的消息传到槟城，母亲那悲痛欲绝的神情。甲午，还是甲午，伍连德心里一阵悲伤，才说到，"我三舅也是那一战殉国的"，便咽噎无语，陪着淑琼一道流泪。突然，他抹去泪水，道："露丝，我舅舅和程大哥，还有谭大哥教会我唱一首歌，叫《满江红》，你知道这首曲子吗？"

淑琼点头。

"我唱给你听？"

淑琼眼里有些异样，又点点头。

伍连德清清嗓子，开始唱："怒发冲冠，凭栏处，潇潇雨歇。抬望眼，仰天长啸，壮怀激烈……"

新加坡壮丽的日落时分，在《满江红》悲壮的歌曲声中，两名北洋烈士

伍连德、林文庆和宋旺相创刊、编辑的《海峡华人杂志》

的后人各自抹去眼角的泪水，彼此之间的距离骤然缩短。

伍连德一曲唱罢，才发觉不知什么时候，自己和淑琼的手已经握在一起。他猛地想起小时候在婚礼上总听到的一句话，执子之手，与子偕老。

两周很快就要过去了，又是一个晚上，伍连德在客房里读书，有人敲门，是笑容满面的林文庆，进门便说："连德，恭喜你，淑琼作出了选择。"

伍连德几乎难以置信。有道是娥眉不输须眉，美人慧眼识英雄。黄淑琼选择了伍连德，就选择了飘泊和聚少离多，也为苦难的中国选拔了一位国士。

次日，在林家举行了简单的伍连德和黄淑琼的订婚仪式，宋旺相坦然接受了失败，真诚地祝贺伍连德，提出将来担任两人结婚时的男傧相。订婚以后，伍连德回槟城探亲，黄淑琼回福州准备嫁妆。

本来以为可以在几个月后结婚，没想到好事多磨，回到福州后黄淑琼就病倒了，连患两次肺炎，最后只好北上，在京城附近长期疗养。此去经年，应是良辰好景虚设。便纵有千种风情，更与何人说。两个年轻人只有靠鸿雁传书，互诉衷情。正是因为这样，两个人的爱情更加牢固。

伍连德这才知道，未婚妻从小在教会学校住宿，学校的卫生条件很差，不幸染上了结核病。虽然存活了下来，可是身体一直不好。结核病这个那时被看做是恶疾的东西一直缠绕着黄淑琼的家族，两年后林文庆的妻子黄端琼死于结核病，八岁的可胜被送到爱丁堡读书，之后一直在英国学习、工作、成家，直到步伍连德的脚步归国效力。

为相思所苦的伍连德开始了在吉隆坡的研究生活，刚刚回到海峡殖民地的他，思想上已经有了很大的转变，这可以说是深受林文庆的影响。

鸦片战争以后，一次又一次的战争和灾难，使海外华人中的有识之士，开始质疑长期以来被认为是优越的中华文化。在时兴的民族主义驱动下，他们开始审视自己所处的社会，力图从事改革。在海峡殖民地，林文庆正是其中先锋人物。他们承认英国政治制度的优越性，但反对种族歧视。另一方面，他们对华人社会的自身缺点非常痛心疾首，比如吸毒赌博嫖妓，迷信、婚丧铺张，长辫小脚等等，他们认为，只有扫除这些不良习惯，华人社会才能进步。

女皇奖学金设立的初衷，是为了培养本土的效忠大英帝国的人才，岂料这些人留学英国时，正值自由主义和民族运动高涨，基本上都接受了人权的观点，回到新加坡和马来亚后，成为社会改革、反对种族歧视的先锋。

和林文庆一见面，伍连德就接受了他对海峡殖民地社会改革的看法，并马上成为他们中的一员。来到吉隆坡后，他住在朋友陆秋泰家中。陆秋泰与其兄陆秋杰、陆佑是马来有名的商人，经营锡矿致富，并染指鸦片、赌博和酒生意，陆佑更是马来华人首富，当地的华人领袖。和这些人相处在一起，使伍连德很快融入并参与当地的社会活动。

吉隆坡当年只是一个简朴的小镇，生活非常宁静。伍连德在从事研究之余，几乎把所有剩余时间都投入到改革社会中去。他和林文庆、宋旺相一起创刊、编辑了英文刊物《海峡华人杂志》（Straits Chinese Magazine），提倡崇尚科学思想，因此被喻为"海峡三杰"。在杂志上，他们大声呼吁改良风俗，重视教育。林文庆还率先在新加坡开办华文学校和女子学校，这些活动，伍连德都积极参与。

作为愚昧的象征的辫子，他们也力主剪掉。伍连德已经在到达英国前剪去了辫子，他和陆秋泰在吉隆坡，林文庆在新加坡号召华人剪掉辫子，虽然在一开始引起几近骚动般的反对，但经过他们坚持不懈的努力，几年之内，短发竟成为当地新潮。

对殖民地的种族歧视做法，他们也大力批判，比如车厢分区，通过他们的抗议，使得当局不得不加以掩饰。

伍连德在吉隆坡主持民办团体，为华人社区谋福利，使他成为海峡殖民地的知名人物，也使他为此付出巨大代价。当时，殖民地政府华人事务处处长巴纳斯就指责伍连德煽动民众。作为政府出资培养出来的人才，当年剑桥牛津聚餐会上唯一的一名非欧裔，竟然公开和政府作对。从那时起，伍连德便被列入黑名单。幸好他结束了在吉隆坡一年的研究，买下了槟城一位英籍女医生的医疗设备，回到槟城开业，才让马来亚当局松了口气，当地的华人运动也因为缺乏领袖而沉寂下去。

1905 年初，初露锋芒的伍连德开始在槟城珠烈街挂牌行医，一时间门庭若市。在忙忙碌碌中时间过得很快，可是伍连德还觉得度日如年，天天算日子，满怀渴望地期待着和淑琼重逢的一天。

1905 年 7 月，春风得意的伍连德乘船前往新加坡，淑琼身体康复后重返新加坡，两个相爱的人终于能在一起了。

金风玉露一相逢，便胜却人间无数。

第三章 天赐英才

1

在吉隆坡为期一年的进修结束后，伍连德终于打定了主意，回到家买下了一位英国女医生的设备，在珠烈街开业行医。

槟榔屿当年西医数量不是很多，其中没有华人医生，而且也没有一个像他一样具有医学博士学位。在两年多的进修中，他掌握了最新的医疗知识和技术，尤其是对热带地区的常见病和传染病很有研究，医术很高。加上他对待病人无论贫富一视同仁，经常不辞辛苦登门看病，因此门庭若市，很快就成了槟城有名的医生、本地名流，收入也很可观。

除了行医以外，他依然积极参与海峡殖民地华人社团的活动。从 1904 年到 1906 年，他连续出任槟城中华总商会协理。前身为平章公馆的中华总商会是 19 世纪槟城华人为了消除帮派矛盾，寻求内部团结的组织，是华人社区和殖民地政府之间的媒介。作为槟城华人社区的最高领导组织，中华总商会致力于维护华人权益和推动华人社会，同时也是华侨们联系祖国的纽带。1895 年山东河南直隶三省泛滥成灾，平章公馆和南华医院发起联合赈灾。1888 年，开设南华义学。在伍连德出任协理期间，1905 年为了抗议美国国会通过限制华工条例，配合上海商会发起抵制美货运动。在答复民众申请组织观音佛祖游行以拯救民众困苦的建议时，也以"祖国维新，民智日开，宜讲求文明，勿蹈故辙，迷信神权为幸。"①进行劝阻，这些都体现了伍连德的一贯主张。

盼望已久的一天终于来临了，1905 年 7 月，在好友林文庆、宋旺相等人的陪同下，伍连德和身体复原后重返新加坡的黄淑琼在新加坡的美国教堂里举办了婚礼，然后返回槟城。

外来的新娘在槟城本来就是稀奇事，伍连德这个本地名人娶妻，吸引了很多人前来凑热闹。新娘子中西合璧，无论是举止言谈还是穿着打扮都和本地妇女截然不同，在槟城引起很大的轰动。头一个月里，新房内川流不息，全是亲朋好友和前来猎奇的人们，最后发展到整个华人社区的富家女子都按黄淑琼的样子，放弃本地的装束，改为中国传统装束。

新婚燕尔，年轻而雄心勃勃的伍医生开始投身于一场试图改变家乡的运动中。

没有经历过那个年代的人们，是无法想象鸦片的威力和毒害的。鸦片自 19 世纪初开始在中国泛滥成灾，鸦片战争后更是一发而不可收拾。广东人移民南洋，也把鸦片带到这里。由于新马华人移民社会严重男女失调，男性很受压抑，过度的劳累加上衣锦还乡的梦想破碎，使得很多人通过吸食鸦片来逃避现实。在鸦片商和洋人的鼓吹下，许多华人相信鸦片是包治百病的仙丹，以致吸食鸦片成了正当的社交活动，不良风气影响极广。

伍连德从懂事起，就处在鸦片的包围中。伍家家教甚严，子弟绝不许沾黄赌毒，加上耳闻目睹鸦片的危害，使他对毒品深恶痛绝。他深深感受到一方面是下层老百姓陷于毒瘾不能自拔，另一方面是鸦片商人挥金如土。少年时代连续几年去新加坡参加女皇奖学金的选拔，就是由大鸦片商资助的。现在成为槟城名医，进入本地上层社会，他的朋友和病人中很多人就是靠鸦片生意致富的。

南洋作为鸦片的中转站和消费市场，是当时鸦片贸易的一个重要据点，鸦片所带来的巨额利润使当地政府对此大开绿灯。海峡殖民地政府为了维持稳定的收入建立鸦片饷码制，垄断鸦片的供应，即把炼制成的熟鸦片的销售权以

---

① 槟平章公馆光绪腊月置议事簿，第二册，1907 年 3 月 11 日记录。

1905 年，伍连德与黄淑琼在新加坡结婚

招标的方式承包给华人富商，由承包商向政府交纳承包费，换取销售垄断权。
这个制度使鸦片商拼命扩大鸦片的销售，导致新马鸦片消耗量日益增大。鸦片
和赌博让华人劳工衰弱憔悴、萎靡不振，彻底改变了海峡殖民地华人社会的精
神面貌和社区生活。1904 年伍连德岳父黄乃裳就是因为不肯接受在农场内种鸦
片和开赌场的提议，不得不因为债务而放弃新福州农场，返回福建。

　　伍连德返乡伊始，便大力主张禁烟。在报纸杂志上发表大量文章，批判
鸦片贸易，揭露殖民地政府以巨大民脂为油膏的事实，已经严重危害了殖民地
政府的利益，加上之前在吉隆坡带头抗议种族隔离，使这位殖民地政府培养出
的英才在官方声名狼藉。

　　20 世纪初，西方各国的有识人士纷纷站出来，呼吁在全球范围内禁止鸦
片交易。在这种压力下，英国政府对此也表现出积极态度，1906 年英国国会决议，

槟榔岛反鸦片协会成员

公开表示印度和中国的鸦片贸易是不道德的，应该迅速停止。自由党政府表示愿意和中国政府合作以控制鸦片消费，得到清政府的积极反应。受此鼓舞，南洋的有识之士自发地组织起来，开展了一场声势浩大的反鸦片运动。

林文庆在新加坡、伍连德在槟榔屿，成为两地禁毒的先锋人物。伍连德被选为槟榔屿反鸦片协会会长和总医师，于1906年3月8日主持了在怡保召开的有3000人参加的海峡殖民地及马来亚联邦第一届反鸦片会议，会议通过十项决议，包括呼吁政府取消鸦片饷码制，实行烟民登记，管制鸦片买卖，控制鸦片消费以及大力进行禁烟教育等，从此海峡殖民地和马来亚联邦反鸦片运动如火如荼。

在各行各业的大力支持和压力下，殖民地政府不得不通过废除鸦片种植和管制鸦片贸易的议案。一时间海内外禁烟改革的呼声此起彼伏，中国政府也于 1906 年 9 月宣布全面禁止鸦片的种植和吸食。伍连德、林文庆等人除了大力宣传鸦片的危害外，还开设戒毒之家，免费为吸食者戒毒，当时在新加坡的孙中山也设立了戒毒之家。这些行动短短半年内在社会上造成极大的反响，公众对鸦片有了正确的认识，形成了一股社会舆论力量，劳工阶层在反鸦片运动的教育下也逐渐意识到鸦片的危害，华商和华社领袖发挥影响，呼吁商人不雇用瘾君子，禁烟运动初战告捷。

由于当地的鸦片生意一落千丈，造成鸦片商人的不满和恐惧。他们一方面向政府施加压力，要求官方出面干预。另一方面，有身家有背景的朋友频频拜访伍连德，希望能够照顾一下，等和政府的协约期满后再禁烟，甚至直截了当地提出，如果他合作的话，他们将支付一笔数目令他难以置信的巨款。这些"好意"被拒绝后，鸦片商的代表直接出面，表示愿意和反鸦片组织合作，希望能够面商以寻找折衷的方法。

鸦片商的代表和伍连德在会馆里会商，鸦片商的代表还是要求等他们和政府协约期满后才全面禁烟，伍连德对此坚决反对："禁毒没有片面和全面之分，一定要在全槟榔屿彻底禁止鸦片的销售和流通。"

鸦片商的代表交换了一下眼色，其中一位拿出一张巨额银行存款单放到伍连德面前，道："伍医生，如果你能同意我们的要求，这些作为对你个人的赔偿。"

伍连德感到受到极大的侮辱，拂袖而去。走出会议室，他突然有一种不祥之兆。

2

1906 年是在平静中过去的，这一年，除了主持大马的禁毒运动外，黄淑琼产下一个男婴，取名长庚。新的一年在欢快和隐忧中刚刚开始，伍连德担心的事竟然以这样一种方式出现了。

这天，伍连德正在诊所里为病人看病，槟榔屿政府的高级医学专员悉尼·露西先生，在两名马来人随从的陪同下走了进来。

露西和伍连德交往不错，见到他骤然来到诊所，伍连德一怔："露西医生，今天怎么有空来到我的诊所？"

露西表情很严肃，拿出一张纸，道："伍医生，这是地方法院颁发的搜查令，我要搜查你的诊所，请你配合。

伍连德感到很奇怪，问："搜查什么？"

露西还是面无表情地回答："非法药品，这是我的职责。"

伍连德无可奈何地一摆手："请便。"

露西在诊所里翻了一通，最后来到储藏室里，不一会儿拿着一支酊剂兴奋地走了出来："伍医生，这是什么？哪里来的？"

伍连德感到很不解："这是一盎司鸦片酊剂，刚开业时从那位英国医师手中买来的，预备为病人止痛用的，可是一直没有派上用场。"

露西二话不说，当即发出一份传票，指控伍连德在没有政府许可的情况下非法拥有有害药品。伍连德有些生气地辩解："据我所知，这是殖民地注册的医生所应有的权力。"

黄淑琼与长子伍长庚

露西拿出一份本地政府刚刚出版的公报，指着上面的一条法令洋洋得意地说："请你看看这个。"

伍连德拿过公报，上面刊登了刚刚修改过的一条法令，要求每个医生申请一份政府许可，才能买卖、拥有和使用特定的有毒药物。他仔细看了一遍，道："这份法令并没有正式公布，也没有强制医生执行，法令没有附加任何惩罚，何况鸦片在殖民地是可以公开买卖的商品。"

露西道："这些话你留着跟法官说吧。"说完掉头就走。

伍连德觉得很是不可思议，因为身为大不列颠医学协会的成员，他找到协会在海峡殖民地的秘书柯克先生，向他申诉。没想到柯克也认为是伍连德的责任，甚至引用伍连德在禁烟大会上的发言"谁播的种，谁就得收割"。伍连德终于明白了，这不是一场误会，而是一场阴谋。

他找到本地的著名律师，后来成为大英帝国爵士的亚当斯先生。在听了伍连德的遭遇后，亚当斯拍案而起，认为这件事应该成为殖民地的耻辱，毅然担任伍连德的辩护律师。

非常可笑的事情发生了，在鸦片随处可以正当买卖的年代，一位注册医师、槟榔屿禁毒协会的会长，因为没有向政府申请拥有用于止痛的鸦片酊剂的许可而受审。而且这份法令是刚刚修改的，只是悄悄刊登在政府公告上，里面甚至没有列出惩罚条款。

在第一地方法庭上，亚当斯把露西质问得体无完肤。

"露西先生，你认识被告吗？"

"认识。"

"你和被告都是大不列颠医学协会的成员吧？"

"是的。"

"你们经常在专业会议上见面，而且是朋友对不对？"

"对。"

"你过去是否发现被告有任何不规范的行为？"

"没有。"

"在一个医生的诊所发现一盎司鸦片酊剂是不是很常见？"

"是的。"

"你是不是同意这是一个医生为病人止痛的常规手段？"

"我同意。"

"作为一个医生是不是先要申请这种许可再开业？"

"不用。"

"你们有没有告诉每个医生这个新的规定？"

"没有，只是发表在政府公报上。"

"是不是所有医生都申请了许可？"

"没有。"

"那么你为什么选择被告，是不是因为他是槟榔屿禁毒协会会长？"

"也许吧。"

"你自己申请了这个许可吗？"

"没有。"

"为什么？"

"因为我是政府职员。"

"所以你就可以不遵守法律？"

"无可奉告。"

可是幕后的交易已经完成，法官还是判定伍连德有罪，罚款 100 元，必须马上去申请许可。亚当斯向殖民地最高法院提出上诉，两个月后，海峡殖民地最高法院维持地方法院的判决。

伍连德被判有罪的消息传出后，在社会上引起很大的反响，使他无法继续主持槟榔屿禁毒运动，当地第一次反鸦片运动以这种方式流产了。年轻的伍连德遭受平生第一次重大打击，在家乡他陷于一种被孤立被排挤被误解的境地，在官方和朋友中间都受到冷遇和敌视，所有的雄心壮志都消磨了，人也变得非常消沉。

这天，送走了最后一位病人，他写完了病案，一个人坐在那里发呆，不知道想着什么。

外面有人叩门，伍连德站起来，前去应门。来的是邮差，交给他两封电报。他打开一看，顿时愁眉舒展，也顾不得关好诊所的门，一路大步流星向家里走去。来到家门口，人还没有进屋，就开始大喊："淑琼，淑琼！"

黄淑琼不知发生了什么事，赶紧抱着刚出世不久的儿子长庚走到楼下，看见丈夫兴高采烈地拿着两张纸走了进来。自从输了官司以后，伍连德整日精神不振，很久没有这样兴奋了。

"淑琼，你看。"伍连德把电报递给妻子。

黄淑琼打开第一封，是从伦敦发来的，邀请伍连德前去参加反鸦片会议并在会上发言。黄淑琼也十分高兴："连德，太好了，公道自在人心，这就是对你主持海峡殖民地反鸦片运动的最大肯定。"

伍连德一个劲点头，指指另外一封："你再看看这个。"

黄淑琼打开另一封，不禁发出惊呼："袁世凯！直隶总督袁世凯聘请你出任陆军军医学堂帮办！"

由于在从英国归来的船上系统地学习了中国近代史，以及近年来对中国情况的了解，伍连德对鼎

伍连德与妻子黄淑琼

鼎大名的袁世凯不陌生，可是这位大人物是怎么知道远在南洋小岛上的一个年轻的医生的？这个谜团直到三年以后才解开。

他问道："这个陆军军医学堂你了解吗？"

曾经在北京附近长期疗养的黄淑琼对此很了解，她告诉伍连德，洋务运动之初，李鸿章出洋考察，发现西方各国军队非常重视军医，回来以后提出兴建西医学堂，培养军医的建议。1881年成立总督医院附属医学校，开始为海军培养舰上医生。1893年医院改称天津总医院，原医学校归天津总医院管辖，1894年改名北洋医学堂，这是中国第一所官办西医学校。

1902年袁世凯于天津创办北洋军医学堂，任命北洋候补道徐华清为总办，日本军医平贺精次郎为总教习。学制为4年，每班40人。附设防疫学堂，由日本人古城梅溪主持，教员以日本人为主，课本也用日文，是所日本式的医学校。1906年由陆军军医司接收，改名为陆军军医学堂。录取入学的学员，有关

生活食宿均由校方无偿提供。另外每人月给纹银 15 两，待遇之高，优于全国。所谓帮办，就是副校长。

介绍完情况，黄淑琼问："连德，你怎么考虑？"

伍连德沉默了一会儿，望着北方说道："淑琼，我想接受袁总督的聘请，回到祖国去。"

3

伍连德从赴英国学习起，始终抱着学好医术，造福乡梓的愿望。回到槟城后，他满腔热情地在救死扶伤的同时，希望靠自己的努力改变槟城的社会面貌，但是现在受到诬陷和打击，让他空有满腔热忱，在槟城很难有大的发展。袁世凯的聘书和淑琼的介绍，使他觉得去陆军军医学堂执教，是一个非常好的报效祖国的机会。他想起刚到英国时，舅舅林国祥的叮嘱："有机会要回国效力。"现在正是良机，而且还是服务于舅舅们曾服役的北洋军中。他对淑琼说："在那里我们起码不是二等公民。"

黄淑琼听了非常高兴："我也是这么想的，在这里你的才华没有施展的地方，回到祖国，我相信你一定能大展宏图的。我们华夏儿女，本当为国效力。再说，这里的气候我也不习惯。"

伍连德歉意地看着妻子，南洋的炎热气候对淑琼虚弱的身体很不合适，本地的妇女都穿宽大裸露的衣服，妻子从小受传统教育，是断然不能穿那种衣服的，因此十分不舒服。如果能北上天津，对妻子的身体大有好处。他想了一下道："可是长庚年纪太小，身体情况也不容许马上远行。"

黄淑琼点点头。长子伍长庚刚出世时就险些丧命，好在化险为夷，可是身体一直不好。伍连德想了一想说："我可以北上天津，待安定下来后，你和长庚再北上，可是这样就要辛苦你了。"

黄淑琼道："这样很好，你放心地去吧。"

伍连德简单收拾了行李，订了北上的船票，立即启程。

在码头上船，挥手和妻子儿子告别而去。这是婚后第一次和爱妻分离，却不知这一生竟是聚少离多。

1907 年 7 月伍连德第一次到祖国，他马不停蹄，直上天津。踏上中国土地的那一刻，手持英国护照的伍连德被告知，按大清法律，不管在哪里出生，每一个华人都是中国人。这一刻，伍连德非常激动。

祖国的概念，就涌现在这个瞬间。

一到天津，伍连德便来到总督府，面见直隶总督袁世凯。

袁世凯并不是伍连德迄今所见的最大的清朝官吏，在家乡他曾经接待过清朝宪政考察团，见过闽浙总督端方和礼部尚书戴鸿慈。和他们相比，此时的袁世凯一副大权在握、志得意满的样子。

伍连德被引见给袁世凯，袁世凯看清来人，不禁满脸狐疑，心里颇有些后悔。这位看起来也就 20 岁的瘦小的留英医学博士能镇得住陆军军医学堂的那些日本军医吗？

因为伍连德不能说中文，两人只能借助翻译交谈。袁世凯对伍连德说："听海军处的程璧光介绍，林国祥是你舅舅？这样你也算北洋后人了，回国参加北洋军也是应该的。"伍连德再次表示了为国报效的决心，袁世凯随即让他先在北洋军医处报到，熟悉一下情况。

伍连德到北洋军医处简单了解了一下情况后，打算上北京见见多年不见的程大哥，没想到因为吃了不洁的东西，患了痢疾，加上水土不服，得了一场大病，身体虚弱得根本不能工作。伍连德在病中开始想念妻子和年幼的儿子，也想起英国的邀请。他向袁世凯请示，军医学堂的情况基本了解了，但是自己对军事医学教育了解得不多。希望能回家休养一段时间，然后赴英国参加禁毒会议，顺便认真考察一下欧洲的军事医学教育，然后返天津就职。获得袁世凯的同意后，伍连德乘船返乡。

回到槟城，一家团圆，病竟然马上痊愈，身体也很快康复了。伍连德便将行医几年积攒的三万元，留给妻子一万元作为家用，剩下的作为去欧洲的旅费。他又告别妻子和儿子，前往欧洲。

在欧洲的六个月内，他先重访巴斯德研究所，了解微生物学的最新进展。然后去英国参加反鸦片会议，在会上介绍了海峡殖民地反鸦片运动情况，获得巨大反响，英国各地纷纷邀请他前去讲演。

在英国逗留期间，他约见英国政府官员，希望政府能够继续努力，控制鸦片交易。这些官员大多是应付了事，只有一位年轻的官员耐心地听了他的陈述，并保证政府会逐步努力，直到彻底消灭鸦片交易。当时谁也没有料到，这个殖民部次长丘吉尔先生日后能名垂青史，领导英国取得第二次世界大战的胜利。

此外，他还专程访问了皇家军事医学院和军队医院，系统地了解了当时最先进的英国军事医学情况，英国有关方面对此也充分配合，让他收获很大，为日后赴中国主持军事医学教学打下了基础。

从欧洲回到槟榔屿后，长子伍长庚已经一岁多了，身体已经长得很健壮。就在他离家期间，一封书信从北京寄到槟榔屿，来信的是程璧光。得知袁世凯礼聘老上司的外甥后，程璧光非常高兴，特意来信希望小兄弟身体康复后，即刻北上，他已经再次向袁世凯推荐，为他落实了陆军军医学堂帮办的任命。

看了程璧光的信，伍连德决定尽快举家北上。他一边继续行医，一边筹备行装。病人们听得这个消息以后，纷纷来到诊所，真诚地希望这位不计酬劳为贫困人看病的伍医生能够留在槟城。但知道他的决心已定后，乡亲们能做的就是衷心地祝福。伍连德则每周七天开业，不辞辛苦地走访病人，并向他们保证自己一定会回来重新开业的。他说话算话，只不过那天等了整整30年。

1908年5月的一天，伍连德走访了所有的病人，然后来到家乡的观音庙，点上一炷香，心中许愿。但愿此去，能施展平生所学，为祖国效力。月影清辉，夜色清凉，涛声如诉。他默默地坐在岸边，望着皎洁的月光，此时，他想起殖民地总督查尔斯·米切尔（Charles Mitchell）在颁发女皇奖学金时所说的："总有一天，女皇奖学金获得者中有人会对古老的中国的发展做出贡献。"是啊，就从自己开始吧。

次日，伍连德携妻子和儿子乘船出海，再一次告别家乡——槟城。

在过去的五年中，伍连德在家乡经历了大起大落，经历了从年少气壮到沉稳成熟的过程。他这几年的作为，在家乡有截然不同的评价。官方认为他是麻烦制造者，甚至怀疑他受人指使。而民间则对他的作为大力肯定，正所谓公道自在人心。

伍连德北上应袁世凯之聘，固然有在家乡受到刁难诬陷的原因，而更重要的是他对祖国的认同感所致。当年在南洋华人中，有人以推翻清政府为己任，包括他的好友林文庆。也有人对清政府十分忠诚，比如他的朋友，马来亚华人首富陆佑。清朝和同盟会对这里也争夺得很紧。伍连德本人是中间派，他赞成革新，可是又不希望用暴力流血的手段，希望通过每个人的努力，国家能够走入现代化。他毅然归国也体现了这种观念，希望能走正当的道路为国家的富强尽力，加上妻子的赞同和大力推动，使伍连德下定了归国报效的决心。

伍连德一家在香港短暂停留后，抵达上海，计划在此停留两周，他打算利用这个机会开始了解一下国内的医学情况。已经初具东方明珠规模的上海，给伍连德留下了深刻的印象，快速发展的社会，贫富两极分化，尤其是外国在华的特权，让这个殖民地的二等公民产生了极大的共鸣。这天他来到公共租界的公园，读到了那个著名的告示：……第4条，狗不能入内。第5条，华人不能入内。

从小受过种族歧视的伍连德非常气愤，他昂首走了进去。门卫并没有阻拦，大概是因为他穿的欧洲服装和没有辫子的原因。其后的两周，他天天去，结果一次也没有被阻拦。他在上海的将近半个月过得很愉快，除了观光以外，还结识了不少国内医学名人，加入了以在华教会医生为主的中华博医会。把妻子和孩子托付给一个亲戚照顾后，伍连德只身乘船北上天津。

4

一到天津，伍连德立即赶到陆军军医学堂，受到总办徐华清的热情接待。

徐华清是广东人，先获哈佛大学学士学位，后获德国医学博士学位，归国后在香港皇仁学院任教，后从军，创办陆军军医学堂和陆军马医学堂，被誉为"中国军医之父"。除了担任陆军军医学堂总办之外，还兼任陆军部军医司司长。

参观了这所陆军军医学校以后，他又前往附近北洋医学堂，参观这所为海军提供军医的医学校。在这里他结识了刚刚结束作为医官随钦差大臣驻西藏归来的解剖学医学教授全绍清。全绍清在西藏拍摄了许多照片，送美国国家地理杂志发表，是第一位把西藏介绍给西方的人。两个人从此成为好友，豪爽的全绍清当即开始教伍连德说中国官话。

伍连德还被介绍给以迈斯尼医生为首的几位北洋医学堂的法国教授，北洋医学堂总办林联辉是第四批留美幼童，但很快被召回，成为北洋医学堂首届毕业生。北洋医学堂不设帮办，由天津税务署英国医官欧士敦医官监督一般医学事宜，教学就由这几位法国教授主要负责。

北洋医学堂用英文教学，学员主要来自香港和天津，受过现代教育。可是这几位法国教授的英文的确不敢恭维，他们依旧沿用19世纪上半叶流行的法国式的观察式医学，学生们的水平可想而知。值得安慰的是，学生们都有很强的求知愿望。通过几天的了解，他心里对如何主持军医学堂有了自己的看法。

一切进展得很顺利，伍连德准备进京正式接受任命。然而，风云突变。

24小时内光绪皇帝和慈禧太后相继驾崩，宣统皇帝继位，其生父醇亲王载沣任摄政王。载沣早就欲除袁世凯而后快，瞬息之间掌管北洋的袁世凯彻底失势，以足疾为由隐居家乡养寿园。袁的亲信也纷纷去职，而他这位被袁世凯专程从南洋礼聘回来，还没有接到正式任命的"海归"，理所当然地被认为是袁世凯一党。看来根本无法获得任命，伍连德就要报国无门了。

北洋军上下人心浮动，伍连德的事情无人过问。徐华清等人也没有良策，只能建议伍连德自己上北京活动。

1908年深秋，伍连德第一次来到古都北京。

火车到达北京前门火车站后，伍连德叫来一辆当时北京的主要交通工具骡车，把徐华清事先用中文写好"海军处"的字条交给车夫，随车前去。

北京对伍连德来说只有一个字：冷。不仅是因为生长在南洋的他对北方气候的不适应，更因为前途未卜。如今被视为袁世凯的人，别人躲之不及。何况刚刚来到中国，在陆军中谁也不认识。官场中要疏通，可是伍连德现在坐吃山空，加上只会全绍清教的几句官话，怎么活动得了？

所谓吉人自有天相，伍连德在清廷官场上所认识的几个要人，这时候多在北京。特别是在伦敦求学时通过舅舅林国祥结识的程璧光和谭学衡，此时均在陆军部海军处就职。

北京烟尘弥漫，道路坑洼不平。头一次来北京的伍连德满怀心事，顾不得看风景，心里希望赶快到目的地。骡车到了海军处衙门，伍连德早已被颠得七荤八素。上前递上名片，门房进去通报。不多会儿，里面一阵脚步声，程璧光快步跑了出来，一把抓住他的手："连德，你可来了。"伍连德眼睛一下子湿润了，一肚子的委屈都想向程大哥倾诉。

程璧光拉着伍连德往里走，走到里面就喊："奕章，快出来，看看谁来了。"

谭学衡也出现在院中，拉着伍连德问长问短，伍连德马上忘掉所有的忧虑。

故友重逢分外亲切，程璧光吩咐人把伍连德的行李拿到府里，伍连德今晚就在他家休息。两个人把伍连德请到室内，先谈了谈从伦敦分手后的情况。说到林国祥于今年早些时候去世，三个人不禁落泪。

程璧光拍拍伍连德的肩膀："你放心，你的事我们俩一定为你办好，不然怎么对得起林管带？"谭学衡也拍胸脯保证，一定全力为他疏通。伍连德知道现在程璧光和谭学衡对自己的前程也很担忧，心里很是过意不去。好客的程璧光当晚在全聚德设宴款待伍连德，看着他满腹心事的样子，程璧光安慰道："你不要担心，国家一定会给你报效的机会的。"

第二天一早，程璧光就带着他来到陆军部，面见冯国璋①等陆军要员，这些人都表示愿意帮忙。

几天过去了，一点消息都没有。伍连德心里不免着急起来，程璧光安慰他不要着急，中国官场就是这样，可以再想想别的办法。伍连德突然想起一个人来，去年在英国参观军事医学院时，被引见给正在伦敦林肯法律学院学习的一位中国军官，叫丁士源。

程璧光一听，拍掌大笑："太好了。丁士源是陆军部军法司司长，是现任陆军部尚书铁良的红人。他肯帮忙的话，你的事就有把握了。"

程璧光马上带伍连德找到丁士源。丁士源很爽快地答应下来，没几天伍连德就接到通知，一周后铁良召见。晋见的日期定了下来，可是说不了几句官

---

① 冯国璋（1859—1919），字华甫，河北河间县西诗经村人，武备学堂毕业，直系首领，曾任民国副总统、代理大总统。

丁士源

话的伍连德心里七上八下，繁琐的官场礼仪他除了会磕头外一概不懂，这可如何是好？

程璧光道："死马当成活马医吧，铁大人知道你是从海外回来的，不会难为你的。咱们抓紧时间练习一下，把可能要问你的话的回答都背熟了，到时候丁大人再从旁提醒一下，应该能应付过去。"说罢，程璧光把伍连德从头到脚打量了一番，头摇得像拨浪鼓："咱还是先别演练了，我得先给你置办行头。来人，备车，去大栅栏。"

做了一身官服，置办一条假辫子，让伍连德有个官样以后，程璧光和谭学衡开始轮流当老师，给他恶补官话，反复排练如何面见铁良，这样问应该如何回答，那样问又应该如何回答。程璧光和谭学衡去衙门办公时，伍连德像个闲人一样逛北京天桥泡戏园子，开始接触民俗文化。

预定的日子到了，伍连德戴好假辫子，穿上官服，别别扭扭地来到陆军部。丁士源已经在门口等候了，先上下仔细打量了一下非常紧张的伍连德，没发现什么不妥："好吧，伍博士，咱们这就进去。"

走了几步，丁士源想起了什么，说："待会见铁大人以前，记得把眼镜摘了。"

没走几步，丁士源又一把把伍连德拉到僻静处，问："请安你练好了吗，做一个我看看。"伍连德练习了一遍，丁士源看看没问题了，才把他带了进去。

来到正厅，丁士源悄悄一拉伍连德袖子，伍连德赶紧单腿跪下请安。对面的人说了句什么，丁士源又一拉伍连德，伍连德站起来，抬起头来，对面坐着一个身材高大，面庞丰圆的人。

丁士源道："铁大人，这位就是我向您呈报过的，从南洋回来报效朝廷的大英帝国剑桥大学医学博士伍连德。"

铁良"噢"了一声，打量着伍连德，伍连德心中背诵着准备好的答案。铁良开口了："伍博士年齿几何？"

铁良（前右二）、张之洞（前左二）、袁世凯（前右一）与英军军官合影

　　伍连德不明白为什么这位朝廷大员一开口就问自己有几颗牙，犹豫了下，结结巴巴地说："我的牙有……"

　　丁士源附耳悄悄用英文说："铁大人问你今年几岁。"

　　伍连德赶紧回答："29岁！"

　　铁良哈哈大笑，对这段小小的插曲觉得很有趣。号称满清干员的铁良对留学人员倒是没有什么成见，就是喜欢开些玩笑。既然有很多军中将领为伍连德说好话，加上亲信丁士源也极力举荐这位英国医学博士，看来此人确有真才实学，不是袁世凯的什么故旧，他也没什么意见。于是，铁良开始按官场套话讲："朝廷用人之际……忠心可嘉……是否能够屈就陆军军医学堂帮办，为国培养军医？"

　　伍连德牢记程璧光和谭学衡的交代，不管听懂没听懂，一律回答："是……是……是……"

　　铁良说完以后，站起来，走入另外一间屋子，丁士源带着伍连德从大门出去。看着仍糊里糊涂的伍连德，丁士源一拱手："伍大人，恭喜了，铁大人准了。"

　　如卸重负的伍连德暗暗下决心，一定要学会国语。

　　才回中国就经历了一场巨变，大悲大喜的伍连德觉得这几个月发生的事情已经是人生奇遇了，哪里想到他的一生还有更多更大的奇遇。

第四章　慷慨出关

1

伍连德虽然见过铁良，并得到恩准，可是正式任命的手续还要等几天。一直忙得焦头烂额的伍连德这才想起自己还有几条门路，先前压根儿就没想起来。一个是民政部尚书肃亲王，肃亲王的儿子曾经在新加坡拜林文庆为师学习英文，来华前林文庆有书信给肃亲王。另外一位就是法部尚书戴鸿慈，三年前戴鸿慈出访槟城时，伍连德被引见过。

拜访肃亲王属于礼节性的，但是这次会面给肃亲王留下较深印象。法部尚书戴鸿慈作为在京的广东帮首领，对伍连德十分热情。因为患有慢性肾病和心脏病，他希望得到伍连德的治疗。于是伍连德每天乘四个小时的骡车来回戴府和程府，十分辛苦。不过也正是在戴府，他遇见了许多广东籍官员，与其中不少人建立了友谊，其中一位就是马上赴吉林出任巡抚的陈昭常[①]。

如此过了一个礼拜，这天伍连德正要出门赴戴府，一个兵丁送来一个厚厚的信封，打开一看，里面是铁良签署的陆军军医学堂帮办正式委任状以及有

[①] 陈昭常（1868—1914），字平叔，号简始，广东新会人。光绪二十年进士，授翰林院编修，后改授刑部主事，历任广西按察使，广西右江兵备道，吉林巡抚。1912年任吉林都督兼吉林民政长，后调广东民政长，旋病卒。

关文书。程璧光连忙将文书翻译出来，令他吃惊的是，月薪300两，大大地超出他的意料，因为他了解过，自己的顶头上司，北洋医学堂毕业、在军中服役15年的陆军军医学堂总办兼军医司司长徐华清也不过月薪350两。

大喜过望的伍连德马上写信，让滞留在上海的妻儿立即北上。当晚在东兴楼设宴酬谢程璧光、谭学衡、丁士源等朋友，次日一早便赶回天津上任。

经过一番周折，伍连德终于能够为国家服务了。他回到天津，立即找到一处房子，把妻子和儿子从上海迁到天津。稍稍安顿一下，伍连德便开始主持陆军军医学堂的工作。

当年，袁世凯鉴于北洋医学堂主要为海军培养军医，决定在天津办一所陆军军医学校。在他的全力支持下，陆军军医学堂发展很快，其待遇也优于全国其他学堂。伍连德是他从海外聘请的第一位除日本人以外的教员。现在袁世凯失势了，陆军军医学堂是否能够正常运转？

伍连德到任后立即拜访总督衙门，由于有在京要人的首肯和军中几位将领的举荐，总督衙门保证提供军医学堂经费。办好这件头等大事后，他开始对军医学堂的教学进行改革。

陆军军医学堂的教员主要以日本教员为主，辅以中国教员，因此授课用中文和日文。尽管学员都学习过英文，为了更好地和师生沟通，伍连德请了一位中文教师，每天和他在一起，力求在最短的时间内能够用中文交流和讲课。此时尽管他还不会日文，依然努力和日本教员建立友谊，可是很快发现是不可能的，日本人有自己的圈子，别人很难介入。

经过一段时间的观察，学校的现状让他大吃一惊。学校当局一贯对日本教师的授课计划不予干涉，而这些日本人只是简单地教授一些护理常识。学生经过四年的学习，毕业后根本不能看病，最多是高级护士，甚至被培养为日本在中国扩张的工具。伍连德终于明白袁世凯万里迢迢聘请自己的原因，就是希望能够摆脱日本人的影响，将陆军军医学堂改成英美式学校，为中国军队培养出合格的医生。成长于殖民地，从小受长辈的熏陶，努力保持民族文化的伍连德，对这种情况反应极大，更让他不可理解的是，这些日本人拿着中国政府的高薪，却明目张胆地为日本培养汉奸！

除此之外，他发现，日本的医学教育虽然秉承德国，可是他们并没有体会德国医学教育的精华——重视实验的教学方式。既没有法国医学的临床传统，又没有德国医学的实验基础，日本式的医学教育只是一个劲地讲授知识，学生的临床和动手能力非常差。

民族责任感令他开始不知疲倦地工作。在教学上，一改日本人死啃书本的作风，采用西方国家重视实践的办法，健全实验室和建立临床门诊，让学生多动手多观摩。教材方面也抛弃日本的陈旧教材，使用欧洲最新的教材，特别在微生物和传染病方面，努力介绍世界最新成就。教学采用中文和英文，使学生经过几年的学习，能够用英文阅读交流。此外，聘用合格的教员，增加户外体育活动以提高学生的体质。短短两年内，陆军军医学堂迅速摆脱了日本人的影响，成为现代化的医学院校，开始为中国军队输送合格的军医。伍连德在陆军军医学堂，开始了中国现代化医学教育。

当时医学教育的潮流，是重视实践，利用教学医院培养医学生。可是，陆军军医学堂没有教学医院。这两年中，伍连德无数次地进京，向军队大员们要求建立一座现代化的军队医院，供陆军军医学堂实习使用，可是每一次都被有关人员用各种冠冕堂皇的借口拒绝了。与此同时，军费被花在华丽的军装和喧闹的仪仗上。这种情况让他深感无奈，感到科学在中国起步艰难，也使得他对医学教育的设想无法全面落实。

天津当时聚集很多留洋人员，伍连德和这些人建立了良好的关系。其中有成为他太太好友的中国女子留洋习医的第一人金韵梅。伍连德的二儿子长福和三儿子长明都是出生在金韵梅工作的医院里。

在天津的留学人士主要是以唐绍仪①为首的留美幼童，这些人中的广东籍人士组成了一个有浓郁自由主义思想的小圈子，伍连德这个广东移民的后代自然就被吸收进这个讲英文和广东话的圈子。唐绍仪卸任奉天巡抚回到天津，和伍连德交往甚密。唐绍仪在一次酒醉后向伍连德透露了"甲午秘辛"，原来是

---

① 唐绍仪（1862—1938），字少川，广东香山人。1874 年被选派到美国留学，曾任清驻朝鲜大臣袁世凯的书记官，天津海关道，汉藏大臣，外务、邮传部侍郎，任奉天巡抚，邮传部尚书。民国首任内阁总理。1938 年被军统暗杀。

1908 年，清廷派唐绍仪（右）访美，庆亲王次子爱新觉罗·载搏（中）同行

伊藤博文和袁世凯在朝鲜争夺一舞女失败后，才开始力主东进。"袁公赢得美人芳心，可是国家要为此付出代价。"唐绍仪酒意正浓，伍连德心潮起伏，想起三舅林国裕，想起妻子的三叔黄乃模和"致远"舰上 252 名官兵，想起那场战争中殉国的将士。甲午战争，是伍连德生命中不可磨灭的烙印。

另外一位好友和长辈，是同样出生在海峡殖民地的伍廷芳[①]，和伍连德一样，两个人小时候都姓 NG，来华后也都按官话改成 WU。伍连德甚至希望和他连宗，认其做叔父。辛亥革命时，正是伍连德的这两位同乡好友，唐绍仪代表北方，伍廷芳代表南方，在上海谈判，促成民国的诞生。

伍连德在天津还有一个来往频繁的朋友是温秉忠，两人结识于 1905 年，温秉忠作为由端方、戴鸿慈率领的清政府宪政考察团的随员到槟城时。温秉忠的妻子叫倪桂妹，在他家中，伍连德遇见了主人准备留美的两位美丽大方的外甥女。后来，这两位外甥女，宋庆龄嫁给了孙中山，宋美龄嫁给了蒋介石。

除此之外，他与梁启超、辜鸿铭、严复、胡适等人交往甚密，对中国文化的了解和兴趣越来越浓。

伍连德在天津已经两年多了，生活和工作都按部就班，对国内的环境也

---

① 伍廷芳（1842—1922），本名叙，字文爵，号秩庸，后改名廷芳。祖籍广东新会，出生于新加坡。清末民初杰出的政坛人物，著名外交家、法学家。

已经很适应了。来到天津后，妻子相继生下两个儿子，一家五口天天热热闹闹，日子过得很快乐。

可是他总是感到有些失落，作为一个医学院的教书先生和管理人员，不是他所希望干一辈子的。他所擅长的医学研究，不知什么时候能用得上？

朋友们看出他的心思，劝他耐心地等待，命运之神早晚会向他招手的。

伍连德在耐心地等待，他的心中有一种澎湃，期待着一种召唤。在一个又一个平凡的日子里，他一丝不苟地工作，为祖国培养第一代合格的军医。同时，他尽自己所能，为中国的医学现代化努力着。比如1910年，他在报上公开呼吁成立华人全国性医学协会，以促使中国现代医学交流协作。

这两年，他有失落，但没有后悔，不管怎么样，他已经在用自己的学识为自己的祖国做出奉献。他相信，即使自己就这样度过一生，他的学生们也能够干大事，出成绩，中国的未来就是靠每一个人、每一代人的不懈努力。

天生我材必有用，1910年12月18日，天将降大任于斯人。

2

1910年12月18日，晚，天津，陆军军医学堂。

学校的实验室里，伍连德独自一人，正在认真地准备第二大学生上课用的实验材料。

门被推开了，一股寒气吹了进来。伍连德抬头一看，是学堂的总办徐华清。徐华清匆匆进来，开口便说："星联兄，外务部急电，召你火速进京。"说罢，递给他一封电报。

"外务部？"伍连德非常意外。外务部为六部之首，联络列强，权力极大。可是军医学堂属陆军部，外务部召他这个陆军官员干什么？"徐总办，外务部召我有什么事？"

徐华清摇摇头："不知道，陆军部并未通知。电报在此，你自己看吧。"

伍连德打开电报，内容很简单，署名的是 Alfred Sze。这个名字好像哪里

施肇基与长子施思明

听说过。徐华清解释道:"是外务部右丞施肇基大人,看来是有紧要事,你马上回家准备一下,明天乘早班火车进京吧。"

伍连德随即放下手中的工作,又去教师宿舍把明天的教学任务交代给其他教员,回到家已经很晚了。他简单地收拾了一下衣物,和妻子解释了一下,便休息了。第二天早早起来,乘第一班火车进京。

12月19日,上午11时,北京,前门火车站。

北京的天气灰蒙蒙的,火车站内外拥挤不堪,一个车夫模样的人站在门口,手里举着一个牌子,紧张地看着出站的旅客,遇见年轻的官员模样的人出来,就上前毕恭毕敬地,出示手里的牌子,结果无一例外地受到呵斥。客人出来的差不多了,急得车夫在北京的冬天里满头大汗,这才发现一位一米六左右、戴眼镜的年轻人站在自己面前,指着牌子说:"我是伍连德。"

车夫如蒙大赦,慌忙跪下请安,起来后一言不发,只把一张纸条递给伍连德。伍连德打开一看,是署名 Alfred Sze 的英文便条,写着请随来人到寒舍。伍连德点点头,示意可以走了。车夫拿起他的行李,两人来到车站外面的广场,一辆骡车停在那里,伍连德上车而去。

坐在车上,伍连德又想起两年前入京求官的情景,那次也是这样寒冷的季节。他想起两年来虽然做了些事,可是还是岁月蹉跎。三十而立,和在新加坡的林文庆等人相比,很是虚度年华。

车子在烟尘中走了一个小时，终于在东城的一个四合院前停了下来。伍连德刚走下车，一个儒雅的中年人已经出现在门口，用英文兴奋地打招呼："伍博士，我们终于又见面了。"

伍连德认了出来，这个人1905年来过槟榔屿的，是端方、戴鸿慈率领的清政府宪政考察团的随员。当时他还特地详细询问了自己的情况。对，他就是施肇基。

施肇基请伍连德进门，一边继续说："您归国两年多了，本来应该早早拜访，可是我一直在东北就职，今天才有机会。"

说话间已经来到二门，一位漂亮的少妇站在门口相迎。施肇基介绍，这是他的太太，施太太开口竟是广东话："欢迎您，伍博士，我叔叔经常谈起您。"

"你叔叔？"

施肇基一旁插话："她叔叔是唐绍仪，唐大人。"

这么一介绍，北京的冬天好像一下子温暖了。几人在屋里分宾主坐下后，施肇基告诉伍连德，上次在槟城见面以后对他印象极深，所以当听说袁世凯打算聘用专家改革陆军军医学堂后，便极力向袁世凯推荐，促成他回国服务。伍连德至此才恍然大悟，原来促成他来到中国，是施肇基的功劳。

年长伍连德两岁的施肇基是近代中国著名外交家，一生为中国贡献颇多，而举荐伍连德之事却少为人知。当年端方、戴鸿慈率团周游列国，考查有之，游山玩水也有之，停留槟榔屿这颗东方明珠就纯属公费旅游了。这种假公济私从晚清开始便存在着，多少官僚出出进进甚至吃喝嫖赌。可是随时随地为国家留意人才，在南洋小岛上发现并举荐了一位盖世无双的奇才的，恐怕只有施肇基一人。

千里马常有，而伯乐难得，如果施肇基也和其他官僚一样不用心，伍连德或许至多只是欧美科学界一名流，中国就不会有他，以及受他影响而归国服务的许多南洋优秀人才。古往今来，多少国士就是因为无人赏识而埋没了。

寒暄过后，施太太知趣地退下去，客厅里就剩下施肇基和伍连德两人。施肇基依旧拉着家常，从他留学的康奈尔，到伍连德出身的剑桥，古今中外，聊得兴致勃勃。这种谈话很对伍连德的胃口，宾主二人你一言我一语，气氛十分融洽。

可是在谈话中，伍连德始终感觉到施肇基温文尔雅的背后掩盖着一种焦虑，他不会因为想和自己重逢聊天而把自己紧急召到北京来的，一定有什么大事发生。

抓住一个机会，伍连德赶紧发问："施大人，外务部召我进京，有什么事吗？"

施肇基沉默了片刻，一字一句地说："伍博士，哈尔滨一带发生大规模鼠疫。"

"鼠疫？"伍连德绷直腰板："出现多久了？情况严重不严重？现在已经流传到哪里了？"

"估计已经发生一个多月了，具体情况不十分清楚，据报已有不少中国人和俄国人死亡。"

伍连德站了起来："已经一个多月了？施大人，朝廷必须马上采取措施，否则后果不堪设想。"

施肇基示意他坐下："我知道伍博士对细菌学颇有心得，因此特意向伍博士请教。"

伍连德稳定了一下情绪，开始介绍鼠疫的背景。

提起鼠疫，都会联想到黑死病。其实，鼠疫很早就在地球上存在了，历史上一共有两次高峰期。公元6世纪拜占庭发生大鼠疫，几个世纪中估计死亡上亿人。14世纪，在欧洲出现第二次鼠疫高峰，从亚洲传入欧洲的鼠疫造成欧洲大陆起码三分之一的人口死亡，因为死者会出现黑斑，所以得名黑死病。因为此病先在家鼠中流行，然后在人群中流行，所以又叫做鼠疫。中国历来也有鼠疫记载，有"东死鼠西死鼠，人见死鼠如见虎"的民谣。

施肇基听得很专注，问道："那么近年来鼠疫发生情况如何？"

伍连德道："从太平天国起事开始，鼠疫流行次数又开始多了，不仅是中国，在美国旧金山也出现流行。1894年也就是16年前，中国南部鼠疫大流行，并传入香港、孟买、日本、土耳其等地。据分析是因为朝廷在云南用兵而被带进内地的。根据这些流行病学资料，看来鼠疫进入了历史上第三个高峰期。"

施肇基眉头紧皱："这么说，东三省的这次鼠疫绝不能等闲视之。"

伍连德点点头，施肇基又问："鼠疫的病因为何？具体是怎么传播的？"

伍连德道："很久以来，人们不知道鼠疫的病源。直到16年前南中国鼠疫大流行时，日本人北里柴三郎和法国人耶尔森从香港一位鼠疫病人身上分离出一种细菌，被确认是造成鼠疫的罪魁祸首，也就是鼠疫杆菌，让我们打开了鼠疫之门。"

施肇基脸上显出希望："这么说，鼠疫不再是不治之症？"

伍连德摇摇头："不，到现在还没有治疗鼠疫的有效药物。鼠疫这种传染病传播极快，死亡率极高。"

施肇基脸上满是失望："那么鼠疫究竟是怎么传开的？"

伍连德回答："现有资料表明，是通过跳蚤在鼠和鼠之间，鼠和人之间传播的。"

施肇基道："伍博士果然对此有所专长，依你所见，应该怎么控制？"
伍连德道："我以为应该派卫生防疫专家奔赴疫区，了解其流行模式和发病源头，以便有针对性地加以控制。"

施肇基沉默了一会，缓缓说道："可惜事情不是那么简单，此事不仅关系千百万黎民百姓之生死，还关系东三省是否依旧为我大清版图。"

"什么？"伍连德大吃一惊。

3

施肇基问："伍博士对满洲特别是哈尔滨的情况了解吗？"

伍连德摇摇头，施肇基道："我刚刚卸去哈尔滨道台，对那里的情况很了解，试为伍博士说之。哈尔滨虽然是我大清国土，但是可以说是控制在俄国人手中，居民中俄国人占大多数，有十万之众。中国人在那里有个两万多人的居住区，此外城中还有不少日本侨民。"

1905年日俄战争中俄国失败，退出东北，借北满铁路盘踞哈尔滨一带。日本在列强干预下将辽东退还给清朝，但把大连作为殖民地，设关东州，借南满铁路继续蚕食东北。清廷有识之士如唐绍仪和施肇基等采取以夷治夷的办法，试图用铁路共有化等办法将日俄势力赶出东北，可是没有成功。

"现在，"施肇基站了起来，"由于鼠疫突起，地方上没有能力加以控制，因此俄日双方对朝廷施加压力，都要求独自主持北满防疫，项庄舞剑，意在沛公！"看到伍连德不解其意，他解释到："俄日两国是想借此机会，夺我东北主权，因此朝廷是万万不能答应的。可是现在疫情紧急，俄日两国已经开始陈兵相向，北满局势甚至东三省局势十万火急。"

温暖的客厅一下子充满刀光剑影，伍连德没有想到，鼠疫竟然关系国运。他也站了起来："施大人，东三省不能丢，朝廷应该立即行动，绝对不能让俄日的阴谋得逞。"

施肇基示意他坐下，自己也坐下，继续介绍："驻华西方使团一方面不愿意俄日任何一方独霸东北，另一方面也惧怕鼠疫传到全球，同样给朝廷施加压力，要求尽快控制东北鼠疫，在这种情况下，朝廷不得不认真对待东北疫情，要求外务部尽快选派医学专家前往哈尔滨进行调查，如有可能便加以控制。东北局势虽然紧张，只要我们控制得当，借助英法美等国，俄日想借机吞并我东三省，恐怕只是白日做梦。"伍连德放下心："如此甚好，不知外务部有何打算？"

施肇基道："朝廷决定，从军中选派医官任钦差大臣，全权负责东北防疫。"

听到这里，伍连德心中一动。

施肇基接着说道："外务部按军中资历，选中海军部军医司医务科科长谢天宝。"

听到谢天宝的名字，伍连德心中有些失望，但很快就坦然了。因为施肇基说得不错，按军中资历，确实舍谢天宝其谁。

如果纯按军中资历，兼任陆军军医学堂总办的军医司司长徐华清当属第一，但徐华清已经49岁了，身体状况无法胜任。

更重要的原因，谢天宝是大清朝第一位医科进士。

1905年9月2日，清廷诏准袁世凯、张之洞等六位督抚联衔奏请，自1906年起废除科举制。

其时，留洋成为社会潮流，也因此出现严重问题。比如留日高潮，

1905—1906 年间留日学生在 8000 ~ 10000 人之间，靠留日热来赚钱的大有人在，即便是在正规学校留学的，也因为学期较短，没学到多少国外先进知识。

为此，1906 年清政府修订了《考试游学毕业生章程》，并于光绪三十二年（1906 年）九月十二日举行新一届游学毕业生考试，这是科举废除后第一次举行留学生考试，俨然科举制的替代，唐绍仪为主考官，副考官包括有严复和詹天佑等人。

这次游学毕业生考试总计录取了 32 名，这 32 人分最优等、优等、中等三级，最优等 8 人授予进士出身，其余授举人，这 8 个人全是留美生和留英生。

数万人选 32 人，选拔难度不亚于昔日科举，八进士更是人中龙凤，他们是陈锦涛、颜惠庆、谢天宝、颜德庆、施肇基、李方、徐景文、张煜全。

八进士中，只有谢天宝和学牙医的徐景文是医科进士，考试成绩谢天宝得分 93 分，徐景文得分 83 分，因此谢天宝作为医科第一进士是名副其实的，再加上徐景文没有在军中效力，而是自己开牙医诊所，因此确实应该选择谢天宝。

想到这里，伍连德点点头："谢科长是美国丹佛大学医学博士，他能胜任这项使命。"

施肇基苦笑了一下："可是谢科长谢绝了这项任命，除非朝廷事先拨发巨额安家费。"

"这是为什么？"

"因为他认为此去生死未卜，有可能死于鼠疫，所以要求先付抚恤金，以免家人生活无着。他这个要求令朝廷很为难，所以外务部只能另选他人。我向朝廷推荐由你出任钦差大臣。"看着伍连德，施肇基停顿了一下，又道："伍博士，这个使命是自愿的，你不要勉为其难。也不必马上做出决定，请你仔细考虑。"

说完，施肇基面带微笑地看着伍连德。他知道危急时刻不能要求每个人、特别是高官厚禄的洋博士都有舍生忘死的勇气，尽管他们也是军人。

户外的风声骤起，在温暖的屋内也能感到北京的寒冬。静静的施府客厅里，心中焦急万分可是外表丝毫不露声色的施肇基端起茶杯，默默地等待着伍连德的答复。

施肇基知道坐在对面的这个人有过人的学识、沉静的品质，虽然是归侨，可是爱国之心不在士大夫之下。如果这个人能去哈尔滨，一定能处理好鼠疫流行的防疫控制。

但是，他也知道，这个人生长在海外，学成于海外。和其他留学归来的人一样，虽然有报国之心，也图高官厚禄。而且以他大英帝国殖民地居民的背景，为什么要为大清冒生命危险呢？他明白，东三省现在就如同一座活火山，领命前去防疫者就如同坐在火山口上，稍有不慎就会误国误民，遗臭万年，更不要说株连九族了。这个瘦小的、连国语都说不好的、看上去十分年轻的人，肯吗？施肇基心中没有把握，只有希望。他感觉手里那杯茶热得像就要爆发的火山，如同东三省的鼠疫一样。他心中万分焦急又有些害怕，对面这位英国医学博士的回答会不会像谢天宝一样让他失望？

只不过片刻之间，伍连德开口了，声音和之前一样地平静："施大人，我接受外务部的任命。"

施肇基几乎不相信自己的耳朵："伍博士你决定了？是不是再考虑下？还有什么顾虑和要求？"

伍连德的声音还是很平静，在平静之中有一种令人振奋的激情："施大人，不必考虑了，也没有什么要求，为国家效力是我的荣幸。"

施肇基把茶杯往茶几上一放，忘形地跳起来，二话不说拉着伍连德就往外走，出了府门，一辆骡车一直等候在那里。两人登上骡车，向外务部飞奔。直到两人进了外务部，施肇基才发觉自己的失态："伍博士，抱歉了。情况紧急，必须马上向那尚书汇报。"

和上次在陆军部见铁良时不同，两人刚进外务部，马上就有人进去通报，等两人进了正房，一位50多岁、中等身材的官员已经等候在那里，脸上全是焦虑。

施肇基匆匆引见："这是那尚书，这是伍帮办。"

这两年，伍连德对大清官场已经熟悉多了，知道眼前这位是朝廷重要人物，因为是慈禧太后的亲戚而飞黄腾达，号称旗下三才子之一的外务部尚书那桐。

伍连德刚想跪下请安，发现自己穿的是西式服装，一时不知道如何是好。

那桐已经上前相扶："伍帮办免礼，请坐。"

几人落座以后，嘱人奉茶，那桐使劲盯着伍连德看，问："伍帮办贵庚？"

从见铁良开始，伍连德遇到的北方籍官员总问他这个问题，因为在北方人眼里，伍连德也就是 20 出头。伍连德这次听明白了："卑职 31 岁。"那桐"嗯"了一声。

施肇基顾不上客套，开门见山道："那大人，伍帮办同意出任钦差大臣。"

那桐点点头："太好了，哈尔滨局势紧急，不知伍钦差何时可成行？"

施肇基道："今日可办完护照、公文，明日一早伍帮办即可返回天津，准备数日后即可出关。"

伍连德接着道："卑职明日返天津，后日一早即可启程。"

那桐长长松了一口气："好好好，所有事宜就由施右丞负责。"说罢站起来往外走，到了门口又回头看了伍连德几眼，欲言又止，想了一想，道："祝伍钦差马到成功。"

那桐（前右二）与清廷官员合影

施肇基立即着手为伍连德准备护照和有关公文，发电报给奉天总督、吉林巡抚、吉林西北路分巡兵备道和陆军军医学堂，并通知陆军部，正式告知，朝廷任命陆军军医学堂帮办伍连德为东三省防鼠疫全权总医官，统一协调东北鼠疫防疫，望各地衙门务必配合，在此期间伍连德依旧兼任陆军军医学堂帮办。

等各项手续和公事办妥，已经将近半夜了，两人回到施肇基官邸安歇。第二天一早，施肇基亲自送伍连德到火车站，在路上，两人商定，任何公事和需求，伍连德可以先用英文发电报给施肇基，由他译成中文后送有关衙门办理，所有在中央和对外的事宜都由施肇基一人承担。

"放心吧，无论有什么要求，我保证满足你。"在前门火车站，施肇基握住伍连德的手，掷地有声地说。

在那个千疮百孔的年代施肇基做得到吗？

火车就要开了，伍连德在车上，施肇基在车下，两人挥手告别。火车缓缓开动了，施肇基突然向伍连德行了一个大礼。

伍连德非常惊讶：

"施大人，这是为何？"

施肇基郑重地说："植之将天下苍生托付给星联兄了。"

火车上的伍连德郑重地拱手："施大人，星联一定不负所托！"汽笛声中，列车缓缓驶去。

4

回到天津，伍连德直奔学校，徐华清已经收到电报，正在等着他。两人简单地交接了一下公务，又召集其他教员讨论布置了下一阶段的教学，算是把学校的事交代了。

伍连德召集毕业班的学生，说明了情况，也道出了危险，询问有谁自愿和他一起去东北做助手。教室里一片沉寂，40名学生鸦雀无声。几分钟后两个学生站了起来。出乎他的意料，两个人都是广东人。伍连德一直欣赏身强力壮的北方学生，这次让他改变了对南方学生的印象。伍连德从中选择英文好的林家瑞作为助手。两人马上准备随身携带的实验材料和设备，等伍连德回到家中，夜已很深了。

年幼的孩子们早就进入梦乡，妻子在灯下默默地等候。看到丈夫有些激动有些紧张的神情，她知道一定有大事发生："连德，出了什么事？"

伍连德将施肇基所说的情况告诉妻子，最后说："我已经接受了外务部的任命，出任东三省防疫总医官。"

听说是鼠疫，黄淑琼担心起来："我听说鼠疫很危险，中者必死。"

"不用担心，我不会有事的。"伍连德安慰妻子："鼠疫虽然厉害，我相信，只要掌握科学的办法，提高警惕，就不会有事的。只不过这一去不知何时能回来，家里只有靠你一个人了。三个孩子都很小，在北方也没有亲戚照顾。"

黄淑琼点点头："你放心去吧，家里有我。我知道你一直想施展才华，这就是个非常难得的机会，而且是国之大事，你一定要全力以赴。无论遇到什么困难，你一定要坚持下去。"

伍连德感激地握住了妻子的双手："放心，我不会让你失望的。"

黄淑琼问："何时启程？"

伍连德道："明天一早坐火车出关。"

黄淑琼让他马上安歇，自己连夜为他准备行李。等行李准备好了，天色已微明，索性不睡了，为伍连德做了一顿丰盛的早餐，然后叫醒几个孩子。伍连德也已起来，看着在家里忙忙碌碌的妻子的身影，他发觉这两年妻子消瘦了很多。到天津后连续生下两个孩子，身体一直没有复原，加上本来体质就不好，现在真的需要好好疗养一下。可是自己又要远行，家里这几个年幼的孩子，照料起来甚为吃力。

"淑琼，辛苦你了。家中有事，可以请金医生帮忙。"

黄淑琼淡淡一笑："你放心，快吃饭吧。"

匆匆吃完饭，正在检查行装，"报告！"外面一声口令，林家瑞到了。黄淑琼打开门，外面风雪交加。

伍连德拿起行李，先和妻子告了别。长庚已经懂事了，认真地祝爸爸一路平安。长福也学着哥哥，口齿不清嘟喊着，只有长明躺在妈妈的怀里又睡着了。

伍连德从淑琼怀中接过长明，端详了半天，然后轻轻地在长明的脸上吻了一吻，递给淑琼。

淑琼道："连德，此去以国事为重，记住你承担的责任，家中不必挂念。"

伍连德点点头，抛下满怀柔情，转身消失在漫天风雪之中。

由天津到哈尔滨的火车在路上要走三天，途经山海关、奉天和长春。当晚火车停在山海关，这是伍连德第一次来到这个地方。早在从英国返回槟城家乡的船上读书时，他便读到著名的山海关之战。今天亲临这个地方，旷野中风雪之声一如当年的厮杀声，漫步在古战场，体验穿越时空的感觉。他突然从接受任命的激动中清醒过来，心中骤然不安起来。

满清入关以后，因为关外人烟稀少，鼓励关内民众到东北垦荒种地。但事隔不久，清廷以东北为龙兴之地，担心关内汉人的大量迁入会损害旗人利益，破坏满族的习俗和秩序，于康熙年间废止了招垦令，从验关封海到驱逐流民，实行全部封禁。但迫于日趋沉重的生活压力和连年不断的自然灾荒，越来越多的山东和直隶省农民或泛海偷渡到辽东，或私越长城走辽西，这就是所谓的闯关东。近代以来，由于沙俄的不断蚕食，朝廷改而采取鼓励的政策，1860年开放哈尔滨以北的呼兰河平原，次年开放吉林西部平原，从此移民关外势如潮涌，以每年30万人的速度，一共有1400万人移民东北，称得上是人类历史上最大的移民潮。

1910年，朝廷正式废除了乾隆以来汉人出关垦植的禁令，进一步加快了移民的速度，这一年仅由山东半岛乘船到东北的就达36万多人。这种大规模的移民潮，使东三省的社会状况发生了巨变，这次鼠疫流行是不是由此引起的？或者是沉寂已久的火山爆发？东北疫情到底严重到什么程度？是局部流行还是另外一场黑死病？列强虎视眈眈，应该如何处理？

他心里十分清楚，如果不能尽快将鼠疫流行情况调查清楚并且尽快加以控制，其后果是什么。不成功，主事者唯有一死以谢天下了。中国历史上，从来就没有一个医生有这么大的权力，肩负这么重的担子，更何况是一位生长在海外的侨民。

风萧萧兮易水寒，壮士一去兮不复返。伍连德在心中反复吟诵这句古诗，辗转反侧，夜不能寐。

1910 年 12 月 22 日，晨，山海关。

伍连德早早起来，在街上漫步。

雪还在下，风还在吹。

耳边传来路人的交谈声。

"听说了吗？哈尔滨流行瘟疫了。"

"好像是鼠疫，死人无数呀，据说哈尔滨的人都跑光了。"

"我听说鼠疫都到了奉天，总督锡良大人已经下令封城了。"

"更要命的是，我听说老毛子和小日本已经开始增兵了，恐怕又要大打一场了。"

"是吗，这样的话，这东三省就不是咱大清国的了。"

听到这些传言，他一下子想起自己的使命，双肩上似乎有万钧之重物。

就在此时，朝阳照在巍峨的城楼上，洒下一片金黄。他猛然想起上次在梁启超家中，他详细地介绍了在槟城家乡禁毒的遭遇，流露出心灰意冷之意时，他舅舅的同学严复慷慨激昂地朗诵了福建人林则徐著名的诗句：

苟利国家生死以，岂因祸福避趋之？

国家有难，匹夫有责，这个机会不是自己一直盼望的吗？想到这里，伍连德心中豪气冲霄。

林家瑞气喘吁吁地跑过来："伍大人，该上车了。"

伍连德点头："好，我们出关。"

车站里，汽笛长鸣。

伍连德回首望了一眼山海关城楼，毅然登车。

巨变前夜的中国，北风吹雁，漫天风雪。迎着逃避瘟疫的人流，一个肩负天下安危的医生、生死为国的军人，慷慨出关。

第五章　飘雪天涯

1

　　1910 年底的中国，千疮百孔就像一个行将沉没的巨轮。经过甲午战争和义和团运动，国力大伤，加上巨额的庚子赔款，可谓举步维艰。国家建设也因为动乱的影响，进展缓慢。仅从卫生方面上说，当时中国的卫生状况十分简陋。城市卫生方面的管理体制只是初创阶段。北京于 1905 年开始在巡警总厅下设卫生处，管理城市的卫生事务。而整个北京的卫生设施，只有两家设备简陋的官医院，和七八家规模不大的由外国人开办的医院。京城如此，其他省市的医疗卫生状况甚至连简陋都称不上，很多地区是空白。

　　当时中国通晓西医的人才极为稀少，普通的诊断技术和实验设备更是无从谈起，甚至起码的验尸和解剖实验，都不为法律所允许。广大的官员和民众，缺乏现代科学知识，对传染病一无所知，更谈不上预防控制，卫生防疫基本上属于一无所有。就是在这种情况下，地处东北的哈尔滨爆发了死亡率极高的流行性传染病，而这个城市的很大一部分和这个地区的铁路还控制在俄国人手里。整个哈尔滨市，竟然没有一个华人西医。

　　中央政府派往哈尔滨调查和控制鼠疫的卫生官员，是由外务部临时从陆军军医学堂中抽调委派的，一共只有一个教员加上一个学生。他们俩拿着大清国的护照，坐了三天火车才到达。

1910年12月24日，傍晚，哈尔滨火车站。

站台上稀稀落落地站着来接站的人们，其中引人注目的是道台衙门的一位官员和几名衙役。从长春来的列车正由远而近驶来。

一位衙役小声问："不知这位钦差大臣是何方神圣？"

另外一位衙役道："听说是天津陆军军医学堂的，姓伍。"

领头的官员听到后，叹了一口气："咱这地方现今这种情况，派谁来恐怕也一筹莫展呀。恐怕这位钦差大臣是不知深浅，等他和道台大人一样碰几鼻子灰就明白了。"

说话之间，火车已经进站停稳，旅客开始三三两两地下车。官员赶紧吩咐："都机灵点，一会儿见到钦差，手脚都给我麻利点。"

离旧历新年只有一个多月了，本来闯关东的人不久就该陆续返乡了，现在闹鼠疫，已经有不少人开始进关逃难，从南边来的更是没有多少人了。道台衙门的人在站台上东张西望，就是没有发现哪个车厢下来前呼后拥的钦差。

此时的气温是零下30度，这时，前面的车厢下来两个瘦弱的年轻人，穿着有些单薄，一下车就被冻得哆哆嗦嗦。

大家不禁都被这两个人吸引住了，觉得十分有趣。走在前面的人右手拿着一架古怪的仪器，左肩背个装得满满腾腾的西式书包。后面那位吃力地拖着两个箱子，里面不知装着什么东西，磕磕碰碰地发出清脆的响声。

衙役们又开始小声嘀咕："这俩是干什么的？""看起来像小日本，变魔术的吧？"

"这时候，他们来这儿干吗？现在哪有人有心思看戏法呀？"

官员正要喝住他们，这两个人已经在面前站住。走在后面的那位问："你们是道台衙门来接站的？"

官员一愣，很快反应过来："你们是京里来的钦差？"

年轻人点点头，一指前面那位："这位就是伍大人。"

官员赶紧行礼："于道台派我来迎接大人。"那位伍大人点点头，看着车站出神。

官员看看这位长得像个毛头小伙的钦差大臣，心里叹息，不定又是哪家王公大臣留洋回来的公子利用这个机会搏个出身哪，这个国家是没救喽，如此大事也能当儿戏？心里这样想着，表面上还是恭恭敬敬的："两位大人一路辛苦了，来人！把大人的行李接了！"自己抢先从钦差的随从手里接过一个箱子，随便一拉就要走。那随从急了，抢了回来："慢点慢点，里面是玻璃的，小心，我自己来！"

官员只好放下箱子，召唤仆从跟着钦差的随从去行李车上卸行李。回头一看，钦差大臣还站在那里出神，不知在想什么？不禁在心里长叹声，这么非呆即傻的，什么事呀！

他哪里知道，伍连德正在为历史所感动。

一年多以前，就在此地，发生了一场震惊世界的刺杀。朝鲜义士安重根击毙日本大臣伊藤博文，当时在场并处理这个案子的正是前任道台施肇基。

伊藤博文满脸微笑走下火车，和施肇基握手，然后走向俄国财政大臣，两人寒暄后并肩向外走。安重根从人群中冲了出来，越过两排俄国士兵，来到伊藤博文面前，拔枪、射击，日本一代名臣中弹，就倒在伍连德现在所站的地方。

寒风刺骨，雪意愈浓，伍连德打了一个寒颤，想起哈尔滨的鼠疫，顿时忧心忡忡。

历史是由人来谱写的。在那个寒冷的北国下午，伍连德站在伊藤博文丧命之地，开始谱写中国人的辉煌历史。

2

林家瑞和道台衙门的人终于从行李车上取下行李，发现伍连德还静静地站在那里沉思，便上前轻轻地说："伍大人，可以走了。"

伍连德这才从历史的沉思中清醒过来，问道："家瑞，带来的东西都好吧？"

林家瑞回答："我查过了，都安好无损。"

伍连德四下看了看："这就去衙门吗？"

接站官员躬身回答："今天太晚了，道台大人已经吩咐在一家俄国饭店为大人预定好了房间，请大人先去饭店休息，明天再接大人去衙门。"

伍连德点点头，于是两人在官员的引导下来到车站外，上了一辆等在那里的官府的马车。

马车出了火车站，在城里拐了几圈，来到这家俄国饭店。把两人的行李送到房间放

冬季的哈尔滨，疫区的中心

置妥当，接站的官员告辞："两位大人请洗漱、就餐，有什么需要，吩咐店里就可以了。明天一早马车就候在店门外随叫随走，载两位大人去道台衙门。"

官员走后，店里的下人已将热水备妥，从北京来的两位疲劳的客人舒舒服服洗完热水澡后，又享受了一顿丰盛的俄式晚餐，躺在软绵绵的床上再也不想起来了，在温暖的屋子里很快进入梦乡。

中国政府东三省防鼠疫全权总医官伍连德和他的助手林家瑞就这样度过了在冰天雪地的第一个晚上，这是他们在今后三个月中唯一的一次团圆觉。对这两位籍贯广东的人来说，这里应该叫做天涯吧？

天涯飘着雪花，白茫茫的雪地上一点红艳，走近一看，竟然是鲜血。

伍连德从梦中惊醒，发现阳光从密封的窗帘里透了进来，拿出怀表一看，已经早上八点了。再一想，今天恰好是圣诞节，一年一度的圣诞平安夜竟然这样睡过去了。

伍连德本人不是教徒，可是夫人黄淑琼来自天主教徒家庭，所以他家一直庆祝圣诞。每年圣诞之夜，一家人和朋友们聚集在一起，点上灯，唱赞美诗，孩子们高高兴兴打开礼物。他不禁想念起家人来，前几天领命之际匆匆忙忙，忘了给孩子们准备圣诞礼物了，只能回去的时候再补了，也许在哈尔滨能买到什么特别的东西。

起床以后，他和林家瑞匆匆吃完简单的早餐，来到大街上，发现外面冷

冷清清，没有一点节日的气氛。中国人不庆祝圣诞，按俄国人信仰的东正教算法，圣诞要到两周以后。加上鼠疫的原因，街上的店铺几乎全关着门。

既然如此，那就抓紧办公事吧。两人坐上等候在门口的衙门的马车，直奔道台衙门。来到衙门时刚刚九点，衙门里外空空荡荡。

把门的进去通报，两人在客厅里等了半个多小时，才见到一个个子很高，身穿道台官服，儒雅的中年人睡眼惺忪地走了出来，向伍连德拱手施礼："伍大人一路辛苦了，下官于泗兴有失远迎，请伍大人海涵。"

伍连德事先已经听施肇基介绍过，知道这就是朝廷在哈尔滨最高级别的官员，吉林西北路分巡兵备道道台于泗兴。也拱手回礼："哪里哪里，于道台太客气了。"

于泗兴虽然得知钦差大臣昨天下午已经到了，可是没想到今天这么早就到衙门。通报的时候他还没起床。匆匆洗漱穿衣，赶到前面。听了伍连德的口音，他不由一怔，才想起施肇基在电报中提到的，这位钦差是海外归国的侨民，自幼讲洋文，虽然回国两年多了，官话还很不流利。

于泗兴和他前任施肇基一样，都是江苏人。除此之外，他和施肇基没有其他共同之处。吉林西北路分巡兵备道道台除了负责滨江道公务外，还作为外务部在此的代表。当时的哈尔滨有十万以上的俄国人和上千的日本人，由于地理位置和贸易的关系，俄、日、英、法、美、德都在此设领事馆。于泗兴既不会讲俄语也不会讲日语，实际上一门外语也不会。就任以来和实际控制大部分哈尔滨的俄国方面根本无法沟通，很明显他根本无法胜任这个职务，自上任以来在哈尔滨就度日如年。没想到现在又出现大疫。如果不是怕临阵脱逃受惩处，他早就弃官而去了。

在这个关键时刻，清朝在哈尔滨的最高行政长官，原本应该负责在防疫中协调与各国关系的外务部代表就是这么一个木偶。

宾主落座，于泗兴继续客套："伍大人为东三省疫情殚精竭虑，夙夜操劳，令下官感动万分。此次哈甸之疫乃数千年所未见者也，自路线由北传染而来，若火之燎于原不可向迩，若狂澜之既倒不可挽回。朝廷起宵旰之忧，下求贤之诏，得伍大人慧临，实是三省百姓之大幸。"

于泗兴摇头晃脑说得抑扬顿挫，他带着浓重的上海口音的官话让伍连德听起来十分费劲，林家瑞在一旁用广东话翻译出大致意思，伍连德还是不太明白，忍不住问："于道台，此地的疫情怎么样？"

于泗兴的谈兴被打断了，有些不快，咳嗽了几声，开始介绍情况。在哈尔滨附近有 24 000 名居民的傅家甸出现怪病，得病者发烧、咳嗽、

鼠疫爆发地傅家甸

出血，然后死亡，皮肤几天内变成紫色。

借助林家瑞的翻译，伍连德总算听明白了，又问道："于道台，傅家甸住的都是什么人？"

"傅家甸在铁路枢纽附近，是哈尔滨最大的华人居住区，都是从山东来闯关东的。"

"山东来闯关东的？"

于泗兴又来了劲头，兴致勃勃开始介绍。有清一代，山东灾害频繁，几乎是无年不灾、无处不灾。加上人口增长极快，只好离乡谋生。咸丰十年东北开禁放垦，到此时东北 1400 万人中约 700 到 800 万人是由山东来的人。

伍连德一看他又开始说起来没完了，只好再度打断他："最早的病例是出现在傅家甸吗？"

"不是，是在满洲里。那些捉土拨鼠的窝棚里。"

"捉土拨鼠的？"

于泗兴解释道："土拨鼠就是旱獭。主要存在于蒙古、俄罗斯贝加尔湖和东北，是一种穴居于干燥寒冷的草甸中的一种小动物。"

伍连德想了一下："这么说旱獭也属于啮齿类了。"

"啮齿类？什么意思？"

伍连德道："就是和老鼠在动物学上属于一大类。"看着于泗兴一脸迷惑，

带鼠疫病菌的早獭

他知道无法详细解释，先放在一边，道："于道台，他们捉旱獭做什么用？"

于泗兴道："杀鼠取皮，现在有一种新的工艺，这东西的毛皮加工下，跟貂皮一模一样，不是行家根本分辨不出来。他们在野外捉到 20 只以后，就返回满洲里，待在拥挤的土窝子里面准备出货。"

"干这个的人多吗？"

"多，多了去了。满洲里那地方有个大交易市场，三年前成交 70 万张，今年成交 250 万张，而且价格涨了六倍多。您算算，有多少捉土拨鼠的？前一段，从关内经过哈尔滨去满洲里的人成群结队，都是去干这个的。满洲里周围的旱獭早就捉光了，他们往往北上俄罗斯境内，越走越远。"说到这里，于泗兴叹了口气："早先捕捉旱獭的有行规，取皮以后将其尸好生掩埋。现在，山东直隶两省无业游民相率猎满洲里山中，而山谷流血，原野厌肉，其狼藉实不堪形容。更有甚者，新来者不光取其皮，而且还食其肉，可叹呀。"

于泗兴的话伍连德闻所未闻，他心中暗暗记下，争取日后能亲临满洲里一带，实地调查旱獭捕捉情况。他感觉到，这场鼠疫很有可能就是从旱獭这种野生啮齿类动物身上传给人的。"满洲里是什么时候开始出现病人的？"伍连德继续追问。

于泗兴道："大概是西历 10 月下旬吧，11 月初，应该是 11 月 8 日哈尔滨也出现病例，我估计是沿着满洲里到哈尔滨的铁路传来的，之后疫情发展猖獗。奉天总督锡良大人闻讯后，特意派遣两名北洋医学堂毕业的医生前来处理。"

伍连德一听已经有医生来了，很感兴趣："他们做了哪些防疫工作？"
于泗兴道："据下官所知，他们发现病人以后，送往医院。"

"医院？本地有专门防疫的医院？"

"没有，是利用当地商会临时改建的。对了，那里由官府出钱，为死者提供棺材。愿意就地安葬的，官府还可以征集民夫，挖墓掩埋。愿意回乡安葬的，就得自己承担路费了。"

伍连德吃了一惊："回乡安葬？很多人返回家乡吗？"

于泗兴道："是呀，很多人扶灵回乡。还有一个多月就是春节了，绝大部分山东人是定要回家乡过年的，现在还是陆陆续续的，再过半个月傅家甸就要唱空城计了。"

伍连德没听明白："什么叫空城计？

于泗兴哈哈一笑："这是一出戏文的名字，说的是三国演义里面诸葛亮失街亭以后……"待要说下去，一看伍连德的脸色，只好长话短说："我的意思是，那里的人到节前基本上就走光了，整个傅家甸就像一座空城，哈哈。"

伍连德闻之如晴天霹雳。

3

在于泗兴的笑声中，伍连德脸色刷的一下子变白了，心说大事不好。根据他所掌握的传染病学和流行病学知识，控制烈性传染病的流行，最主要的是尽可能切断传播途径。具体到这里的情况，就是不让本地的人到处走动。

传染病从初起到大规模流行，之间有一段流行迟缓的时间，正是控制其流行程度的关键时刻。如果这次流行的真是鼠疫的话，从最初发现到现在已经两个月了，这段宝贵的时间已经失去了。现在，估计疫情开始进入临界点，就要爆发而全面流行了。但是，不仅在哈尔滨这个几十万人口的大城市没有采取任何预防控制措施，而且一旦大规模的春节返乡潮开始，几日之内，这些回乡的人可能会把鼠疫从哈尔滨带到关内，甚至全国。伍连德怀疑，现在铁路沿线，甚至关内已经有病例出现了。

按当时的理论，鼠疫是通过老鼠和跳蚤传播的，跳蚤滋生需要温暖潮湿的气候，可是哈尔滨地处寒冷地区，现在又是一年中最冷的冬季，鼠疫究竟是怎么传播的？从过去两个月愈演愈烈的情形看，这是一场大的瘟疫。从于泗兴的介绍来看，很可能是从野生旱獭传给人的。那么老鼠在这里面扮演什么角色？

也就是说，从旱獭到人之间，有没有老鼠这一环节？或者说，控制其流行的重点何在？是不是也和印度孟买大流行时一样以灭鼠为主？

伍连德脑子里一连串的问题还没有理出头绪，于泗兴已经开始进行分工，他负责提供资金，伍连德先去会见俄国铁路负责人，然后走访中国方面的有关医院和傅家甸，走访俄国医院，最后伍连德须向他本人和朝廷提出建议，将瘟疫立即控制住。

伍连德看着于泗兴圆圆的笑脸，觉得这位道台乐观得可笑。对付烈性传染病要靠政府和社会的共同努力，和各方面的积极配合，可是现在地方政府一点行动都没有。而且哈尔滨是个国际城市，官府和俄国人、日本人之间一点交流都没有，如何联合防疫？他本来是作为医学卫生专家来的，现在首先要干外交官的活。在这种情况下谈立即控制瘟疫，恐怕是空中楼阁。

反正在道台衙门已经无法获得更多的信息了，伍连德告别了于泗兴，走出道台衙门。静静的街道，阳光灿烂，可是伍连德颇有些孤立无援、任重道远的感觉。他考虑了一下，决定先去走访中国方面的医生和医院。让衙门提前通知一下，他便坐上马车，前往傅家甸。

马车带着他们从市内来到铁路中转站，这里是当时世界上最大的大豆交易市场，成千上万的中国和俄国苦力在工头的指挥下正把一袋袋的大豆装上火车。穿过这个热气腾腾的工地，就进入了中国人居住区傅家甸。

在槟城家乡、在伦敦，伍连德曾经到过贫民窟，那里和现在的傅家甸相比，就是天堂了。马车行走在泥泞的土路上，路边盖满矮小而破烂的屋子。镇子里异常地寂静，路边的人在交头接耳，用警惕的眼光看着陌生人，偶尔看见几位穿白大褂的人在人们敌视的目光中检查尸体。伍连德发觉瘟疫已经像魔鬼一样蔓延到人们心里，傅家甸如同人间地狱一样没有活力。

马车在一所标着商会的屋子前停下，两名年轻的医生已经恭候多时了。经介绍得知，这两位从奉天来的医生都毕业于北洋医学堂。

和陆军军医学堂相反，北洋医学堂是一个英式医学院，从香港广东福建以及天津招收会讲英文的学生，用英语授课。相传因为英国医生肯尼斯·麦克肯泽治好了李鸿章女儿的重病，为了表示感谢，李鸿章为他办了这个医学堂。

不过此时北洋医学堂掌握在法国政府派来的一组医生手里。姚医生是广东人，他的助手孙医生是福建人，因此他们和伍连德交流起来不仅可以用英文，还可以用他熟悉的广东话和闽南话，使他比在道台衙门得以深入了解情况。

姚医生介绍，此次瘟疫已经在傅家甸流行一个多月，从每天死亡一两人到今天死亡 10 人。目前本地只有他们俩和五名受过简单培训的助手，根本没有能力检查每个病人和每具尸体，病人和尸体基本靠当地警察处理。病人一旦发现就送往由公共浴室改建的瘟疫房，没有任何隔离措施，只是对病人住的地方进行简单的消毒。街上经常出现死尸，看来是家属不愿意有关人员到家中进行消毒，晚上偷偷扔的。死尸被警察收集后，官府出资安葬。要求处理病人的医护人员和警察戴口罩，可是大多数情况下没有执行。

姚医生提供的情况，使伍连德对傅家甸的情况有了比较清晰的了解。伍连德核实了几个细节后，问："姚医生，你觉得现在流行的是什么疾病？"

姚医生回答："从症状和流行情况看，是肺部的瘟疫。"伍连德有些意外："肺部的瘟疫？为什么这样认为？"

姚医生解释道："通过这些天对病人的观察，我发现多是通过呼吸传染的，加上病人出现咳嗽咳血等症状，应该和肺部有关。"伍连德又问："那么病的起因是什么？是不是鼠疫？"

姚医生回答："这个不太清楚，我们来以前瘟疫就存在了，是不是鼠疫就不得而知了。"

伍连德想起来，北洋医学院采取法国式教学，重观察而轻因果。他接着详细地了解了病人的症状，姚医生一一作答。情况基本了解了，他问："朝廷在本地可有官衙？"

姚医生道："傅家甸设有县衙，就在附近，知县姓陈。"

伍连德立即请姚医生带他去面见知县。

他们徒步走到附近的县衙，这是伍连德见过的最肮脏的衙门。他们在一个肮脏不堪的房间内等了半天，陈知县才哈欠连天地走了出来，伍连德一眼就看出这是一个大烟鬼。

听说是北京来的钦差，陈知县换上一副奉承的嘴脸。伍连德容不得他多唠叨，马上询问本地的死亡情况，陈知县根本不能做出准确的回答，支支吾吾半天也说不出个准数。只好叫来警察队长，他描述的情况，和姚医生介绍的差不多。知县和警察队长反复强调的只有一点，就是该做的他们都做了。

在这种状况下，伍连德只好要求，如果再出现新病例的话，能够由他亲自检查。几个人连声答应。落实了这件事后，伍连德一行离开衙门。他知道不可能得到本地官府的任何帮助了。本地官员一点不知道鼠疫的危险性，这种态度会造成鼠疫进一步扩散。他们根本不了解几乎毁灭欧洲的黑死病的厉害。

伍连德从傅家甸回到城里已经是傍晚了。按事先约定好的，他把今天的情况总结了一下，给施肇基写了每日汇报，电报发出去，已经快午夜了。

第二天，他一边焦急地等待傅家甸的消息，一边继续收集病人的情况，特别是如何被感染上的。经过昨天的了解，特别是姚医生关于肺部瘟疫的结论，他心里开始有了自己的看法，现在就要等傅家甸的病人来证实了。12 月 26 日，就这样在平静而焦急的等待中过去。

12 月 27 日早晨，伍连德起床后，站在窗前，若有所思。昨天晚上查看随身带来的微生物学文献，又熬了半夜。

东方的日出，有一种血色的灿烂。

4

伍连德往窗外看，见一辆马车飞驰而来，在饭店门口停下，孙医生从马车上跳下来，冲进饭店。

伍连德转身走出房间，敲着林家瑞的房门："家瑞，看来傅家甸有消息了，准备出发。"

孙医生气喘吁吁地跑上楼，报告说终于发现一位刚刚去世的病人。伍连德问："病人所在的现场是否封闭了？"

孙医生回答："按大人的吩咐，县衙派人将病人住的房子严格保护不许闲人出入，姚医生正在那里看守。"伍连德点点头："好，马上去那里。"

他和林家瑞随着孙医生火速来到病人的住处。这是傅家甸贫民窟的一栋黑暗的小平房，穿着粗糙和服的死者躺在榻榻米上。这是一个嫁给中国人的日裔旅店服务员，昨天晚上咳血而死。

伍连德检查了病人的尸体，从体症来看确实像是死于鼠疫。他吩咐所有的人都退出去，命令警察封锁现场，不许任何人靠近。对小屋进行了简单的消毒后，拿出口罩戴上，带上手术器械，和林家瑞就要进去。

姚医生连忙问："伍大人，您这是？"

"解剖尸体。"伍连德简要地回答。

"可是，这？"姚医生十分吃惊。

尸体解剖当年在中国还不被容许，直到三年后，1913年11月22日，内务部颁布了解剖条例，才正式准许解剖。在这种情况下，擅自解剖尸体可以说是大逆不道。而且解剖死者的尸体很可能因此染上瘟疫，而且以姚医生所知，这种瘟疫，染上者必死。姚医生赶紧劝阻："伍大人，请三思后行。"

伍连德道："我知道在做什么，一切由我承担。"说罢，率先走进屋子，林家瑞紧跟其后。

伍连德知道，如果是鼠疫的话，病人体内有大量活细菌，进行解剖的危险很大。但是，为了了解病因，必须这样做。来到病人尸体边，一切安排妥当，伍连德看着林家瑞："准备好了吗？"

林家瑞有些紧张地点头。

伍连德补了一句："多加小心。"说罢，一刀切开病人的皮肤。

阴暗的角落里鲜血如花。1910年12月27日，在傅家甸这个贫民窟的一个房间里，进行了中国医生的第一例人体解剖。病人的血液、肺、脾、肝被分别取出来，放入培养液中或者浸泡在福尔马林液体中，随后死人的皮肤被重新缝合以便下葬。伍连德吩咐对这间房间进行彻底的消毒，然后请姚医生马上在商馆内找一间房间。

一间空空如也的屋子准备好了，消毒以后，林家瑞把显微镜和其他实验仪器设备安放在那里，算是临时的微生物学实验室。

等病人的器官被福尔马林固定好后，伍连德马上进行切片，然后在显微镜下观察，很快从器官切片中辨认出鼠疫杆菌。

鼠疫杆菌

"家瑞，姚医生，你们来看看。"他指着显微镜道："器官里面有鼠疫杆菌，说明流行的的确是鼠疫。"

两个人看完后非常兴奋，林家瑞问："大人，是不是马上向北京施大人禀报。"

伍连德摇摇头："血液样品的培养结果还没出来，我们必须拿到活的细菌样品才能下最后结论。咱们没有37摄氏度的恒温箱，只能放在室内，恐怕要等三天以后培养基上才能出现鼠疫杆菌团。为了万全，先不忙向北京汇报，这几天把实验结果做得充分一点。"

接下来的两天内，伍连德和林家瑞在等待血液样品培养结果的同时，对病人的各个器官都进行了详细的研究，充分证明了鼠疫杆菌的存在。

12月30日，细菌培养基上出现鼠疫杆菌团，证明病人血液中存在活的鼠疫杆菌。

伍连德致电施肇基：经证实，哈尔滨流行的是鼠疫。

这是他到哈尔滨的第六天。

于泗兴和陈知县等地方官员被请到这间临时实验室里，平生第一次坐在显微镜前面。伍连德发现，让这几位地方官员相信，他们从那两个圆筒里看见的就是瘟疫真凶比登天还难，说来说去等于对牛弹琴。虽然鼠疫杆菌已经被发现16年了，可是这几位接受中国传统教育的官员，脑子里哪里有一丁点微生物学概念？

无论如何，这些地方官对钦差大臣的学识钦佩不已，对伍连德的建议毫无异议。于是伍连德再发一份长电给施肇基，向朝廷做出九点汇报和建议：

（1）鼠疫已经在傅家甸流行。

（2）鼠疫主要在人与人之间传播，鼠到人的传播可以排除，因此应该集中控制人群中的相互传播。

（3）与俄国政府合作，对俄方管辖的西伯利亚到哈尔滨的铁路加以严格控制。

（4）路口和冰河通道处加强巡逻予以监控。

（5）在傅家甸建立更多的医院以便留置病人，并建立隔离区隔离病人家属。

（6）派遣大批医护人员来哈尔滨。

（7）道台衙门提供足够的资金。

（8）严密观察中方管辖的北京到奉天的铁路，一旦出现鼠疫，马上严格控制，包括建立鼠疫医院和隔离区。

（9）和日本合作，监控日方管辖的大连到奉天的南满铁路。

伍连德只带领一名医学院的学生，在到达现场六天内便提出了合理的建议。尤其是在病源不是十分清楚的情况下，伍连德和林家瑞在傅家甸病人家中解剖、在普通房间里进行细菌培养，是冒着生命危险的。而且时隔不久，这种悲剧真的发生了。

12月31日上午，伍连德造访俄国铁路当局负责人中东铁路管理局局长霍尔瓦特将军。在场的还有专程从圣彼得堡赶来的俄国专家伊沙恩斯基医生。傲慢的俄国人一开始就摆出居高临下的态度，心不在焉地听着。直到伍连德介绍前几天的尸体解剖、样品观察和细菌培养结果才放下架子，甚至向他索要样本。

尽管在提供援助和相互合作上没有实质性的结果，霍尔瓦特同意伍连德访问俄方医院，虽然他表示，对中国方面能否控制这次鼠疫流行基本不抱希望。

当天下午，伍连德马不停蹄地拜访驻哈尔滨的各国领事，终于领略到国弱任人欺凌的含义。俄国和日本的领事不由分说，依旧要求本国独立负责防疫。法国的领事对此毫无兴趣，只有当他提起曾在法国巴斯德研究所进修时才应付几句。英国领事的态度更让他伤心，尽管他也算是英国殖民地人，领事大人对他既不信任也不友好，完全不相信中国人有控制流行病的能力。最后来到美国领事馆门前，心力交瘁的伍连德已经麻木了。

美国驻哈尔滨领事是位哈佛大学毕业生，罗杰·格林，此人后来出任汉口领事，亲历武昌起义，最后任职洛克菲勒基金会，负责建造协和医院和医学院。他是唯一通情达理的外交官。尽管他也不相信中国政府有控制鼠疫的能力，可是他理解目前的困境，起码能够听伍连德讲下去，并愿意力所能及地提供帮助，让伍连德感到几丝宽慰。

回到旅馆，已经很晚了。伍连德还要整理今天的访问报告，尽管施肇基没有要求，他坚持每天给施肇基发去情况进展报告。报告写好，命人发往北京，伍连德一头倒在床上，平生第一次感到心力交瘁。

官府就像一只笨重的老牛，没有一点紧迫感。民众对鼠疫缺乏认识，很难自觉防护。哈尔滨是国际城市，朝廷在此居然没有得力的外交人员，所有的外交事宜都要靠他来协调。各个列强根本不把中国人放在眼里，对中国政府能否控制鼠疫根本不抱希望。俄日更是伺机而动。更为严峻的是，他几乎是单枪匹马。本地除了那两位奉天来的医生以外，没有任何现代医学人员，也不存在现代化医疗设施，北京安排的后援迟迟没有消息。

鼠疫已经从每天死几个人上升到死几十个人了，这还是哈尔滨，整个东三省就难说了。到底流传到什么地方？能不能控制住？他心里一点把握都没有。

窗外响起钟声，1911年来临了。

1910年和1911年交接的时刻，在冰天雪地的哈尔滨，伍连德在异常艰苦、甚至是四面楚歌的处境下为中国防守鼠疫的关隘。关前巨浪滔天，关前雪山欲崩。

关，危如累卵。

能不守吗？

守得住吗？

其实人生就如同守关，不是能不能守，不是会不会守；而是敢不敢守，而是肯不肯守，而是心中有没有一夫当关、万夫莫开的铁血豪情。

第六章　风波骤起

1

1911年这个改朝换代的年份，从第一天开始，东三省以至北中国，都笼罩在鼠疫的阴影中。

东三省出现黑死病的消息，随着电报很快传遍世界。东北的疫情每天从关外通过电报、通过逃难的人群传来，紧张和恐惧在北京、华北甚至全国蔓延。

当年在中国，可以说几乎没有微生物学研究机构。值得庆幸的是，清政府选派的总医官恰好是国内仅有的几位受过严格的微生物学训练的专业人才之一，才能够在哈尔滨用微生物学研究的方法立即找到瘟疫的真凶。

伍连德在几日之内用现代医学的办法查明病因，资料完整，证据确凿，让清政府很有面子。但是驻华外交使团，以自义和团运动以来所未见的强大的外交压力，迫使清政府尽快派遣更多的医护人员去东北。清政府在如此的压力下只得全力以赴，可是当时的中国，哪里去找足够的受过现代医学教育的医护人员？清廷所能调动的只有陆军军医学堂、北洋医学堂和协和医学院的力量，加上直隶、山东和东北的一些医生。外务部火速调集几批医护人员，陆续前往东北。

伍连德在哈尔滨坚守待援、望眼欲穿。在缺乏人手的情况下，他只能力所能及地边了解情况，边进行有限的防疫工作。

姚医生已经在傅家甸租用了商会的房屋，用做鼠疫防疫医院，当时在东北，从日本进口的硫磺和石炭酸等化学品很便宜，可以用于消毒。伍连德来到这里，开始布置工作。走到楼上，他发现有一间屋子关着门。"这里是做什么用的？"他问姚医生。

"这是实验室。"姚医生回答。

"实验室？"伍连德非常奇怪，没想到这里居然有间实验室。前几天分离鼠疫杆菌时，匆忙之间找了一间空屋，消毒了一下便开始工作了。早知道这里有实验室就好了，兴许还有些可用的仪器设备。"谁建立的实验室？"

"是这样，日本南满铁路派遣了一名医生，来哈尔滨进行鼠疫流行调查，他借用了这间屋子做实验。"

终于见到一位同行，伍连德非常高兴，敲门进去，里面坐着一位年轻的日本人，屋里放置了一些动物学和微生物学的简单仪器设备。

姚医生给彼此作了介绍，听说是北京来的钦差，日本人一脸不屑，直到伍连德自我介绍毕业于剑桥大学，并在德国哈勒大学和法国巴斯德研究所专门研修过微生物学，日本医生才放下了架子，自我介绍受教于发现鼠疫杆菌的著名学者北里柴三郎教授，受其派遣，专程来哈尔滨调查此次瘟疫流行。

伍连德问起他到哈尔滨后的调查研究情况，日本医生说，来到傅家甸后，建立了这间实验室，然后请人捕捉老鼠，他进行解剖和分析。迄今已经检查了几百只老鼠，在老鼠身上没有发现鼠疫杆菌，看来此地流行的不是鼠疫。

伍连德介绍了自己的实验结果，因为从病人身上分离出了鼠疫杆菌，加上临床症状以及旱獭的因素，足以证明流行的是鼠疫。

对此，日本人强烈反对，强调根据现有科学结果和理论，鼠疫是由老鼠经跳蚤的叮咬传给人。几乎在以往任何一次鼠疫流行中，老鼠都起到核心的作用。因此首先要从本地老鼠中分离出鼠疫杆菌，才能证明是鼠疫流行。

伍连德解释，这类型鼠疫一开始也许有经过老鼠传播给人的一种可能，现在则完全是从人传给人，没有老鼠或者跳蚤这个中间过程。从北满的情况看，鼠疫应该是从旱獭传给人的。现在从病人身上分离到鼠疫杆菌，足以说明问题了。可是日本人一点也听不进去。要不是看在对方是剑桥大学医学博士的分上，他早就冷嘲热讽了。至于中国的防疫大臣，他更是看不上眼。不要说指挥他了，连协助工作都不可能。伍连德唯一能争取到的，就是能够共用这间实验室。

于是，两个人在那间实验室里各干各的。一个是号称东方巴斯德的北里柴三郎的学生，一个是曾经在巴斯德研究所进修的英国医学博士，在傅家甸的这间实验室开始了较量。

实际上伍连德还有另外一种假设，经过对非常有限的资料进行分析，伍连德提出一个新的理论：肺鼠疫。

当时人们认为鼠疫传播的主要环节是从家鼠到人，也就是后来所说的腺鼠疫。伍连德认为这次是另一种新型鼠疫，应该称为肺鼠疫，是从人到人，通过呼吸传播的，没有家鼠这个中间环节。这是在科学史上第一次提出鼠疫的分类。他这个判断，并没有十分详细的大量临床资料可以佐证，而当时迫在眉睫的局势也不容许他从容求证。在哈尔滨，也没有其他科学家可以一起讨论，唯一称得上科学探讨的就是和这位日本人的这次辩论。伍连德的做法可以用胆大妄为来形容，他不过是一个年轻不知名的军队教官，居然凭着几天的调查，一下子独出心裁，难怪那位日本人不相信。

临危受命的伍连德来到哈尔滨，马上表现出他异于常人的品质，就是出奇的敏锐、自信、冷静和果断。这种品质平时看不出来，只有到了关键时刻，方显英雄本色。

大凡有非常之人，然后可为非常之事。既有非常之事，须求非常之人。

按常理，如此事关重大，主事者一定要慎之又慎，千万不能出错误，甚至不求有功，只求无过。一旦出现失误，后果不堪设想。可是从另外一个角度看，传染病流行的控制在于时间，越早越有效，分秒必争。耽误的每一分钟，都是无数条人命。主事者必须当机立断，快刀斩乱麻，万不可犹豫不决。

说起来容易做起来难，主持防疫的人这时候就如同坐在风暴眼上，连把持都很难，何况是决断？伍连德单刀赴会千里单骑，孤立无援，条件又十分简陋。他所面临的不仅仅是瘟疫流行，尸横遍野，还有列强相逼，俄日虎视，东三省存亡就系于一身，一言兴邦一言丧邦，伍连德能不知其轻重吗？

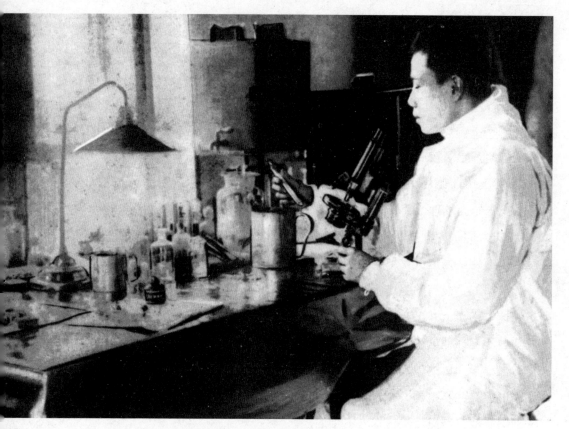

1911 年，伍连德在哈尔滨第一个鼠疫实验室内

　　非大英雄不能为也，不管别人相信也好，不相信也罢，伍连德以举世无双的自信，雷厉风行的作风开始了东三省防疫的壮举。他不仅果断而自信地做出了肺鼠疫这个空前的诊断，而且不等北京答复，伍连德便开始行动。虽然增援还没有赶到，他不可能全面开展防疫工作，但是可以利用傅家甸这所临时医院着手筹备，为大规模防疫进行准备。

　　钦差大臣，没有吃喝玩乐，没有游山玩水，更没有装腔作势指手画脚，而是一板一眼，马上着手调查研究，在最短时间内、在最差的条件下查明了病因。不仅对北京方面有所交代，在哈尔滨也起到稳定人心的效果。大家意识到，钦差大臣确有真才实学，而且敢作敢为。

　　1911 年的第一天，哈尔滨人的心中开始有了微弱的希望，地狱般的黑暗中终于出现了光亮。

2

1911 年元旦早上，伍连德来到哈尔滨中东铁路医院。

由于在哈尔滨的俄国铁路雇员及家属超过十万人，因此中东铁路医院的规模很大。他来到医院后，发现院长是一位和他年纪相仿的年轻的犹太医生，自我介绍姓哈夫肯。这个姓氏对伍连德来说似乎很熟悉，哈夫肯看了出来，自豪地告诉他，自己的叔叔就是著名的、曾经在孟买大鼠疫中参与预防控制的哈夫肯医生。

1894 年鼠疫大流行中，鼠疫不仅从云南传到内地和香港，2 年后也传到孟买。由于印度本地的老鼠很多，很快在孟买造成鼠疫大流行。那次大流行和历史的大规模流行一样，是从老鼠通过跳蚤叮咬传染到人的，经过大力灭鼠，鼠疫最后得以控制。

两个人见面后对本地的疫情交换了意见，伍连德认为，孟买、香港的气候适于跳蚤生存，可是哈尔滨地处北国，现在又是冬季，虽然傅家甸卫生条件很差，温暖的窝棚里有的是跳蚤，可是怎么能够传播开来？那个日本学生检查了那么多的老鼠，没有任何可疑的结果。因此伍连德认为这是一种新型的鼠疫，通过呼吸传播的肺鼠疫。

比日本学生好的是，哈夫肯对流行的是鼠疫没有异议，只是不同意肺鼠疫这个新概念。目前没有时间和哈夫肯详细讨论这个问题，伍连德看到俄国医院的设备和人员都很先进，主持人又是著名鼠疫专家的侄子，心里踏实多了。虽然在哈尔滨的俄国人的居住和卫生条件都很好，与中国人也相对隔离居住，但是依旧不能掉以轻心，而且现在俄国区也出现了鼠疫，经过几天的经历，他明白，自己这个钦差大臣只能管中国人居住区，俄国人居住区是不会让他染指的，只有靠俄国人自己。

大致相互介绍情况和讨论以后，哈夫肯告诉伍连德，医院里的几间病房被用来专门收治鼠疫病人，请他进去参观。两人穿上白大衣，拿好听诊器，离开办公区，来到相邻的一排病房，哈夫肯说，这里就是鼠疫病房。伍连德很惊讶，传染病房居然没有和其他病房隔离开。没等他开口问，哈夫肯已经走了进去，他也赶紧跟了上去。

走进屋里，伍连德目瞪口呆，发觉根本没有缓冲区，自己已经身处传染病房内。病房里面现在收留了 8 个患者，其中 6 个中国人，两个俄国人，都发着高烧，一眼看出是典型的鼠疫病人。病房的门开着，和外界没有一点隔离措施，伍连德浑身发凉，这里就如同一个鼠疫细菌的培养箱，而他连口罩都没有戴。

哈夫肯没有发现伍连德的异常，在病房用听诊器逐个听病人的肺部，听完以后请伍连德来听。伍连德犹豫了一下，只得走了过去，从哈夫肯手里接过听诊器，尽可能侧过头去，不直接和病人面对面，匆匆地听完了一个，再去听下一个病人。在病房里面一共待了大约 10 分钟，每一秒钟，他都紧张得能听得到自己的心跳。

两个人从病房里走了出来，哈夫肯才看出伍连德的紧张，不禁用嘲笑的口吻说："伍博士，你不必紧张害怕，我和医院的同事每天都是这样，也没有感染鼠疫。而且，我这里有足够数量我叔叔研制的杆菌疫苗，即便真的感染了鼠疫也能治好。"老哈夫肯研制出一种疫苗，据说对各种细菌感染都能预防和治疗。

伍连德欲说还休，没有想到作为医生的哈夫肯和那个外行的于道台一样乐观。这几天发生的事情告诉他。他的话是不会有人相信的，除非有血的事实，而真到那个时候可能已经太晚了。

和哈夫肯告别，伍连德默默地回到住处，心里依旧七上八下。根据他自己的分析，鼠疫是可以通过呼吸传播的。刚才在俄国医院的病房里，尽管自己尽量避免和病人面对面，可是还不能保证绝对的安全，应该说被感染上的可能性不小。至于老哈夫肯的疫苗治疗鼠疫的效果，他是持否认态度的。从目前的资料来看，得了这种鼠疫必死无疑。

伍连德一阵恐惧和伤感，这是他到哈尔滨后第一次也是唯一的一次想到死亡。

但是一想到哈尔滨严峻的局势，他马上忘了自己的事。现在该了解的都了解了，以本地的条件是无法控制鼠疫流行的。他现在唯一希望的是，北京能尽快派来增援，使他能马上按自己的想法开展工作。

当天晚上给施肇基的电报中，伍连德再次强调：增援，哈尔滨急需增援。

在接到伍连德的正式报告以后，北京便派出了增援。1月2日，首批增援人员赶到哈尔滨，尽管来的只有一个人，可是伍连德还是喜出望外。因为来人是北洋医学堂首席教授，法国人迈斯尼。伍连德刚到天津工作时，就被引见给迈斯尼，这几年两人的关系不错。更重要的是，两年前迈斯尼曾经负责处理过唐山鼠疫，有控制鼠疫流行的实战经验。

迈斯尼到达后，一头住进火车站对面的大饭店，闭门不出。正在傅家甸的伍连德闻讯后连忙前去拜访。

伍连德兴冲冲地来到大饭店，敲开迈斯尼的房门，迈斯尼脸色阴沉，毫无表情。伍连德觉得是旅途劳累或者怪他没有去车站迎接所致。迈斯尼一指沙发，示意他坐下。

伍连德坐下后，先表示歉意："迈斯尼医生，很抱歉，今天在哈尔滨中国人集中居住的傅家甸安排防疫事宜，没能及时得到消息前去接站，请你原谅。"

迈斯尼摆摆手，表示不用挂在心上。

伍连德接着热情地说："迈斯尼医生，没想到你能这么快就赶来了，真令人感到欣慰。一路上一定辛苦了，有你前来协助，哈尔滨防鼠疫胜算就多了几成。"

迈斯尼稍稍点点头，依旧沉着脸不说话。伍连德顾不得多寒暄，马上介绍他的发现，采取的简单措施，和今后的方案。在简单地叙述了这几天的经历后，他说出了自己的结论："通过我的调查研究，我认为现在这里流行的是一种过去没有被认识的鼠疫，是肺鼠疫，可在人与人之间通过呼吸道途径传播。因此采取的措施要以隔离为主，尽量把咳嗽的病人和不咳嗽的病人分离开，采取必要的预防措施。现有的常规的细菌学方法包括注射哈夫肯的疫苗和抗血清治疗是无用的，预防最基本的要求是医疗护理人员和接触病人的人员戴口罩。"

这时，迈斯尼终于开口了，语气非常不客气："伍博士，我不同意你的看法。既然是鼠疫，现在就应该大力灭鼠。"

伍连德一愣，道："但是根据我的调查结果，和南满铁路派来的日本医生的研究结果都表明老鼠身上并没有鼠疫杆菌。而且……"

1911 年，伍连德与俄国同行

迈斯尼不耐烦地再次打断了他："不不不，你没有控制鼠疫的经验，在印度、香港以及唐山都是这种情况，灭鼠就能控制鼠疫，这和是否发现鼠疫杆菌没有关系。"

伍连德反驳道："哈尔滨气候本来就很寒冷，现在又是冬季，没有大量的老鼠活动，可是疫情越来越严重，现在每天死亡数十人，这表明一定是经其他途径传播，所以应该隔离。"

迈斯尼提高了声调："你们中国政府应该听我的建议。我才是中国的鼠疫权威。"

伍连德没有想到，在天津相处很好的迈斯尼，到了哈尔滨后怎么跟完全换了一个人似的？他到底怎么了？

3

伍连德并不知道，迈斯尼接受任务后欣然启程，在中国待了这么多年，军医出身的迈斯尼还是对中国很有感情的。作为北洋医学堂的首席教授，他非常珍惜这次机会，希望能大显身手。几年前唐山小规模鼠疫流行时，他受命前去调查，对鼠疫控制没有起多大的作用，大有英雄无用武之地的感觉。这次东北大鼠疫，使他认定机会终于来了，于是在接到命令后，第一个启程前往哈尔滨。

但是他心中有个疙瘩，就是不愿意受一个比他小十几岁的中国人指挥。他认为，无论是从年资还是经历上，都应该由他出任防疫总指挥。火车到了奉天后，他做了短暂停留，专程面见掌管东三省的奉天总督锡良，强烈要求锡良任命他取代伍连德为东三省防疫总指挥。这个要求被锡良委婉拒绝了，请他先到哈尔滨看看再说。迈斯尼憋了一肚子气来到哈尔滨，还没安顿好，伍连德就已经来访。听这位 30 岁的年轻的中国人侃侃而谈，心里的火越来越大，话从嘴里出来，再也没有法文那种特有的温文尔雅，全是硬邦邦的驳斥。

伍连德也是在关键问题上寸步不让的人，因此在究竟应该隔离还是应该灭鼠这个预防措施上，两个人各执己见，互不相让，争论中火药味越来越浓。为了缓和紧张气氛，伍连德一直面带微笑，可是迈斯尼越说越激动。突然，他从椅子上站起来，走到伍连德面前，双手高举，摆出一副要掐死他的架式，大喊："你，你这个中国佬竟然敢嘲笑我，顶撞你的上司？"

伍连德怎么也想不到两名医学专家的学术讨论会发展到这个地步，他礼貌地回答："对不起，迈斯尼医生，我本来以为我们的谈话是友好的，可是现在不能进行下去了，除了报告施肇基以外我别无选择。"

丢下狂怒的迈斯尼，他回到自己下榻的饭店。在房间里，伍连德心潮澎湃，从幼年起的种种不愉快经历纷纷涌上心头。在殖民地槟城家乡、在欧洲，他处处受歧视，在洋人面前抬不起头来。可是在自己的祖国，一样有这样的遭遇。弱国只能任人欺凌，伍连德长叹，在这种情况下，他觉得没有别的出路，在哈尔滨这几天，那些洋大人的嘴脸让他明白，在自己的土地上他还得低头。为了大局，他只有让出东北防疫指挥权。

平静下来以后，他草拟了一份发给施肇基的长电，详细说明了这次谈话的情况，并请求辞去东三省防疫总指挥的职务。迈斯尼也向北京有关方面包括外交使团要求接管东三省防疫。

电文发出后，伍连德回到傅家甸的实验室里，一边继续工作，一边整理材料，准备交接。那种备受压抑、有志难申的感觉让他非常消沉。

一天过去了，北京没有回音，又过了一夜，还是没有回音。哈尔滨的鼠疫预防工作陷入彻底停顿状态。伍连德和迈斯尼都闭门不出，外人不知所以，谣言四起。

伍连德的辞职电文发出去 38 小时后，外务部终于回电了。

38 小时，难道北京不知道鼠疫前线分秒必争，每一分一秒都是生命？

为什么一份回电要等 38 小时？

在这 38 小时里北京发生了什么事？

难道对施肇基来说，这是一件难以决断的事？

即便是今天看来，由迈斯尼替换伍连德也是合情合理的。尽管伍连德是华人，可是他也可以算做英国殖民地侨民，和迈斯尼一样，是外籍人士在中国军方就职的。因此本来就不存在必须由大清国民做总指挥的前提。

伍连德有资格出任，迈斯尼一样有资格出任，何况洋人在清廷中当官的比比皆是。

从履历来说，迈斯尼出身军医，还有在唐山抗鼠疫的经验。伍连德虽然训练有素，可是除了在槟城家乡行医外，没有任何流行病学背景，归国以后一直从事医学教育，除了学历外没有任何可以夸耀的科研或者流行病学成绩。

从职务和资历来看，两个都在军中任职，伍连德是陆军军医学堂副职，迈斯尼则是更为著名的北洋医学堂的首席教授。他是李鸿章聘请的，在军中位置和资历并不在伍连德之下。而且迈斯尼比伍连德年长，应该更成熟，更稳重，更有经验。

最重要的是，迈斯尼是白人。此时清廷正承受着驻华外交使团和俄日两国的巨大压力。驻华外交使团要求中国尽快控制鼠疫，以免造成世界范围的流行，而且不能让俄日继续蚕食东北。俄日则要求拥有抗鼠疫的指挥权，作为全面吞食东三省的契机。清廷不敢不听驻华外交使团的，当然也不肯交出东北主权，可是又惹不起俄日。如果以一法国人做主帅的话，一来外交使团很满意，二来俄日特别是虎视眈眈的日本不敢再做非分之想。在哈尔滨各国之间的协调也容易得多。相反，伍连德就没有这些优势，尽管他可以算做英国人，可是他的黄皮肤黑眼睛在各国驻哈尔滨使节眼中甚至他所属的英国的领事眼里还是东亚病夫，全都对他不屑一顾，怎么能奢谈协调合作？在日本人那里，更是没有交流的可能。

东北防疫不是儿戏，一旦失败，朝廷一定要追究责任，起码要找出替罪羊，去应付洋人。除了在前线的伍连德外，首当其冲的就是举荐伍连德的施肇基。如果用迈斯尼，无论成败都可以堵住洋人的嘴。而且，俄国、日本、法国的专家都认为是腺鼠疫，只有伍连德一个人坚持是肺鼠疫，这牵扯到防疫的具体措施。如果是固执的伍连德判断失误，将连累施肇基掉脑袋。

是施肇基从南洋发现默默无名的伍连德，破格推荐给现在隐居的袁世凯，使毫无资历的他出任陆军军医学堂帮办，凭什么对伍连德这么优待？留洋回国的人多了去了，学历资历在伍连德之上的比比皆是。在旁人眼里，这是等于半个广东人的施肇基彻头彻尾的腐败。难道现在依旧置国家安危于不顾，依旧任人唯亲？

其实，施肇基和伍连德只有两面之交，竟然敢以身家性命赌在他身上？难道就为了在北京前门火车站送别风萧萧兮易水寒时的一句诺言？

"担当"只有两个字，可是字字千钧。何况在这样一种情况下：满清当年弱国无外交，东交民巷来的压力如山，俄国和日本已经磨刀霍霍。伍连德和迈斯尼矛盾不可调和，首先牵扯的是军队内部陆军和海军的关系，其次是外务部和军方的关系，最后是清政府和洋人的关系。

满朝冠盖，能躲就躲，能推就推。只有施肇基一个人，要周旋于洋人、将军、大臣和满清王公之间，而且是在大清这艘千疮百孔的巨轮就要沉没之前，在这个朝代的最后一个冬天。38个小时，施肇基在做什么？

外务部内，两份电报摆在施肇基面前，他端坐在那里已经几个时辰了，还是一动不动。

书案上摆好了纸笔，值班的下人在外面等候，随时可以给哈尔滨回电。施肇基拿起笔，放下，再拿起笔，又放下，屋子里响起一声长长的叹息。

仆人走进来，恭敬地说："天色不早了，大人该回府休息了。"

施肇基抬头看看自鸣钟，才发觉夜已深了。他想了想，道："你回府告诉夫人，不必等我了，今天就不回去了。"

仆人司空见惯，应了一声退下了。鼠疫开始后，施肇基已经在外务部不知熬了多少回夜了。

夜深人静，施肇基起身，来到庭院中，一边漫步，一边心潮起伏。这件棘手的事让他迟迟下不了决定，千不该万不该，不该调那个法国人去哈尔滨。施肇基对迈斯尼印象很好，知道他是洋人中比较正直的。这次接到调令，马上起身，是所有增援人员中第一个赶到现场的。原来以为有他做助手，伍连德如虎添翼，防疫工作能够很快展开。没想到一山不容二虎，为了谁掌领导权闹到这个地步。从伍连德的电报中看，还有学术之争，关系防疫大政方针，使得这件事更为复杂。

施肇基遇到了东北防鼠疫中的第一个大的难题。

4

接到电报已经八九个时辰了，施肇基心乱如麻。权衡利弊，思前想后，觉得应该接受伍连德的辞呈。好几次，他忍不住打算动手起草电文了，可还是打住了。虽然对鼠疫防疫的科学道理他丝毫不懂，可是他心里有一种对伍连德的信任，他认定自己从南洋引进的专家是担此大任的不二人选。但是，不接受伍连德的辞呈，迈斯尼岂能善罢甘休？他要求取代伍连德的电报同时发给驻华使团，洋人又岂能善罢甘休？

谢天宝临阵退缩，伍连德慷慨出关，到了哈尔滨很快做出鼠疫的结论，使中外交口称赞。可是现在出现了一个同样有献身精神的洋人，还事关防疫举措。对伍连德的信心，值得不值得自己搭上身家性命？

东方微明时分，施肇基终于下定决心，支持伍连德。但是，他知道，如果自己就这样发报的话，肯定引起轩然大波，哈尔滨那边的防疫工作定受波及，他必须做好在北京各方面的工作。可是，从何开始啊？

一声轻响，仆人送来夫人交予的换洗衣服，施肇基猛然想起，听说最近重建的海军部的副大臣谭学衡与伍连德有旧，何不妨先从他那里着手。

朝廷刚刚重新设立海军部，谭学衡被任命为副大臣，一时公务繁忙。这天刚刚睡下不久，便被下人叫醒。听说施肇基清早来访，觉得很奇怪，连忙梳洗穿衣，来到客厅。施肇基先表示歉意，随后开门见山地说："听说谭大人和陆军军医学堂伍帮办是旧识？"

谭学衡点头："伍帮办乃故林国祥将军之甥，与我在英国相识，以兄弟相称。林将军一直希望伍贤弟能回国报效，听说是施大人向袁大人推荐的。施大人慧眼识英雄，他能回国效力，此番又去东北主持防疫，全是施大人的功劳。"

施肇基闻言大喜："植之此次正是为伍帮办的事，请谭大人帮忙。"接着，把事情原委说了一遍，最后表示自己对伍连德有信心，拟解除迈斯尼的职务，但事情棘手，希望北洋医学堂所属的海军部能出面协调。

谭学衡拍案而起："施大人如此看重我伍兄弟，谭某岂有不从命之理。海军部可下发命令，命迈斯尼返校。"

办妥了海军部的事儿，施肇基回到外务部，外务部大臣那桐正等得着急，一见到他，马上道："施右丞，法国使馆刚刚送来照会，要求让迈斯尼代替伍连德出任东三省防疫总医官，你看怎么办？"

施肇基将事情原委再与那桐解释一遍，并通报刚刚和海军部达成一致，调回迈斯尼。那桐道："既然如此，法国那边就由你解释吧。"说完，袖手而去。施肇基摇摇头，出了外务部，登车，吩咐去法国使馆。走到中途，突然有了主意："改道，去英国使馆。"

来到英国使馆，求见英国公使朱尔典。不巧朱尔典去天津了，要到晚上才回来。施肇基只好返回外务部，打听得朱尔典回来了再去拜访，来到英国使馆已经天黑了，门房传出口信，公使大人已经休息了，请施大人明天再来。

施肇基只得再度返回，又是一个不眠之夜。

第二天早上不到九点，施肇基再度来到英国使馆。使馆办公时间从十点开始，但是没等多久，朱尔典笑着出来了："施先生三顾茅庐，不知有什么要紧事？"

施肇基道："十分抱歉公使先生，屡次打扰了。只是我有一事不明，特来向公使先生请教。"

朱尔典有些诧异："施先生是博学之士，有什么事需要我来帮助？"

施肇基一笑，道："是有关科学方面的。"

"科学方面的？"朱尔典更是丈二和尚摸不着头脑。

"请问公使先生，当今世界各国，以医学论，哪个国家最为先进？""科学先进国家有英、法、美、德等国，我以为鄙国更为出色。"

"那么贵国又以哪所大学最为出色？"

朱尔典想了一想："以我之见，应该是剑桥大学为优。"

施肇基点点头，又问："那么法兰西如何？"

朱尔典哼了一声："法兰西人浪漫有余，严谨不足，虽然也有巴斯德等科学大师，但其医学重观察而不讲试验，近50年已经落伍了，其整体水平比我大英帝国差得很远。施先生难道有亲友要出国学医吗？"

施肇基摇摇头说："是这样，朝廷派往哈尔滨防治鼠疫的两名专家，因为对鼠疫流行的科学理论有分歧，闹到外务部，我因事情过于高深，这才特意向公使先生请教。"

朱尔典问："是什么人争论？如何争论？"

施肇基道："是就职陆军军医学堂的贵国剑桥大学医学博士伍连德和就职北洋医学堂的法国军医迈斯尼，前者认为哈尔滨的鼠疫是通过呼吸传播，后者以为是通过老鼠传播，两人各持己见，我也不知谁对谁错。现在法国使馆递交了照会，要求用迈斯尼取代伍连德出任东三省防疫总指挥。"

"岂有此理。"朱尔典火冒三丈，"法兰西的军医不过上三四年大学而剑桥大学医学博士除了上学，还要到医院实习、去各地进修，往往要九年时间，其水平岂是军医所能比的？更何况据我所知，伍博士是当年剑桥医学毕业生第一名，也是同届第一位获得医学博士学位的，他的同学很多已经是大英帝国各地的医学支柱。难道这些在医学方面成就颇多的人还不如一名军医？法国人也太自不量力了。"

施肇基道："以公使先生所见，朝廷应该支持伍博士的见解？"

朱尔典道："当然了，贵国政府选派大英帝国培养的伍博士任钦差大臣的举措十分正确，伍博士到哈尔滨后，很快确定了病因，说明他是主持防疫的最佳人选。此事绝对不能为法国人所更改，我是驻华使团团长，法国的照会不必担心，此事由我去交涉。还有，我马上以大英帝国的名义，不，以驻华外交使团的名义照会贵国政府，支持伍博士继续主持满洲防疫。"

出了英国使馆，施肇基驱车飞奔，赶回外务部，拿出早已写好的电报，有些颤抖地签了名，吩咐："快，快，给哈尔滨回电。"

傅家甸的实验室的门被使劲地推开来，正在观察显微镜的伍连德被吓了一跳，发现是林家瑞激动地跑了进来，手里拿着一张纸："伍大人，北京回电了！"

伍连德轻轻地叹了一口气，从显微镜边站了起来，神情萧索地从林家瑞手里接过电报，扫了一眼，脸色一变。摘下眼镜，往镜片上哈了一口气，擦去上面的雾气，戴上，又读了好几遍。

电文写道：免去迈斯尼参与鼠疫防疫的任务，伍连德继续主持东北鼠疫防疫。

放下电报，精神一振的伍连德走出实验室，重新主持工作。

国难当头，伍连德和施肇基，要合力托起北中国的蓝天。

第七章 决战时刻

1

38小时，一封回电竟然花了施肇基38小时。

伍连德不知道这38小时在北京发生了什么，他唯一能肯定的一点，是施肇基实现了他的承诺，为他做出"担当"，成为他最坚强的后盾。

男儿一诺千金重。一生没有参加过任何党派的施肇基，将毕生贡献给中国外交事业，忍辱负重地为中国争取权益。巴黎和会时在国内五四运动的鼓舞下，和顾维钧等人毅然辞职，拒签丧权辱国的巴黎和约。后来参与联合国成立，一生建树颇多。而其中最不为人知，也是功劳最大的，就是在东北鼠疫流行期间做出启用伍连德，并成为他坚强后盾的壮举。

每一个英雄的背影里面都隐藏着另外的英雄，是他们默默地支撑着英雄前进。伍连德在回忆东北防疫时，把最大的功劳归功于施肇基，正像施肇基在回忆录里热情赞扬伍连德，只字不提自己一样。伍连德认为，如果没有施肇基这位不推卸责任，勇于担当的上司在北京做后盾，做协调，甚至忍辱负重，他是不可能完成这个使命的。

仅此一举，施肇基和伍连德一样，称得上是真正的民族英雄。

可是就在这失去的38小时内，哈尔滨的局势急转直下。过去24小时内死亡达到 50 人。也就在这 38 小时里，鼠疫已经从局部流行变成全面爆发。可是在没有更多的增援的情况下，伍连德对此除了小范围的防疫以外，根本就无能为力。

38 小时后，再走出实验室，伍连德还得继续等待。

少得可怜的增援陆续来到了。1 月 4 日，迈斯尼的两名下属赶到。在迈斯尼被解除任务后，他们归伍连德指挥。

1 月 6 日协和医学院的吉布医生、和由方擎率领的 10 名陆军军医学堂学生也赶到了。伍连德总算有了一支可以调动的防疫队伍。

伍连德希望按他的预定计划尽快建立医院和隔离区，可是北京、奉天和本地官方的经费迟迟不落实，也找不到合适的地点。俄国方面和日本方面还是根本不配合，唯一能管辖的中国人居住区，地方官依旧不当回事，他的命令被拖延，迟迟不执行。这几天伍连德四处奔走，到处呼吁，可是他的话没有人相信，没有人听得进去，死亡人数一天比一天多，伍连德心急如焚。可是没有别的办法，还得再找于泗兴。没想到，于泗兴自己找上门来了。

在傅家甸一筹莫展的伍连德正准备去道台衙门拜访于泗兴，就见在大冬天里于泗兴满头大汗进了商会大门，见到他就喊；"伍博士，伍钦差，不好了，迈斯尼，那个法国佬中了鼠疫了。"

"什么？"伍连德大吃一惊："怎么感染的？他现在在哪里？"

"不知道怎么得的，他住的俄国大饭店已经被俄国人封锁了，正在全面消毒，我派人打听了，据说人在俄国中东铁路医院。"

"走，去俄国铁路医院。"伍连德领头就走，于泗兴迟疑了一下，也跟了上去。

两人赶到俄国铁路医院，哈夫肯很快迎了出来，他向两人介绍情况。在得知自己的任务被解除以后，盛怒的迈斯尼根本不理会外务部和海军部的指令，决定自行抗鼠疫。1911 年 1 月 5 日，迈斯尼来到哈尔滨中东铁路医院，对此一无所知的哈夫肯接待了他，在介绍了情况后，迈斯尼主动要求检查病人。哈夫肯并不知道他已经被解除了任务，很配合地让他进了传染病房。和伍连德的情况一模一样，也是在没戴口罩的情况下检查了四名病人。

1月8日，迈斯尼出现头疼发烧等症状，彻夜未眠。因为他住在俄国大饭店，饭店发现后当即通知了俄国医院。哈夫肯得到消息后马上将他接到医院，此时他已经高烧不退，咳中带紫血，细菌检查发现鼠疫杆菌。哈夫肯正在用他叔叔研制的疫苗和抗鼠疫血清进行治疗。

伍连德问："迈斯尼医生的情况怎么样？"

哈夫肯摇摇头："我们尽力而为吧。"

伍连德叹了口气："我进病房看看。"看看越躲越远的于泗兴："于道台，请你给施肇基大人发电报，向他报告这件事。"

于泗兴如蒙大赦，一个劲点头："好，好，下官火速去办。"

伍连德和哈夫肯来到鼠疫病房，哈夫肯赶紧拿出口罩，严严实实罩在嘴上，伍连德也戴好口罩，两个人来到病房门口，就听到迈斯尼的咳嗽声。

伍连德来到迈斯尼的床前，想说什么可是不知怎么开口。迈斯尼看到伍连德，努力止住了咳嗽，吃力地说："伍博士，你是正确的。"

伍连德看着迈斯尼这位过去几年在天津和自己相处不错，几天前和自己争吵的法国老人，心中一阵伤感，安慰道："不要担心，你会痊愈的。"

迈斯尼摇摇头，咳嗽几声又说："这里不安全，外面还有许多的事等着你去干，快走，快走。"直到看着伍连德被催促着走到门口，他提高了声音："伍博士，愿万能的主保佑你。"

走出鼠疫病房，他和哈夫肯交换了意见。哈夫肯对他的措施无不赞同，主动提出由他向铁路方面建议，俄国区完全按照伍连德的方案进行防疫，今后俄国医院在鼠疫防疫上无条件听从他的指挥。

从俄国医院出来，伍连德便召集哈尔滨的那支小得可怜的防疫队伍，向他们通报了迈斯尼的情况，并详细分析了流行病学情况和应该采取的预防措施，稳定军心，然后紧急布置防疫措施。

1月11日，迈斯尼去世，距他访问鼠疫病房仅六天。

伍连德在那间病房里的担忧和后来的伤感是有道理的，谢天宝的担心也是有理由的，此次防疫确实是出生入死。

事实要靠鲜血和生命来证明，伍连德的话终于令人相信了。

迈斯尼虽然私自行事、蛮横无理，虽然瞧不起中国人，但是他是为控制中国东北鼠疫流行而殉职的，和白求恩一样，都值得我们纪念和感激。

迈斯尼发病后，俄国方面马上关闭他所住的大饭店，对整个饭店进行彻底消毒。如此大张旗鼓，这个消息很快传遍了哈尔滨。一位知名的国家级专家感染鼠疫并死亡的消息，在当地中文和俄文报纸进行了详细的追踪报道，甚至传遍全球。哈尔滨陷入空前的恐慌，一个中央政府派来防疫的高级专家都死于鼠疫，现在哈尔滨没有人安全了。

为迈斯尼送葬回来，伍连德正准备召集全城官员开会，发现几乎所有的官员都聚集在傅家甸临时防疫总部门前，正等着他。见到伍连德，大家围了上来，七嘴八舌地问个不停，伍连德不知道先回答谁好。

"大家静一静，"于泗兴大声说，"听伍大人的。"

伍连德看着那些惊慌的眼睛和不知所措的面容，深深地吸了一口气，他知道，现在哈尔滨一片混乱。这时候，需要的是一柱擎天。他知道，只有他，能够撑住哈尔滨就要倒塌的天空。

2

"诸位大人，鼠疫虽然可怕，只要我们认真地实施制定的防疫措施，就一定能很快地消灭它。"看着大家，伍连德坚定地说，"当务之急，是尽快落实各项防疫措施，请大家相信我。"

一阵沉默后，于泗兴道："伍大人说得对，伍大人洞察秋毫，所言无不中的。我相信伍大人，听伍大人的指挥。"

在场官员纷纷点头称是："我们唯伍大人马首是瞻。""请伍大人下令。"

于泗兴又说："静一静，请伍大人下令。"

伍连德道："谢谢各位大人，现在请各位大人协同于大人，尽快落实隔离所需的经费、地点和用具。"

各位官员纷纷点头，伍连德随即将有关事宜交待给于泗兴，让他率领众人火速办理。

刚刚送走诸位官员，有人通报，驻哈尔滨各国领事来访。之前对他不加理睬的各国领事结伴而来，围住伍连德用英文法文德文一齐发问，伍连德也用英文法文德文一一回答。几位领事不仅仅有他们本人的焦虑，也传来欧美各国在得知迈斯尼的死讯后，对东北鼠疫流行的担忧，会不会又是一次黑死病？

耐心地解答完问题，送走了几位领事后，俄国铁路方面的官员已经等了很久了，是来请教防疫措施的。送走了俄国铁路的人，又接待了日本侨民的代表和外国记者，然后是本城的知名人士和商会代表。伍连德成为各方面的唯一支柱，人们从他这里得到和鼠疫抗争的勇气和信心。

这天，已经连续几天几夜没有好好休息的伍连德正在办公室里靠着桌子休息，恍惚中感觉有人进来，睁眼一看，是满脸愧色的林家瑞。看到他醒了，林家瑞道："对不起伍大人，吵醒您了，全大人到了。"

伍连德喜出望外："是全绍清到了？快请快请。"

一个中年人走了进来，行了一个军礼，道："伍大人，卑职北洋医学堂全绍清奉命赶到，请伍大人吩咐。"

看见这位自己在天津结交的第一个好友，伍连德难得地露出笑脸，上前紧紧握住全绍清的手："全兄，你来了，我就踏实多了。"

全绍清道："不仅我来了，还有协和医学院的阿斯普兰德医生、斯坦豪斯医生和 3 名学生，陆军军医学堂的侯医生和 10 名学生，还有其他各处派来的 14 名医生，北洋医学堂的人员明日就到。"

伍连德屈指一算，朝廷在北方所能调动的现代医学人才已经悉数派来了。虽然只有几十人，可是这已经是中国政府所能调动征集的极限了。今后的防疫再也不能指望增援了，只得靠这点有限的人手。

全绍清又说："没想到迈斯尼来到哈尔滨，闹出这么大动静，真是始料不及呀。"

伍连德叹了一口气："可惜的是他染上鼠疫殉职了。"

全绍清道："是呀，这个老洋鬼子虽然目中无人，但还算是个好人。"

叹息了一阵，道："疫情紧急，请伍大人即刻分派任务，把最紧要的事交给我吧。"

伍连德心里一块石头终于落地了："太好了，我正为此事发愁。控制哈尔滨的鼠疫固然非常重要，不让鼠疫从北向南扩散同样重要，这件事就交给全兄了。"

"好。遵命，应该怎么做，伍大人明示。"

"从哈尔滨经铁路南下，第一站就是省会长春，那里是控制鼠疫扩散的关键。长春已经有不少鼠疫病例了，我想请全兄负责长春的鼠疫控制。"

"得令。"全绍清回答还是干净利索。

伍连德点点头："从今天来的这批人员中分出一部分，随全兄去长春吧。"

全绍清摇摇头："哈尔滨至关重要，这些人都加起来还不够用，我一个人回长春吧，北洋医学堂后援还有十几人，可以了。"

伍连德道："长春也是大城市，十几个人哪里够用？"

全绍清道："非常时期，只能行非常之事。长春的防疫还可以征召中医嘛。"

伍连德眼睛一亮："好主意啊，对中医进行简单培训后上岗，这样就可以解决人手不够的问题了。"

全绍清看看表，道："我现在就走，能赶上回长春的火车。"

伍连德连忙道："还是吃罢饭再走。"

全绍清已经吩咐林家瑞去备马，回答道："算了，疫情紧急，时间不等人，去长春吃吧。"

在备马的间隙里，两个人迅速交流了意见，统一了看法，随即，全绍清上马，和伍连德挥手告别，扬鞭而去。

形势紧急，地方官员再也不敢漠然其事，开始迅速行动起来，对伍钦差的所有要求一一满足，各地的防疫组织也极其迅速地成立起来。哈尔滨在 1910 年 11 月 15 日由滨江厅邀请各界代表 20 余人组成了防疫会，现在改为哈尔滨防疫局，由伍连德指挥。

奉天第一个响应，奉天省城防疫事务所于 1 月 12 日成立，是省城独立的防疫机关，下设稽查部、医务部、埋葬部、检诊部、隔离部、消毒部、药料部、微生物检验部等部门。1 月 14 日奉天防疫总局成立，附属奉天行省公署，下设医务科、文牍科、报告科、调查科、会计科、庶务科等科，是奉天全省统一的防疫行政机构。

1911 年 1 月 17 日长春防疫局成立。1911 年 1 月 26 日吉林全省防疫总局成立，为吉林省全省防疫主管部门，下设诊疫所、检疫所、隔离所、庇寒所、掩埋场等 14 个所。

1911 年 1 月 20 日黑龙江省成立全省防疫会，统辖各防疫机关。下设防疫卫生队、调查团、诊治处、检疫所、传染病院、疑似病院、隔离所、掩埋队等。

除了省一级和省会的防疫机构外，东北各地也相继建立了防疫组织，东三省很快形成了鼠疫防疫体系。

俄国方面，尽管之前也有医护人员死亡，但一直没有和细菌传播途径联系起来。现在是在他们医院里出的事，俄国人终于相信鼠疫是经过呼吸道传播的。俄国铁路方面主动地配合中国方面，对中方提出的要求基本上有求必应，租借大量空车厢给中方，作隔离站和医院，解决了缺乏防疫场所的问题。哈夫肯和他的手下，也完全按照伍连德建议戴口罩。

清政府采取伍连德的建议，隔绝交通。1911 年 1 月 13 日，山海关设卡严防。1 月 14 日，停售京奉火车二三等车票。1 月 15 日，陆军部派军队驻扎山海关，阻止入关客货火车。1 月 16 日，在山海关沟帮子查到病人就地截留。1 月 20 日，邮传部电令停止由奉天至山海关的头等车。1 月 21 日，京津火车一律停止。至此，关内外的铁路交通完全断绝。

1 月 14 日，日本控制的南满铁路停驶。1 月 19 日，俄国控制的东清铁路，二三等车停止售票，其头等车采取检疫后登车的办法。至此铁路交通彻底阻断。清政府在山海关设立检验所，将陆路南下的旅客留住 5 日，以防鼠疫蔓延。

正是因为迈斯尼的悲剧，使伍连德完全掌握了东北防疫的指挥权，没有人再质疑他的能力，也没有人再敢要求出任总指挥。

等他终于有时间回到那间实验室时，发现那个日本医生早已不见了。也许是因为害怕，也许是因为伤了大和民族的自尊，这个曾经很狂傲的日本人从此消失得无影无踪。

在这个日本人一生剩下的日子里，永远摆脱不了那个瘦小的、戴着眼镜的中国人的影子。

在这个异常繁忙的危机时刻，伍连德仍然保持着每天写日记的习惯。就在迈斯尼死亡的那天晚上，写日记的时候，他突然想起了谢天宝，于是提笔写下：可惜谢天宝失去了一个报效国家的最佳机会。

无双的国士就这样超脱了生死，在冰天雪地为国家、为民族而战。

3

因为迈斯尼的死亡而引起的恐慌，在伍连德的日夜努力下渐渐平息了。现在到了防疫控制措施正式开始的时候了。朝廷在看，驻华使团在看，俄国和日本在看，东三省的老百姓在看，伍连德的三板斧是什么？

以伍连德为首的中国东三省防鼠疫机构正式成立，并开始众所周知。在众目睽睽之下，作为东三省防疫总指挥伍连德要干的第一件事是什么呢？

当务之急是什么？防疫委员会召开会议，委员们看着伍连德，等着他一

1911 年，关闭的学校和客栈被租用于办公室和消毒站或病房

言九鼎。

伍连德看着大家，开口了："现在，控制鼠疫的当务之急就是要求医护人员和民众戴口罩。"

大家吃惊地看着这位刚刚赢得所有人的服从和尊重的钦差大臣，他没有慷慨激昂地立誓，也没有故作高深地引经据典，甚至没有如临大敌的动作。他要办的第一件事竟然非常简单，没有什么技术含量，钦差大臣竟然干了这么一件在卫生防疫中属于小儿科的事。

伍连德看着众人，点点头："对，就是戴口罩。现在鼠疫通过呼吸传播，戴口罩可以阻断其扩散。"说着他拿出一个口罩说："我专门设计了这种简易加厚口罩，已经下令大量赶制，很快可以供应全体防疫人员使用。"

于是，没有几天，哈尔滨所有参加防疫的人员都戴了口罩。很快，东北其他地方的防疫人员，和很多老百姓都戴上口罩。这种口罩，后人称为伍氏口罩。1911 年在哈尔滨，在东北，如果没有从一开始就严格执行戴口罩这个简单的要求，医护人员、辅助人员和百姓的死亡数会高得多，鼠疫的控制成功时间也会延长甚至失控。正是这个看似简单，却非常有效的措施挽救了无数条生命。

除了口罩之外，伍连德下令准备充足的硫磺和石炭酸等消毒剂。在东北的日本商人借机发了一次横财。

第二步，伍连德召开哈尔滨各有关方面联席会议，经过讨论，决定实行以下措施：

（1）将鼠疫流行中心傅家甸全面隔离。整个地区划成四个相互严格隔离的小区，每小区由一位高级医生作为主管，配备足够的助理员和警察，逐日挨户检查。一旦发现患者和可疑病人，马上送入防疫医院。其亲属送入从俄方租借的车厢改建的隔离站，对其住处进行彻底消毒，情况每日上报。

（2）由于先前负责检查病人的警察不具备医学知识，由医护人员取代。负责逐户检查和接触病人的医护人员，上岗前必须接受培训。

（3）为了保证傅家甸隔离的成功，从长春调 1160 名官兵维持秩序，严格控制傅家甸地区人员出入。带队军官列席鼠疫联席会议。

（4）为了弥补医疗人员的不足，培训 600 名警察，协助医务人员进行鼠疫防疫。

会议结束后，对傅家甸地区立即施行全面隔离。由于伍连德从到哈尔滨就着手调查和准备，他制定的方案合理可行，半日之间，两万多居民和外界完全隔绝。防疫委员会总部也设在傅家甸，医护人员和辅助人员在回到总部时要经过几道严格的消毒措施，所有工作人员配备统一的显示所工作区域的标志，而且只能在他所工作的小区内活动。全镇戒严，居民出入必须由防疫委员会批准。各小区配备足够的车辆，以运载病人、尸体和物资。官府提供所有的费用，并负责该区两万多居民的生活。

俄国方面积极配合，也按同样的办法，将俄国人居住区分成八个小区，配备了车辆、医护人员和翻译。圣彼得堡也增派了专家，前来帮助哈尔滨俄国居住区的鼠疫防疫。在该区增加对健康人群的检测，发现病例及时隔离。改进

伍连德发明的伍氏口罩

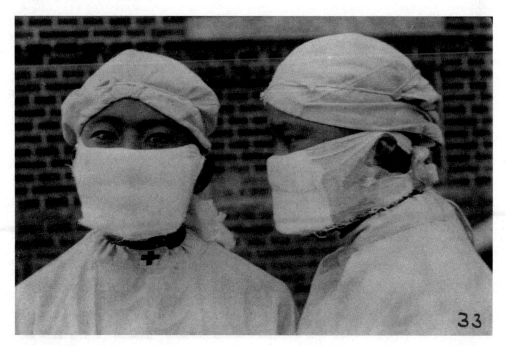

穷人居住地的卫生条件，为工作人员提供夜间休息场所，对病人住处和房屋进行认真消毒。

当地政府也十分重视，道台于泗兴尤其积极，尽最大可能提供资金和房屋。各项防疫工作逐步展开，开始按部就班地进行。

哈尔滨在行动，各民族的人团结起来，在一个年轻的军医的率领下，和几百年不遇的大鼠疫进行决战。

涣散的人心开始凝聚起来，对专家对科学的信赖使他们满怀胜利的渴望，可是人们，包括伍连德在内都没有料到，更大的考验还在后面。

又是一个寒冷的下午，哈尔滨火车站的站台上挤满了接站的人，本地的官员士绅悉数到场。人虽多，可是秩序井然。

从长春来的列车开始进站了，欢迎的人群鸦雀无声。列车停稳后，车门打开，一个矮个子官员率先下来，后面跟着一队官吏。道台于泗兴从站台上等候的人群中抢先上前，对着领头的官员施礼："巡抚大人一路辛苦，卑职有失远迎。"

1911 年，防疫队伍

巡抚一摆手示意:"于大人辛苦了。"说罢紧走两步,一把握住队列中一位戴眼镜的年轻人的手,改用广东话道:"星联兄只手擎天劳苦功高,吉林一省生灵的安危就仰仗星联兄了。"

此人正是吉林巡抚陈昭常,被握住手的是东三省防疫总医官伍连德。当年伍连德在北京等候正式任命时,两人在戴鸿慈府里见过。此次,陈昭常率领省里官员专程前来考察哈尔滨防疫。两人寒暄了几句后,陈昭常指着旁边一位精干的幕僚:"我来介绍一下,这位是廖仲恺先生,今后有关防疫方面就由廖先生全力协助你。"

廖仲恺也用广东话道:"伍博士临危受命,解三省黎民于倒悬。有什么需要的,仲恺一定尽力。"

伍连德早听说过陈昭常的这位能干的首席幕僚,十分高兴地说:"太好了,哈尔滨防疫只是一个部分,要想彻底控制这次鼠疫,一定要各地的一致配合。尤其是铁路沿途层层把关,长春的位置非常关键。"

廖仲恺道:"长春的防疫措施一如哈尔滨所为,已经全权交给全绍清负责。"

1911 年,准备出发的消毒车

吉林总督陈昭常

伍连德问："全教授只有少数北洋医学堂的师生帮助，长春那么大，人手怎么够用？"

廖仲恺回答："已经征集不少本城的中医，并培训大批警察，目前人手不缺了。"

说话之间，大家已经来到站外，乘马车来到滨江道。伍连德详细介绍了本地的情况和采取的措施，陈昭常对此表示赞许，命令所有地方官员无条件听伍连德调遣。然后照例是官话："……希望在两个月内将鼠疫控制住。"

伍连德心中暗想，这位巡抚大人和于道台、陈知县一样，也是一个乐观者。

没想到，伍连德的努力让陈昭常的预言实现了。

一行人到傅家甸进行视察。在路上，廖仲恺继续和伍连德交换意见。比伍连德年长两岁的廖仲恺也是归国华侨，同样的背景加上同乡的原因，两人感到格外亲近。

伍连德认为，随着居民的逃离，这种可怕的瘟疫也将越过长春，蔓延到东三省，乃至天津、北京和济南。除了严格控制从哈尔滨到山海关铁路沿线，在关内的北京、天津和山东、河北诸地也要采取必要的措施。两人最后商定，分别由伍连德和陈昭常向朝廷提出建议。

4

送走陈昭常一行，伍连德马上致电外务部。建议除在从哈尔滨到山海关的铁路沿线加强对鼠疫病人的控制外，在华北、山东等地也要采取必要的措施。

值得庆幸的是，除了施肇基在北京全力以赴地支持外，吉林巡抚陈昭常是伍连德的故交，也下令全省尤其是要求哈尔滨的官员无条件地服从伍连德的调遣，使伍连德指挥起来越来越得心应手。更值得庆幸的是，掌管东三省的奉天总督锡良是清廷一位难得的开明官员，在这个关键时候不仅大力支持伍连德，而且积极组织防疫。

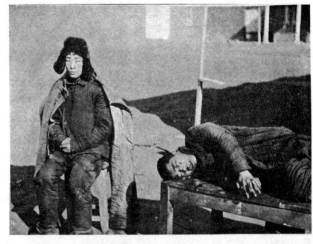

早期和晚期的鼠疫患者

早在 1 月 11 日，锡良写给军机处的奏折中就已明确提出，"此次疫症，因东清、南满火车往来蔓延甚速"，为防范计，"于火车经过大站添设病院、检疫所，凡乘火车由哈赴长，由长赴奉之商民，节节截留，一体送所查验，过七日后方准放行，染疫者即送病院医治"①。同时与日俄有关方面交涉联合防疫，"现正商同日俄车站，将东清、南满二三等火车暂停开驶南来，杜绝传染。为正本清源之计，其南满京奉安奉路线所经如长春、公主岭、昌图、铁岭、辽阳、新民、沟帮子、抚顺、本溪、凤凰、安东等处，均经颁发章程，一律查验。"②

各地按伍连德建议，制定了严格的疫情报告制度和查验隔离制度，锡良电饬沿铁路各州县，要求将每天鼠疫在各地的流行情况及时用电报进行汇报，而且"所有关于防疫电报一律免费"③。同时建立奖惩制度，锡良奏请"出力人员，照军营异常劳绩褒奖。其病故者，依阵亡例优恤"④。在他的带头下，东三省督抚纷纷上奏"奖银拟分四等，一等万金并照阵亡恤典"⑤。这些请求

---

① 《奏报发疫情形并请拨大连关税电》（宣统二年十二月十一日），《东三省疫事报告书》上册，"奏章"，第 1 页。
② 《劝以消灾厉恭折》（宣统二年十二月十六日），《东三省疫事报告书》上册，"奏章"，第 3 页。
③ 《东三省防疫记》，宣统三年正月十二日《申报》，第 1 张第 5 版。
④ 《宣统政纪》卷 47，《清实录》第 60 册，第 840 页。
⑤ 《专电》，宣统三年正月二十五日《申报》，第 1 张第 3 版。

奉天总督锡良

很快得到了清政府的批准。

清政府完全采纳伍连德的建议，充分认识到了防则生，不防则死的道理，一场真正采取现代防疫手段的应对战争开始了。1905年，清政府设立巡警部，次年改为民政部，下设卫生司，管理卫生防疫、医药和医院等事，是国家卫生事业的管理部门。1911年卫生司司长唐坚，因为防疫不力，被记大过一次，其下属防疫局长也受到申斥。摄政王于1月18日特意召见民政部尚书肃亲王，询问消灭鼠疫事宜。

面对严重的疫情，外务、民政和邮传部随时会商。在从东北至京师的铁路沿线上设立了层层防疫站。直隶保定防疫局、邮传部、步军统领衙门，在保定、长辛店、通州等地也设立了防疫站，对来往车辆随时进行查验。

此外，在京师各城门外设立检查站，对于来自东三省等鼠疫发生地的步行者，勒令先在城门外住宿，待实行检验没有可疑症状后，才能入城。

北京城内，卫生警察队在内外城广泛地发布告示，宣传防病防疫知识，动员市民清扫卫生，捕捉老鼠，杜绝病源。由卫生警察队监督清道夫，认真扫除街道、清理垃圾、消灭老鼠，并由卫生警官随时稽查。

北京还分别在内外城分设临时防疫事务总分局四所，于永定门外设防疫室、隔离室、防疫出诊所。内外城官办医院添置了防疫药品、器具。并要求在京的外国医院改为时疫医院，接纳病人。

北京实行疫病报告制度，内外城发现可疑患者，立即报告防疫事务局。防疫事务局即派医生前往检验。如果发现有嫌疑，立即将病人送往防疫病室，原住房屋封闭消毒，并将阻断该处交通，家人和邻居送往隔离室。这期间病故者，也必须经医生检验是否与鼠疫有关系。严密防止间接传染。旅店、饭馆、茶楼、市场等场所，都令卫生警察逐日检察。

在直隶设立临时防疫局，患病的百姓，统一由卫生局办理。省会保定，也特设临时防疫局，附近各府州县遇到鼠疫疫情，由临时防疫局派医生前往处理，并要求所属防疫专局严加处理。

伍连德下达的戴口罩的命令，不仅在哈尔滨被严格执行着，其他地区也在效仿。在铁岭，政府向当地民众发送一万多只被称为"呼吸囊"的口罩，下令老百姓出城入城都必须戴，由巡警随时稽查，如有不遵守者，即以违警论罪，铁岭是执行这条防疫措施最严厉的地方。

然而，从中央到地方抓得最紧的还是灭鼠。

伍连德在哈尔滨一锤定音，实行隔离，不必以灭鼠为重。可是，在其他地方，毕竟是鼠疫，各级政府还是不敢放松灭鼠，甚至当成头等大事来抓。

鼠疫大流行，在紧急形势下，清政府各级官员的观念有了非常大的变化，接受了现代科学的知识，具体体现在消毒和灭鼠上。虽然伍连德坚持，在人

阻断交通后被临时隔离的人们

1911 年，防疫人员正出发寻找鼠疫病人

力有限的条件下，控制鼠疫一定要严格隔离病人和可疑患者，但是他提出的肺鼠疫的理论还没有被广泛接受。政府一方面无条件支持他在东北的防疫工作，采纳他的隔离建议，另一方面也不敢不灭鼠。而且确实存在着患病的人把鼠疫传给老鼠，老鼠再传给其他人的可能。于是，北中国的老鼠遭受了有史以来第一次重创。

在北京，巡警总厅发布了捕鼠令，捕得老鼠后送往派出所，捕到活鼠奖给铜元两枚，死鼠奖铜元一枚，各区每日上报捕鼠总数。在天津，每头老鼠给铜子一枚。甚至远在汉口，也按每只老鼠铜元两枚的标准，号召居民大力灭鼠。在鼠疫最严重的东三省，无论死活，每只老鼠一律给铜币七枚，经检验后由捕鼠部委员带往烧老鼠场焚烧。整个鼠疫期间，仅奉天省就处置老鼠 80 972 只[①]。此外，有关当局公布防疫方法，提出多养猫，以及见到死鼠时一定要用开水浇洒等办法，形成了一场由官方倡导的除灭鼠害的公共卫生活动。尽管这次大规模灭鼠对控制这场大鼠疫并没有起到决定性作用，但是，在举国上下社会各阶层人士中树立了正确的卫生防疫观念，普及了科学知识，大大地改善了城市卫生环境。

除了灭鼠外，官方还组织消毒和疫苗接种等。铁岭的屠宰行业工作人员必须穿白色服装，每日必须消毒一次，内脏必须当场清洗干净，装在专用的板箱内。天津卫生局要求喝开水、吃熟食、注意生活卫生等。北京的公共卫生防

———————————
① 《东三省疫事报告书》下册，第 2 编第 6 章，第 9 页。

疫方面也采取了许多有效措施，比如剃头棚地下均垫石灰，所有铺内衣服毛巾每日更新三次，私自通行于断绝交通处，及随地便溺不遵守公共卫生者，处以罚款。黑龙江防疫会协同巡警按户清查，凡有房屋不洁之家，勒令即时打扫，以清污秽。

在几百年一遇的大鼠疫面前，面对东北，俄日虎视眈眈，以及北京的外交使团的步步相逼，伍连德到哈尔滨后迅速地用最先进的科学手段查出了病因，使处于现代化转变过程中的清政府的防疫观念一下子树立起来，与过去相比，发生了本质性的变化，变得异常开明。不仅没有神巫之类的闹剧，公共卫生事业也飞速地发展起来。

中国现代卫生防疫就这样在大鼠疫的危机中开始了。

第八章　经历绝望

1

从关内到关外，控制鼠疫流行的大规模卫生防疫全面展开。

在关外，从哈尔滨到沈阳，沿线都出现病例，东三省各地鼠疫防疫局派人分段负责，一旦发现病人，立即送入沿线的鼠疫医院和隔离区。

长春早已经有很多鼠疫病例了。奉天于1月2日发现第一例鼠疫病人，是一位从哈尔滨来的人，病倒在大街上。奉天医科学堂的师生在克里斯蒂医生的率领下，承担起当地的鼠疫防治工作，同时承担从奉天到山海关铁路沿线的鼠疫控制。日本方面负责从奉天到大连铁路沿线的鼠疫控制。东三省其他地区也相继行动起来。

在这个国难当头的时刻，各地的医生包括中医纷纷自愿参加抗鼠疫活动。来华的外国医生和医学生也积极自愿参加，刚从剑桥大学毕业，来到奉天的苏格兰长老会使团医院工作的杰克森医生就是其中一个，他自愿负责一项最艰苦的工作：在山海关和奉天之间拥挤的三等车厢中发现病人、将他们暂时隔离在车站附近肮脏而空气污浊的小旅店内，然后一起送回奉天的隔离病房，这期间要全程密切监视以防病人逃跑。

1月23日，杰克森将几百名患鼠疫的劳工送到奉天鼠疫医院后，突然高烧咳血，经诊断他在护送的路上已经感染了鼠疫，于 1 月 25 日殉职。就在他发病的那天晚上，100 多名患鼠疫的劳工从鼠疫医院逃跑，一周以后奉天鼠疫死亡率暴增。

　　来华不到三周，年仅 26 岁的杰克森连全名都没有留下，为了控制举世罕见的东三省大鼠疫，在最艰苦的地方以身殉职，他称得上是一位高尚的人，也是一位白求恩式的国际战士。后来，专程赶到奉天来认领骨灰的杰克森的亲属将清政府拨给的一万元抚恤金全部捐献出来，除了在奉天医科学堂内设立杰克森像以外，其余都用于当地医疗卫生建设。

　　此次防疫的关键，还是哈尔滨，只有控制住哈尔滨的鼠疫流行，才能有效地控制其他地区的流行，否则鼠疫还会源源不断地从这里向外扩散。哈尔滨此时宛如战场，在以伍连德为首的防疫总部的指挥下，所有预防和控制措施被严格地日复一日地执行着。傅家甸全面隔离，四个隔离小区相互分开，成千的人被隔离在隔离病房内。医护人员一户不漏地天天检查，不放过一个可疑情况。士兵和警察非常严格地控制了整个地区的人员出入，基本上做到滴水不漏。伍连德每天都召集有关人员召开联席会议，由各单位汇报情况，清查漏洞。全体工作人员不辞辛苦

参与防疫工作的俄国医生

地，没日没夜地工作着，也焦急地期待情况的好转。俄国居住区的防疫工作也抓得很紧。

两个多星期过去了，局势却越来越糟，没有一点好转的迹象。死亡人数从每天 40，到 60，然后稳定了几天，又突然升高，超过 100 人，达到 180 人。每天有上千的人被收留隔离，120 节从俄国铁路方面租用的车厢全部被用来收留这些密切接触者。这些可疑患者每天早晚试体温，出现鼠疫症状者立即诊断，确诊者转到医院。尽管精心护理，确诊的鼠疫病人的病死率依旧是 100%，而且不断有医护人员被传染。

人们从最初的激情和盼望，到渐渐的失望甚至绝望。对伍连德的信任和崇拜也开始动摇了，甚至开始出现风言风语。对此，伍连德看在眼中，听到耳中。他依旧严格地按照既定的办法一丝不苟地督促落实，不容许有任何一点放松和疏忽。用他的镇定和信心去感染其他人，就这样，整个团队在失望中顽强坚持。

决战时刻，最重要的就是坚持。哪怕是在绝境中，坚持就是胜利。

哈尔滨的鼠疫死亡率持续上升，失望的情绪在全体团队里蔓延。这期间唯一值得高兴的是，似乎有人具备天生的免疫力。志愿参加防鼠疫的一名姓刘的中医和他的助手从一开始就工作在重病病房，没有采取任何防护措施。在得到戴口罩的指令之后，由于不习惯，他们也经常不戴。尽管周围的人不断被传

1911 年，在被鼠疫重创的傅家甸收集尸体

染，这两个人连一丝轻微症状都没有，整个鼠疫流行期，类似的情况只有三例。到了这个时候，对控制鼠疫也有些绝望的伍连德开始寄希望于人群能出现免疫力，来抵御鼠疫的感染和传播，达到控制鼠疫的目的。

堆积在一起的鼠疫死者尸体

当然，他知道这种想法近似天方夜谭。他在日记中写下这个愿望以后，依旧仔细回忆今天的情况汇报，想一想还有什么环节被忽视了。突然，他想起还有一个地方没有被考虑到，那就是坟场，鼠疫发生以来，哈尔滨已经有几千人死亡。他们的尸体由官府出资，装在棺材里运往一个大坟场，那里的情况怎么样了？

1911 年 1 月 28 日，哈尔滨，傅家甸坟场，伍连德在寒风中一动不动地站了好几个小时。那里的情况，看得他目瞪口呆。

鼠疫刚刚开始时，官府还能提供棺材，征集民工掩埋。后来由于死亡人数太多，没有足够的棺材，于是决定直接下葬。可是由于缺乏人手，加上天寒地冻挖土困难，到现在已经六个礼拜没有下葬了。

坟场上，数不清的棺材和尸体就停放在露天，长达数里。且不要说放在露天的尸体，即便是有棺材的，也只有极少数被钉上了，绝大多数是敞开的。由于官府提供的是廉价棺木，结果没多久死人的肢体就露了出来，大坟地的情形惨不忍睹。

他粗粗一数，足有三四千具尸体。由于哈尔滨的冬天十分寒冷，鼠疫杆菌可以在室外存活好久，这个坟场可以说是鼠疫杆菌的天然冷藏柜。而且一旦有老鼠出没，鼠疫就可以传给老鼠，再由老鼠带到全城。而且也很难保证这样下去鼠疫杆菌不被人接触上，只要这个坟场存在着，他在傅家甸所做的一切努

无人掩埋的鼠疫死者尸体

力就可能化为乌有。

伍连德叫来工友，让他们试着挖掩埋坑，结果因为冻土深达数尺，根本不可能深挖。

伍连德站在坟地上，看着堆积的尸体，脑子紧张地转动着。现在的情况是不能深埋，怎么办？伍连德明白，现在到了东三省鼠疫防疫的紧要关头。

怎么处理这些尸体？埋，是肯定办不到的。不埋又不能这样听之任之，那么只有：烧。

焚尸。只有把全部尸体烧了，才能彻底消除隐患。

这个念头刚刚出现在脑海中，伍连德竟然颤抖起来。

在1911年的中国，甚至当时的全世界，人死入土为安，怎么可能焚烧？伍连德虽然生长在南洋，可是他们家的传统也是土葬。他清楚地知道中国的伦理和传统，实行火葬可以说是不可能的。可是不焚烧，又怎么能彻底控制鼠疫？

伍连德遇到了出关以来最大的难题。

2

车夫驾着马车，围着坟地缓缓地行驶，伍连德的脑海里在激烈地斗争着，到底焚不焚尸？等马车围着坟场转了一圈后，他终于下了决心，焚尸。只有这样做，才能彻底消除隐患，这也是目前唯一可行的办法。哪怕是人神共愤，也在所不辞。

从马车上走下来，伍连德主意已定，可是他知道，如果现在自己下这个命令，不仅不会被执行，而且会惹起大祸。这件事不是他一个人可以决定，应该向朝廷报告、获准。他命人把当地的所有官员立即请到坟场。

哈尔滨的中方官员们匆匆赶到傅家甸坟场，伍连德二话不说，请大家戴好口罩，和他一起坐上马车，缓缓绕着长达数里的尸体和棺木视察。

马车的队伍从坟场这一头走到那一头，一路上没有一个人说话。走完了这段令人伤心又令人惊心的路程，每一个人，包括那位昏庸的陈知县，都被震惊得脸色沉重。

大家重新回到出发地点，于泗兴脸色铁青，对着陈知县，气得声音颤抖，语无伦次地训斥："陈大人，朝廷三令五申，各衙门务必全力以赴。有关经费我按数拨给你，你你你，竟然让这么多尸体露天停放，人死入土为安，你你你，看看，竟然连平放都没有做到。你们看看，这里面多少尸体是，是是是，是坐在那里的。"

陈知县战战兢兢地回答："下官尽力了，于大人，可是棺材铺日夜赶工，也无法制作出这么多棺材。而且现在大量人手都被征用在实施隔离和消毒，根本没有力量深埋。"

于泗兴指着他说："你不必狡辩，隔离才多久？伍大人刚才讲了，已经一个半月没有掩埋了，我立即向巡抚大人弹劾你！"

伍连德圆场道："于道台，这也不能怪陈知县。即便是有充足的棺材和人力，短期内也不可能深埋。我叫人试了，天寒地动，根本挖不动。"

一位官员也说："伍大人所言极是，此事怪不得陈知县，天灾呀，只能让这些逝者暂时露尸荒野，等春来土软之时再加掩埋了。"

在场官员纷纷点头叹气，"不可！"伍连德指着坟地详细地解释："诸位大人，鼠疫是由病菌引起的，这次鼠疫可以通过接触或者呼吸传染。只有将正常人和带有这种病菌的人隔离开，使正常人不再被病菌感染，才能控制或者消灭鼠疫。

运尸队在搬运死者尸体

我们这半个多月的努力，就是为了达到发现所有现有的和潜在的带有鼠疫病菌的人，把他们和别人隔离起来。等没有遗漏了，就能够达到目的了。可是，这里都是死于鼠疫的人，由于天气寒冷，他们身上的病菌可以存活好久，依然可以传染别人。"

陈知县缓过劲儿来，道："要不，请伍大人和于大人上报巡抚大人，再调一营官兵，将这个坟场严加封锁，等春天再深埋？"

伍连德摇摇头："不可，如果有老鼠出没，它们就会染上鼠疫，然后再传给人。"

一位官员建议："能否全城灭鼠？"

这次连于泗兴都知道不可为了："怎么可能？现在人手已经不够了，哈尔滨这么大，一共有多少老鼠，一时间怎么能灭得完？而且现在不让大家出入走动，怎么能够令百姓到处捕鼠？那样的话岂不白隔离了。还有，俄国人那里，难道我们也派人、派警察进去抓老鼠？"

陈知县自作聪明道："伍大人，我们可以用消毒房屋的办法对尸体进行消毒呀？"

言罢，好几位官员点头称是，伍连德苦笑着回答："房屋里的病菌是在墙壁或者家具表面上，消毒一下就没问题了。这些尸体的病菌在身体内部，只喷撒撒消毒剂是没有用的。"

一位官员开口了："难道就没有别的办法了吗？"

另外一位官员道："是呀，大家群策群力，也许能想到可行的办法。"

伍连德摇摇头，接着说："尸体的数目太大，一来不能埋，二来也不可能运到它处。不做处理的话，只能依旧放在这里，就如同一个鼠疫的繁殖厂。"

于泗兴一脸的绝望："那，那却如何是好？"他左看右看，众人鸦雀无声，突然陈知县放声大哭："这，这却如何是好哇？"

于泗兴一跺脚："看来我等只有一死，以谢天下了。"

伍连德开口了："诸位不要着急，我有一个办法。"

众人七嘴八舌："什么办法？""伍大人有何高见？"

于泗兴提高嗓门："都静一静，静一静。伍大人请赐教。"

伍连德一字一句："焚——尸！"

"什么？"现场一片惊讶。

"上报朝廷，请求全部烧掉这里的尸体和棺材。"

现场鸦雀无声，全都瞪大眼睛，盯着伍连德，仿佛看到了魔鬼。

坟场的空气格外地凝重，所有的人都用异样的眼光紧紧盯着伍连德。

如果眼光能杀人的话，他已经死了上千次了。

寒风刺骨，可是众人的眼光比北国的严寒还冷，伍连德不禁打了一个寒颤。他扫了一下众人，官话一下子流畅起来："诸位大人，我也是中国人。在我的家乡，南洋槟城，也有一块墓地。在那里，两年前刚刚安葬了我的母亲，将来我也要躺在她老人家的旁边，我知道什么叫入土为安。"

众人的眼光柔和了许多，伍连德继续说："现在的情况，全面隔离到了紧要关头，不能有任何的漏洞，否则前功尽弃，但凡有其他办法，也不会出此下策。为了三省千万人的性命，为了大清亿万黎民，为了社稷江山，也只能愧对这些死者了。"

过了一阵，于泗兴长叹一声："伍大人所言极是。如今顾得上活人就顾不上死人，如果不尽快处理这些尸

防疫人员在收集死者尸体

体，不仅全城百姓遭殃，恐怕东三省也无宁日。依我看，而今除此之外，别无选择。"

伍连德大喜："于道台深明大义。"

于泗兴又说："可是兹事体大，我们也不能做主，我建议召集本城士绅商议定夺，诸位意下如何？"

在场官员纷纷点头。伍连德也点点头："好吧，时间紧迫，请于大人召集士绅，立即来这里。"

于泗兴当即传令，令士兵们将全城士绅和商会首脑悉数召集到坟场。

几个时辰后，全城的头面人物都被连请带拉地来到这里。到齐以后，伍连德还是先请他们乘马车走一遭，然后把后果详细解释给他们听。

于泗兴告诉大家伍连德的建议，这件事非同寻常，官府也不能决断，所以请大家来一起商议。这时，伍连德已经起草完给施肇基的电报，林家瑞将之翻译成中文，以便同时抄送给陈昭常。电文的抄件在士绅们手中传阅，看完以后，大家都默不作声。

时间一分一秒地流失着，傅家甸坟场一片寂静。

伍连德一顿足，大声道："时间紧迫，既然大家没有反对意见，就发电报了，一切后果由我一个人承担。"说完，刷刷刷，在电文上签字，随后递给林家瑞："马上发出。"

"等一等。"于泗兴走了过来，拿过中文的电文，也签上自己的名字："我身为朝廷驻哈最高长官，同意伍大人这个建议。朝廷追究下来，我和伍大人一起承担。"

话音刚落，一个官员上前，在电文上也签上自己的名字。接下来，一个接一个，在场的官员都在电文上签了字。

这时候，一个老者从人群中站出来："列位大人，焚尸虽有违人伦，但国难当头。不如此则天下生灵涂炭。老朽斗胆，愿附名于列位大人之后。"说完，上来签名。跟着，所有到场的名流都在这份电文上签了字。

坟场上寒风依旧刺骨，可是每一个人心里都热血沸腾！伍连德热泪盈眶，示意林家瑞去发电报。然后对着于泗兴道："于道台，咱们该去隔离区巡视了。"

3

坟场被严加封锁，焚尸的准备工作也在着手进行。但是，没有人知道北京会如何答复。

电报发出去了，一天过去了，北京方面毫无音讯。廖仲恺自长春来电，告知以吉林巡抚的名义向奉天总督和朝廷都转发了同样的请求，也是毫无音讯。又一天过去了，还是毫无音讯。每天鼠疫死亡的人数越来越高，官员和士绅们天天聚集在防疫总部打听消息，失望和不安开始蔓延起来。

伍连德依旧每日按固定程序开会、视察、写上报外务部的每日汇报。

1911年1月30日，晨，哈尔滨傅家甸。伍连德稍稍睡了几个小时以后，再度睁开眼睛的时候，满怀的心事一下子又涌了上来。

北京不赞同，也不反对，只是毫无音讯，就好像这件事没有发生一样。如果北京方面反应激烈，大动肝火，他还可以反驳、争取，甚至利用国际的力量让朝廷让步。但是，怕就怕这种束之高阁。

他再一次思前想后，是不是不等北京的批准，以钦差大臣的名义，下令焚尸？这个念头很快被否定了，哪怕他下了决心，下达命令，地方官也不敢执行。在这件事情上，没有朝廷的容许，他根本无法调动本地的力量，甚至可能激起民乱。焚尸对中国人来说是大逆不道的，他突然想到，如果哪一天，有人要焚掉槟城自己家人的灵柩，我会同意吗？

如果再这样下去，那个已经有三四千具尸体的坟场还会不断膨胀，傅家甸的鼠疫就不能被控制。那样的话，长春、沈阳、北京……，伍连德不敢往下想了。

现在已经不是东北前线所能掌握的了，防疫的关键在千里之外的北京，在朝廷大员的意愿中，在施肇基那看上去瘦弱的肩头。他能扛得起吗？

北京，施肇基，在干什么？

施肇基这次还能不能再实现他的诺言？

伍连德站起来，走到窗前，看着安静的傅家甸，平生第一次感到绝望。

你有没有经历过绝望？

你是否有勇气在绝望中执着？

1 月 30 日，晨，北京。施肇基穿好了朝服，对着镜子最后检查一下，猛然发现头上出现几根白发，心中也一下子涌现了绝望。

施肇基在凄凉中，想到了那折《一夜头白》。

一连几天我的眉不展，
夜夜何曾得安眠。
……

前屋传来唱戏声，夫人不知出了什么事，赶紧出来察看，一听是苍凉的《文昭关》。

我好比哀哀长空雁；
我好比龙游在浅沙滩；
我好比鱼儿吞了钩线；
我好比波浪中失舵的舟船。
……

夫人站在门外，眼泪止不住地往下淌。自从东北发来要求焚烧尸体的电文后，丈夫到处活动，还是无法促成。今天摄政王答应廷议此事，丈夫能不能说服摄政王和王公大臣们？没起身先唱《文昭关》，看来他心中一点把握都没有。自己对科学不明白，可是伍连德怎么给丈夫出了这么一个天大的难题？上次弃用法国人，后来因为他染鼠疫身亡，没有太多的反响。但是用了伍连德，一个月了，哈尔滨上报的鼠疫日死人数还是一天比一天多，现在还要求把死者的尸体统统烧了，叫人怎么还能信得过他？

施肇基唱着唱着，觉得无比的疲倦，过去的两天好像过了半辈子。刚接到伍连德的电报时，他也大吃一惊。虽然自己留洋多年，可是大规模公开焚尸，即便在西方国家，也是不可思议的事。中国的传统观念，连毛发都受之父母，何况是身体？可是没想到哈尔滨官绅一致要求焚尸，连吉林巡抚也上了同样的奏章，让他觉得这是唯一的办法。

于是，他马上找顶头上司那桐商量。那桐一听，眼睛瞪得像铜铃样："这等事情岂能批准，驳回。哈尔滨防疫已经快一个月了，没有见到效果，居然提出这种耸人听闻的要求！"

集中在一起准备焚烧的死者棺木

施肇基按伍连德的说明解释了焚尸的必要性，然后出示奉天总督转来的陈绍常的奏章："连吉林巡抚也上了同样的奏章，说明此事已经是非做不可了。"

那桐想了想，道："此事外务部可做不得主，必须上报摄政王裁决。"

摄政王那里已经接到奉天总督转来的陈绍常的奏章，只是压着不回复。近来开明的各部大臣和驻华使团在这件事上全都默不作声，施肇基知道哈尔滨等不起，便再三请那桐务必请摄政王召集各部大臣商议此事，否则东北防疫失控，轻则东三省失陷，重则大清社稷飘摇。几番周折，摄政王才同意今天廷议此事。

今天上殿，施肇基知道东北在期待、在盼望、在度日如年，可是他心里没有一点把握。

一曲唱罢，施肇基迈步往外走，才发现夫人眼睛通红地站在门口。两人对视，谁也没说话。过了片刻，还是夫人先开口："快去吧，免得迟到。"

施肇基想说什么，又咽了回去，点点头往门外走去，身后传来夫人的叮咛："早些回来吃年夜饭。"

施肇基才想起来，今天是年三十。这个年能不能过好？

哈尔滨傅家甸，1月30日又是繁忙的一天。各隔离区的工作在照旧进行，

医务人员和军人把守交通要道，严格检疫

各单位各司其职，按照日程表有条不紊。新病例、新隔离数字、特别是新死亡数字从各个隔离区、收容站、医院源源不断地送过来，防疫总部墙上的日死亡数字不停地更新，到了晚上已经超过昨天的数字，又是一个新高。

防疫总部内，人们心情沉重，没有人说话。伍连德开始在灯下写给施肇基的每日汇报。电文都是在晚上写好，午夜时，加上今天的死亡数字电呈外务部。

不知什么时候，于泗兴走了进来。自从全面鼠疫防疫开始后，哈尔滨市人人自危，街上冷冷清清，没有十分必要，人们几乎不来往，各国领事也都闭门不出。以往热闹非凡，有无数是非的道台衙门可谓门可罗雀。于泗兴在衙门里哪里待得住，索性有事没事到防疫总部走一走，图个热闹，可是像今天这么晚来，则是头一次。

进了屋，于泗兴看到伍连德已经停笔，拿出一瓶酒两个杯子，斟满："来，伍大人，咱们今天一醉方休。"看着伍连德有些诧异的表情，他自顾自先喝了一杯："伍大人怎么忘了，今天是除夕呀！"

伍连德这才想起来今天是什么日子，问："于道台，辞岁应该和家人一起，怎么来这里了？"

于泗兴道："现在谁还有心思过年呀？何况能和伍大人一起过年，也算三生有幸。"

伍连德目光投向窗外，不知道什么时候又下雪了。伍连德突然想起温暖的家乡，想起来小时候在南洋和父母兄弟姐妹一起守岁的情景，朦胧中眼前出现一串红灯笼。

于泗兴在那里自斟自饮，口中吟的是唐人诗句："绿蚁新醅酒，红泥小火炉，晚来天欲雪，能饮一杯无？来，星联兄，能饮一杯无？"

伍连德轻轻地叹了一口气，走过去拿起另外一只酒杯，举到唇边。

4

此刻，北京，摄政王府，施肇基枯坐在客厅内，耳边传来此起彼伏的爆竹声，可是他的情绪坏到了极点。下人奉上的那杯茶早就凉了，施肇基的心比外面的冬天还冷。

今天廷议，各部的王公大臣对焚尸之事轻则冷嘲热讽，重则兴师问罪，七嘴八舌一通申斥。摄政王则不置可否，看看时候不早，道声再议，大家分头回府过年去了。施肇基没有回家，来到冷清清的外务部，想给伍连德回电，可是始终措不好辞。告诉伍连德，自己尽力了，谋事在人，成事在天，让他们再想别的主意？

伍连德去哈尔滨一个月，虽然查明了瘟疫的原因，雷厉风行地进行了隔离，可是到现在还见不到成效，反而给自己出了一道又一道难题，他的办法究竟成不成？

施肇基写了几句，停下笔，坐在那里，一动不动，他在想什么？

"来人，备车。"施肇基掷笔下令。

下人闻声进来："大人，车早就备好了，夫人已经差人问过几次了。"

施肇基道："不回府。去摄政王府。"

"摄政王府？现在？"

"对。"

摄政王府张灯结彩，一派节日气氛。门房看到这会儿还有官员来求见，怎么说也不肯通报。府里请了戏班子唱大戏，这会去传话，这不是找死吗？

施肇基好说歹说，塞足了银子，说好了什么时候戏唱完了，什么时候传话，这才被安置在冷清的客厅内。

看完了戏，听说年三十的晚上，施肇基在客厅死等，载沣颇有些吃惊也有些感动，带着一身酒气从后面来到客厅，劈头就问："施爱卿，不和家人一起辞岁，来此还是为了白天的事？"

施肇基跪下："事关东三省千万生灵，所系天下安危，请摄政王务必准伍连德所奏。"

载沣看着施肇基，这个年轻的洋务人才，在年三十晚上为了东北的鼠疫来府上再度恳请，心里很有感触："平身，施爱卿忧国忧民，此情可嘉。不过今日在朝堂上诸位大臣的意思你也听见了，叫我如何能同意？"

施肇基道："鼠疫疫情凶猛，环球注目，自伍连德赴哈尔滨后，用科学的方法控制鼠疫，获得各国的一致赞许，视为我大清进入现代化之壮举。而今疫情胶着，朝廷理应全力支持，万不可半途而废。"

载沣道："这一个月来，朝廷对伍连德的建议无不采纳，自奉天到关内，各地均按其防疫办法施行，所费巨大。只是焚烧数千具尸体自古未闻，我怎么能批准？"

施肇基道："非常之时行非常之事，现在不仅哈尔滨长春望眼欲穿，各国已得知此事，就看朝廷能否痛下决心，开风气之先。伦理固重，可是亿万百姓的性命和江山社稷的安危更重。因为数千具尸体而致天下震荡其中轻重，臣以为摄政王不能不察。"

事关江山社稷，载沣想了想，口气松动了："东北防鼠疫迄今未见成效，若是焚尸后依然不能控制，叫朝廷如何交代？"

施肇基道："防疫非一朝一夕可竟之功，如果鼠疫最终不能控制，其后果由我承担便是。"

载沣看着施肇基，沉默了一会，道："好吧，就由外务部核准吧。"说完就要入内，施肇基提高声音："摄政王，此事仅由外务部核准，哈尔滨还是不敢焚尸。"

载沣一愣："为什么？"

施肇基再度跪下："因为是自古所未闻，环球所未见，区区外务部的批准，恐怕不能镇服反对者，哈尔滨防疫局未必能调动官民。"

"还要怎样？"

"请摄政王下圣旨。"

"什么？"载沣大怒："你让我为焚烧尸体专门下一道圣旨，这这，这不是要贻笑天下吗？"

施肇基道："臣以为是功在千秋，开一代风气之先，流芳百世之举。摄政王于此紧要关头，若能当机立断力挽狂澜，必能成为我大清中兴之君。"

载沣瞪了施肇基半晌，吩咐："来人，拟旨。"

哈尔滨傅家甸，伍连德还是一小口一小口地喝着，已经有些醉意。

于泗兴在诉说："我告诉你，星联兄，大过年的，谁会管咱们的事？最快也得正月初五，要是慢点恐怕要过正月十五喽，何况朝廷根本就不会批准，咱们……"突然，一阵马蹄声由远而近，伍连德腾地站了起来。此时在严格隔离的傅家甸，跑马的只有一种可能，那就是防疫开始后，伍连德派往电报局驻守，以便及时发送电报的信差。难道北京回电了？

马蹄声在门外停下，接着是一阵脚步声，门帘起处，一个彪悍的军官披着一身雪花站在门口行礼："伍大人，外务部电报。"

这时，林家瑞和其他总部人员都跑过来，于泗兴也酒意全消，都在看着伍连德拿在手中的那份电报。

伍连德接过电报，有些颤抖地慢慢地读了一遍，然后再读一遍，用有些变调的声音对林家瑞道："译出来。"

林家瑞接过电报，一读之下，欣喜若狂："圣旨，准伍连德所奏。"

防疫总部一片欢呼，于泗兴的那瓶酒马上被一抢而光，伍连德干脆吩咐准备夜宵，再拿些酒来，大家庆祝一下。总部内不分长幼尊卑，全都高兴得像小孩子。

伍连德从兴奋中冷静下来，对于泗兴道："于大人，咱们必须立即准备，争取从明天开始焚尸。"

于泗兴也从亢奋中清醒过来："对，伍大人要下官准备什么？"

伍连德当即和于泗兴商议，召集至少200名民工，从日本商行购买足够的煤油，并通知官员、名流、外国领事和商人前来观摩，并且找照相馆的人前来拍照留念。各项事务安排落实好了，已经是半夜了，这一天，1月30日的死亡数字也统计出来，183 人。

伍连德把这个数字写在电文上，叫人立即发报。

于泗兴一拱手，深鞠一躬："伍大人，给您拜个早年，祝您今年万事如意。"

伍连德也拱手："于大人，恭喜发财。不对不对，升官发财。"

于泗兴一脸苦笑："下官两袖清风，发不成财了。至于升官吗，伍大人有所不知，省里的公文已发，由于防疫不力，下官的西北路分巡兵备道道台一职已经由郭宗熙郭大人继任，只是鼠疫紧急，着下官延期卸任罢了。"

伍连德有些吃惊："那么于大人将去何处任职？"

于泗兴道："目前还不清楚。"

伍连德百感交集地看着这位不称职可是很尽忠尽职的官员，说不出话来。

于泗兴拿过酒来："伍大人，能在鼠疫流行中和大人共事，为于某此生幸事。来，咱们为天下百姓干一杯，祝愿辛亥年天下太平。"两人一饮而尽，相视大笑。

伍连德突然想起一件事："于大人，过年怎么没人放鞭炮呀？"

于泗兴道："傅家甸隔离以后严禁走动，为防走水，不许放鞭炮。再说，百姓也没有那个心思。"

伍连德想了一想，道："我觉得现在应当鼓励民心士气，应该让百姓放鞭炮。"

于泗兴点点头道："对，顺便冲冲晦气。这样吧，百姓家里肯定没有鞭炮，伍大人同意的话，就由官府于防疫经费中拨款，向百姓免费提供鞭炮。"

伍连德点头："好，咱们现在就办，赶个新年大吉。"

两人当即下令，差人立即从城中买来足够的烟花爆竹，然后挨家挨户发放。

两万多生活在鼠疫的恐惧之中的傅家甸人一个月来第一次走出家门，聚集在街头相互拜年。傅家甸爆竹声声，出现了久违的生机。

伍连德和于泗兴笑容满面地站在防疫总部门口，看着此起彼伏的烟花。

东方天色微明，已经是辛亥年的第一个黎明。

第九章　慷慨悲歌

1

1911 年 1 月 31 日，大年初一。大清早，傅家甸坟场便开始热闹起来。很长时间见不到这么多的人了，大家从四处赶来，观看开天辟地头遭的大规模焚尸。

还是施肇基，再一次一肩承担，让不可能的事成为现实，花了三天时间，说服了摄政王和各部大臣，顶住了卫道士的压力，使朝廷同意在哈尔滨大规模焚烧尸体。为了压制可能的反对意见和郑重起见，还特意用圣旨的形式，给伍连德以最大的支持。在这次东北抗鼠疫中，清政府完全听从专家的建议，施肇基居功甚伟，而清廷主政者也表现出难得的开明。

除了为伍连德尽其所能地派出增援和经费支持外，施肇基还以外务部的名义照会各国，希望各国能派专家前来共同控制鼠疫，为伍连德留下退路。各国对此做出热烈回应，日本、英国、美国、俄国、德国、法国、意大利、荷兰、奥地利、墨西哥、印度等 11 个国家同意派出微生物学权威前往东北，其中包括因为发现鼠疫杆菌等致病源，被称为亚洲微生物学第一人的北里柴三郎。

各国专家正在来华途中，可是远水难解近渴，哈尔滨的局势依然日益严峻。全靠伍连德只手擎天，苦苦支撑。哈尔滨的傅家甸是这次流行的中心，如果不能控制住傅家甸的鼠疫流行，就不能在全东北控制住鼠疫。傅家甸的两万四千多居民已经被严格地隔离了，但是发病率和病死的人数还在逐日升高。

战斗中，有的时候，取胜没有别的优势，靠的就是决心、毅力和责任。就是以这种精神做支柱，伍连德率领东三省卫生防疫的全体人员在顽强地努力着。甚至抱着知其不可而为之的信念，在日复一日地坚持。

焚烧尸体所用的东西已经准备齐全，民工们陆续赶到坟场。在防疫局医疗人员的指挥下，把每一百个棺材或尸体堆成一堆，最后一共堆成22堆，在上面浇上煤油。

下午两点，哈尔滨的官员们、各界名流和外国使节都到全了，于泗兴前前后后跑来跑去检查，一切就绪后，对伍连德道："伍大人，可以开始了吧？"

伍连德点点头，一挥手，衙役齐喊："奉旨焚尸！"

伍连德接过火把，扔到一堆尸体上，轰的一声，火光冲天。接着，所有的尸堆被点燃了，在熊熊的火光中，人们的脸上再一次燃起了希望。

晚上，从坟地回到办公室，伍连德继续工作，写完了给外务部的每日汇报，焚尸时燃起的信心又化作担忧，今天的死亡数会是多少？会不会超过200人？

伍连德突然觉得身心疲惫，到哈尔滨以后连续工作，没有睡过一个完整觉，而且到现在还见不到一丝曙光。他不禁想起了妻子儿子们，过年了，却不能阖家团圆。妻子和儿子的面容一个一个地在脑海里出现，特别是才几个月的长明，笑得那么可爱。突然，长明的笑容不见了，孩子在哭……

伍连德从梦中醒来，发现林家瑞站在旁边，自己身上不知什么时候被披上一件皮大衣。

"什么时候了？"

"过了子夜了。"

"啊？为何不叫醒我？"

"大人连日操劳，想让大人多睡一会。"

伍连德揉揉眼睛："今天的死亡数字出来了？"

"出来了。"

伍连德拿起笔："多少人？"

"168。"

"什么？再说一遍。"

"168 人，比昨天少 15 人。"

伍连德还是不相信自己的耳朵，这是一个月以来，日死亡数第一次下降！正月初一，而且刚刚开始焚烧尸体，数目就降了下来，连一向对神佛宗教敬而远之的伍连德都有些相信天意了。

再度核实无误，电报送了出去，伍连德想起来家乡大年初一拜菩萨的习俗。拉着林家瑞："家瑞，走，咱们去镇里的观音庙拜菩萨。"

林家瑞头一次发现伍连德也信这种东西："老师也拜佛？"

伍连德走在前面，哈哈大笑："我是去祈求冥冥之中天佑我中华。"

两个人兴高采烈地向观音庙走去，傅家甸静寂的街道上只有两人的笑声。巡逻的警察们闻声赶了过来，发现一向严肃的钦差大臣和他的助手，像两个小孩子一样打闹着进了观音庙，都看得目瞪口呆。

北京施府，大年初一的午夜一片寂静。

施肇基坐在书房，对着烛光发呆。突然感到无由的寒冷，不由得打了一个寒颤。这时一件大衣披在身上，夫人不知什么时候进来了。

"夫人怎么还没有休息？"

夫人有些哀怨地看着他，没有回答。她知道丈夫在等哈尔滨的电报，过去一个月来天天如此。外务部收到电报后，马上差人火速送来。昨天是 183 人

防疫人员向棺材上浇煤油，准备焚烧尸体

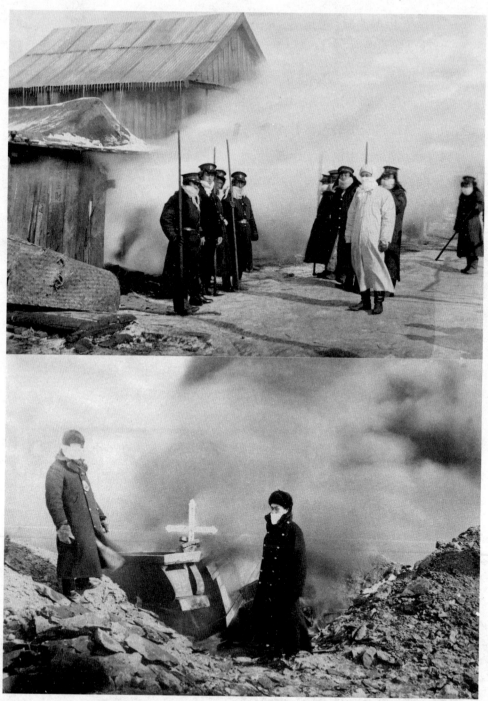

1911年1月，哈尔滨傅家甸坟场焚尸，一共烧了3天

死亡，今天恐怕要突破 200 大关，这还只是傅家甸一处的情况，其他地方的隔离区一样逐日增高，这样隔离到底能不能扑灭鼠疫？她不禁想起几百年前欧洲的黑死病，估计有一半的人死去，要真是那样的话……

街上传来急速的马蹄声，鼠疫流行以来，朝廷对东北的疫情报告格外重视，列为十万火急，无论何时，都用快马送到施肇基手上。经他译好写成奏表，上报摄政王、那桐和肃亲王等。马蹄声在府外停下，果然是外务部的信差。不一会，仆人把电报拿了进来。

施肇基有些无精打采地接过电报，打开，看了一眼，一跃而起。

"来人，各处掌灯，准备香案，我要拜佛祭祖。"

夫人看着一个多月以来第一次眉飞色舞的丈夫，有些不知所以，拿过电报，看清了上面的数字——168。

院子里响起施肇基爽朗的笑声："苍天在上，中国有希望了。"

几匹骏马从施府奔驰而去。大年初二的凌晨，京城显贵的府第出乎寻常地张灯结彩，再一次响起震天的爆竹声。

傅家甸坟场冲天的大火一直持续了几天，方圆一里的棺材和尸体才彻底焚烧干净。其后，防鼠疫局命人在被火烤软的坟场上挖好墓穴，新死去的尸体可以直接下葬深埋。

俄国官员和医生也观看了这次焚尸，回去以后，他们立即将未掩埋和已掩埋的上千具尸体全部焚烧。在满洲里、长春等地也焚烧了数以千计的尸体。

从大年初一开始，哈尔滨鼠疫的日死亡人数逐日稳步下降，再也没有回升过。

就在这时，香港报纸登出了一个年轻医生写给朋友的信，并附有长篇报道，说一位叫伍连德的医生自愿去哈尔滨主持鼠疫控制，不幸以身殉职，信中用平静的语气叙述着惊心动魄的场面，最后那一句"不知明天会发生什么"，使每一个读者泪不自主，甚至终生难忘。伍连德的亲友更是悲痛万分。电报从世界各地飞向北京，飞向哈尔滨，都在询问伍连德博士的生死。

2

在哈尔滨主持鼠疫防疫的伍连德对这个传闻一无所知，全神贯注地和鼠疫搏斗。

鼠疫的日死亡人数逐日稳步下降，防疫局的全体人员都沉浸在喜悦之中，但是伍连德依然要求大家一刻也不能放松，必须按照既定的措施，也就是每天到隔离区的每一户人家进行检查，对隔离病房内的每个人要早晚测试体温，整个傅家甸的出入一定要严格控制。

哈尔滨所有的学校、剧场等公共场所都关闭了，俄国、日本方面的积极配合也十分令人满意。在大家开始松懈的时候，伍连德的神经还是紧绷着，除了傅家甸坟场外，还有没有其他漏洞和死角？

他知道，要取得防疫的最后胜利不是靠天赐，不是靠幸运，靠的是科学，靠的是严谨，靠的是坚持。经历过绝望，经历过大喜过望，伍连德没有变，他还是那样的冷静，那样的自信，那样的稳如山岳。

刚刚下达批准焚尸的圣旨，哈尔滨鼠疫疫情马上得到控制，朝廷视之为天意，摄政王尤其沾沾自喜，不仅视为非常之时之英明之举，而且以为君命天授，对鼠疫防疫更为重视。驻华使团在这件事上对清廷刮目相看，认为在此次鼠疫防治中，清政府能完全听取专家的建议，用现代科学的方法和鼠疫搏斗，是开明的表现。这次大规模焚烧尸体在全球激起极大反响，被公认为是东三省鼠疫防疫的转折点。世界舆论对清政府佳评如潮，极大地满足了清廷的虚荣心。

在这种情况下，清廷加大了投入，不仅对哈尔滨抗鼠疫有求必应，从关外到关内也严格执行伍连德制定的预防控制措施。由于动手的及时，北京等地只出现很少几例鼠疫。尽管远在南京和上海也出现鼠疫，但都被及时隔离起来，没有引起流行。

此外，清政府从中央到地方，开始形成了组建卫生防疫组织的共识。中央卫生会成立，开始组建全国性防疫组织。各地的防疫机构也相继建立。

清政府及各地方当局对制定各种防疫规范很重视。天津卫生局于年初拟定《查验火车章程十五条》。陆军部制定了《陆军部暂行防疫简明要则十条》。

防疫总局译印《东西各种防疫成法》。奉天省下发《简明防疫要则十条》《奉天防疫事务处订定临时防疫规则》和《百斯笃预防及消毒法》，并公布《奉天省城防疫事务所修改八关检疫分所暂行规则》《奉天临时疫病院章程》《奉天防疫事务所规定隔离所章程》。吉林省防疫总局颁发了《吉林省防疫总局章程》《吉林各府州县防疫暂行

集中焚烧的棺木

简明规则》《消毒规则》《检疫规则》《检疫所留验章程》等。延吉府防疫局颁发了《澡堂防疫规则》（10条）、《客栈防疫规则》（13条）、《酒席馆防疫规则》（11条）、《妓馆规则》（11条）。这些规则明确规定：防疫人员可随时入室检验，病人或疑似病人必须隔离检查，一经确诊则留院医治，家属及近邻必须隔离数日。来自流行地区者隔离数日，来自流行地区之货物须先消毒。病人及接触者的衣服用具必须焚烧，房屋要消毒。家中有死人必须报告防疫机构，无论死因是什么，必须由防疫人员检查后才能安葬。客栈每日将住客姓名、来处、病否填报。戏园停演，告诫民众尽量不要参与集会。这些规则具有强制性，违者加重处罚。清政府还专门召集有关部门讨论国家的防疫法规。这些法规为各地的防疫工作提供了强有力的制度保证，使防疫工作有法可依，执行起来理直气壮。

由于政府重视，态度开明，民间舆论界也受到鼓励，大力进行防疫知识的普及和宣传，提倡通过健康的生活方式来躲避鼠疫。《盛京时报》《大公报》《申报》等都开辟专栏或连续刊载预防鼠疫的相关知识，号召改良传统不良生活习惯，甚至从国家民族存亡的整体高度来看待卫生问题，开始在社会上树立科学的卫生观念。

社会团体积极配合清政府的防疫措施，也相应地成立了各种民间防疫机构。如"吉林省城防疫会""奉天临时防疫会""天津临时防疫医院"等。民

藏有 250 具鼠疫死者尸体的天主教堂

间积极筹措防疫款项，帮助政府共渡防疫难关。在这场和鼠疫的战争中，人们的公共意识空前增强，科学开始深入人心，在社会上树立了不可动摇的地位。

这种形势，给伍连德极大的鼓舞。开始防疫的时候，他意识到抗鼠疫的最大问题是知识的缺乏和体制的不健全。在东北受过现代教育的人很少，对这种传染病缺乏正确的认识。因此他尽一切努力教育官员和民众，经过这段时间的努力，特别是血的教训和科学控制的成果，以及朝廷的支持，本地官民的认识统一了，因此防疫工作开展得很顺利。但是，影响防疫的仅仅是知识、教育水平和体制吗？

在一次例会上，卫生警察队的队长汇报了这样一个信息：城里天主教堂天天晚上偷偷埋尸体，据说都是死于鼠疫的教徒。伍连德一惊："官府有令，所有人都必须遵守防疫局的规定，发现病人通报防疫局，尸体应该交给防疫局处理，为什么教堂不遵守？你们有没有通知他们？"

队长道："我们两周以前就要求他们上报病人和死亡人数，可是教堂的法国神父说教会领地不容侵犯，不汇报，也不让我们进去。"

"里面有多少人？"

"据说里面有 300 名去避难的教徒。"

伍连德道："那还等什么？马上进去体检，有问题的立即隔离，对教堂进行严格消毒。"

队长支支吾吾地看着于泗兴，伍连德有些生气了："还等什么？这种情况不能耽搁。"

于泗兴干咳了一声，开口道："伍大人，此事要慎重。几十年来因为教案屡次引起大祸，连朝廷也对此非常谨慎。如今防疫为重，不可再生事端。"

伍连德想了想，道："这样吧，我去找法国领事，请他出面。"

伍连德一行人来到法国驻哈尔滨领事馆，通报后不多一会儿，初次见面时傲慢的法国领事已经一溜烟地跑出来。一上来就用华丽无比的言辞把伍连德恭维得天花乱坠，当然也没有忘记夸耀一下只有法兰西帝国的巴斯德研究所才能培养出这种盖世奇才。伍连德不得不打断他，说出了自己的要求，领事满口答应，保证说服神父。

一行人来到挂着天主堂养病院牌子的教堂，里面正在做弥撒。老远就听到教堂里面传来一片此起彼伏的咳嗽声。

伍连德赶紧拿出带来的口罩，让大家都戴好，这才进入教堂的院子。

教堂的牧师迎了出来，法语不错的伍连德向他解释了鼠疫防疫的要求，希望能立即采取措施，将教堂里的人转到隔离区或者医院。

牧师摇摇头回答："我们相信万能的主，主会拯救我们的。"

伍连德询问究竟有多少人死亡，牧师拒绝回答。法国领事告诉他，法国政府完全支持伍博士的防疫措施，要求在东北的法国侨民遵守中国政府的防疫规定。牧师举着十字架，声称教会不受世俗权力的约束。他是受天主教会的委派，只有教廷能指挥他，法国政府无权命令他。

神父下了逐客令，一行人只能从教堂退了出来。法国领事耸耸肩："伍博士，尽管我很想帮忙，你知道教会的权力，我也无能为力。"

伍连德不信教，可是他太太是教徒，他对天主教向来抱着敬而远之的态度。可是在这种情况下，留下这个死角后患无穷。伍连德对领事道："既然如此，防疫局只能强行进行检疫了。"

领事手一摊："伍博士，这件事不在我职责之内，我会向鄙国政府如实报告的。"

伍连德点点头："那就这样做了。"

于泗兴道："万一引起事端？"

伍连德道："我一人承担，马上叫人接管教堂。"

3

一声令下，防疫局紧急调动人员，强行接管教堂。经过检查，发现 300 名教徒中已经有超过 100 人死亡。由于死亡的人太多，教堂放弃夜间埋人的办法，最近死亡的 27 具棺材就停放在教堂内。教堂内所有的人包括牧师经过体检后根据情况被送往隔离区或医院，所有尸体立即焚烧。遗憾的是这 300 人中，243 人死于鼠疫，包括两位牧师。

处理完这件事后，伍连德下令对全城的教堂和寺庙进行全面检查。看到防疫局如此果断，加上在哈尔滨的各国领事的无条件支持，各教堂寺庙只能采取和防疫局合作的态度，由防疫人员逐日检查，所有的鼠疫病例统一由防疫局处理。

现在，最重要的是，在傅家甸这个鼠疫流行的中心彻底地扑灭鼠疫。

连续一个多月的工作，哈尔滨防疫局的人员已经疲惫不堪。在哈尔滨本来官府的力量就很薄弱，居住在傅家甸以外中国人的数目不多，因此能征集的人手已经到了极限。长春虽然派出一营官兵前来增援，可是那边也要承担繁重的防疫工作，不可能再增派人手。

最为紧缺的是医护人员，自从防疫全面开展以后，北京和奉天再也没有力量增援伍连德了。他只有靠着最初的几批人员，加上志愿参加的几位中医，统共只有 50 多人，来控制人口两万多的傅家甸的鼠疫。在这种情况下，只能临时对警察、救火队员、义工进行简单的培训，在医护人员的带领下分担防疫工作。在长春，由于西医更少，则主要靠中医来执行防疫。

在这次防疫行动中，最辛苦、最危险的，除了医护人员外，就是急救人员、医院勤杂人员和逐户检查人员。他们战斗在防疫的第一线，随时面临死亡的威胁。

2 月 3 日，伍连德在隔离区视察完毕，回到医生办公室，召集在场的医护人员安排工作。看着大家疲倦的面容，伍连德首先提醒大家多注意休息，并特意要求已经连续工作一天一夜的徐医生马上休息。

26 岁的徐世明是中医，福建福州人，自愿参加防疫工作。和别的中医不理会科学防疫办法不一样，他严格执行伍连德的防护要求，很受伍连德的欣赏。听到伍连德的吩咐，徐世明摇摇头："马上要去给病人测试体温，我喝杯茶就有精神了。"

一名杂役应声递给他一杯茶，徐世明摸了摸："凉了点，有没有热的？"杂役答应了一声，端走了那杯茶，一会回来道："热水还没烧好。"

正在看病历的徐世明应了一声："没关系，就这杯吧。"

忙碌之中，谁也没有注意这名杂役脸色泛红，在端茶过程中咳嗽好几次。

当天晚上，医院里的一名杂役殉职，就是给徐世明端茶的那位。

第二天早上，只休息了几个小时的徐世明起床以后浑身发热，头痛无力。由于没有咳嗽，还以为是劳累过度，用凉水冲冲脸，便继续工作去了。2月6日早上，同事发现徐世明没有上岗，来到他的卧室，发现他已经高烧不退。

伍连德闻讯立即赶到，发现徐世明出现典型的鼠疫症状，即刻将他转移到实验室旁边的一间病房，亲自医治。可是当时没有有效的治疗方法，只能勉为其难地用抗血清治疗，希望能出现奇迹。

2月8日，徐世明殉职。

伍连德怀着沉痛的心情，命令单独焚烧徐世明的遗体，并请官方派专人将骨灰送到他远在福州的父母手中。

徐世明、杰克森、迈斯尼只是殉职者中留下名字的少数几个，就是靠着这些英雄们用生命的代价，哈尔滨鼠疫死亡人数在二月份稳步下降。

听说伍连德的事迹以后，一些外国医生和记者赶到哈尔滨采访。其中包括《泰晤士报》驻北京的记者，因为报道义和团运动而闻名全球的莫理循和美国红十字会的福鲁利克。通过他们的报导，世界详细地了解到中国的医生们和大鼠疫的较量。同样学医出身的莫理循和伍连德也因此结为好友，从此交往密切。

从西伯利亚到上海，南北两千里的人们在祈祷、在忧虑，全世界也在屏住呼吸，注视着哈尔滨，注视着一位原本默默无名，而现在妇孺皆知的中国医生在哈尔滨的一举一动。人们从不肯相信，到半信半疑，到难以置信，中国人能够做出这样伟大的事。

伍连德一身系天下安危，横刀立马，守住了鼠疫爆发的险关。

1911 年 3 月 1 日，晚，哈尔滨傅家甸。哈尔滨防疫委员会的所有成员都聚集在防疫总部内，大厅内鸦雀无声，所有人的眼睛都盯住墙上的挂钟，时间一秒一秒地接近午夜，墙上今日死亡人数的统计还未登录。

午夜的钟声响了，总部内沸腾了，哈尔滨达到鼠疫零死亡。

人以国士待我，必以国士报之。施肇基慧眼识英雄，伍连德慷慨受命，到达哈尔滨仅两个月，靠着自己的科学素养、靠着对真理的坚持、靠着施肇基的全力支持，靠着顽强的毅力，使鼠疫爆发的中心傅家甸的疫情被完全控制住了。

几日后，伍连德在傅家甸召集防疫委员会全体会议。鉴于鼠疫日死亡率连续多日为零，而且没有新的鼠疫病人出现，表明此地的鼠疫已经被彻底消灭，会议决定彻底解除对傅家甸的隔离。

警察和士兵们开始动手拆除路障，伍连德率领各级头脑走进居民区，看望被隔离了两个月的居民。老百姓们全都来到街上，呼朋唤友，到处放鞭炮，傅家甸一片欢声笑语。

于泗兴站在街头，看着这番景象，感慨地说："伍大人，真没有想到傅家甸还有重见天日的一天。一个月前我还想，如果鼠疫控制不住，也许这里会一直隔离下去，直到成为无人区。"

伍连德知道于泗兴所言非虚，傅家甸死亡日益增多的时候，确实有人私下向朝廷出此建议。既然不能控制，

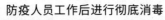
防疫人员工作后进行彻底消毒

索性永远封锁傅家甸，让里面的人自生自灭，以两万多人换取整个东北甚至全国的安全。他看着街上走来走去的人，这些人和自己一样也是鲜活的生命，也有生存的权利。能用科学的手段挽救了他们的生命，伍连德感到非常的欣慰，不由得也感慨起来："于道台，记得当年我父母担心我身体不好，不同意我去

英国学医。只有我二哥认定我能够成为一名挽救许多人生命的医生，这样我才能进剑桥读书。今天我想，我做到了。"

于泗兴道："此次瘟疫，朝廷最英明的举措，就是不拘一格选拔人才，以大人为钦差，才得以消灭一场大祸。有道是大医医国，大人功在社稷，功在千秋！"

伍连德脸色突然严肃起来，目光里满是悲伤："那些为了防疫而死去的人，但愿将来人们还能记住他们。"

于泗兴从兴奋中沉默下来，沉痛得默不作声。

控制了哈尔滨的鼠疫后，伍连德将重点集中在长春、沈阳等地，经过一个月的继续努力，到三月底，东三省各地的鼠疫全被消灭。

一场数百年不遇的大鼠疫，被以中国人为主的一支小小的防疫队伍在四个月之内彻底消灭，这个在今天看来也是奇迹的事情，竟然发生在辛亥革命前夜。

鼠疫开始流行时，势如破竹，旦夕之间上万人死亡，整个北满如人类末日。正是因为伍连德这个中流砥柱，使这场吞噬了六万多条性命的大瘟疫被挡在傅家甸内，被彻底地消灭了。这是人类历史上第一次大规模成功控制传染病的行动，此后一直作为样板在历次传染病流行中被仿效着，至今控制未知传染病的办法，包括对抗"萨斯"，依然是参照伍连德的方案。

东三省防鼠疫总指挥——伍连德，一战成名，名扬环球。

4

四个月内，从无名之辈到名扬天下的伍连德，在胜利的时刻却没有一丝喜悦，他手里有一张万钧沉重的统计表，就是哈尔滨鼠疫防疫中殉职人员的统计。

这不是一张名单，而是一曲慷慨悲歌。

在1910至1911年东三省鼠疫防疫中，由于事起仓促，防疫人员来不及培训，加上当时鼠疫是不治之症，以及科学的局限和知识的普及不足等因素，防疫队伍殉职率极高，据伍连德的记录，哈尔滨防疫队伍的死亡率如下：

20 名医生，殉职 1 名，法国医生迈斯尼，殉职率 5%。

29 名医学生，殉职 1 名，殉职率 3.5%。

中医 9 名，包括徐世明在内殉职 4 人，殉职率 44.4%。

检查员 31 人，殉职 2 人，殉职率 6.5%。

警察 688 人，殉职 30 人，殉职率 4.4%。

卫生队 206 人，殉职 11 人，殉职率 5.3%。

骑警 80 人，殉职 5 人，殉职率 6.2%。

救火员 20 人，殉职 5 人，殉职率 25%。

杂役 550 人，殉职 102 人，殉职率 18.5%。

厨师 60 人，殉职 4 人，殉职率 6.7%。

救护队 150 人，殉职 69 人，殉职率 46%。

士兵 1100 人，殉职 63 人，殉职率 5.7%。

哈尔滨总共参与防疫的 2943 名工作人员中，297 人殉职，殉职率 10.1%。也就是说每十个参加防疫工作的人中，就有一个人殉职，而整个鼠疫流行区的居民死亡率远低于此，居民鼠疫死亡率最严重的满洲里，居民死亡率约为 7%，可以说就是靠这些英雄的前赴后继，才能成功地控制住这次鼠疫的流行。

中医、救护队和直接接触病人或者尸体的杂役是这次防疫中殉职比例最高的人群。在长春，166 名卫生防疫人员殉职，参加防疫的中医的死亡率达到 54%。长春隔离所的 19 名职员中，18 名死亡。

这次东三省鼠疫防疫中，医疗人员成为死亡率最高的人群。在防疫中，几乎每天都有人殉职。一个人倒下了，其他的人顶了上去，尽管明知明天也许会以身殉职，他们也毫不犹豫毫不退缩。

中华民族从来不缺少英雄，在每一次国难当头，都有数不清的，没有留下姓名的人挺身而出，义无反顾地献出自己宝贵的生命。而他们有时却被他们所拯救的人漠视，被他们所造福的后人遗忘，他们的功业被别人窃为己有。1911 年，就是这些为了防疫的需要，尸骨成灰，大多数连坟穴都没有的英雄，在哈尔滨、在东三省撑起一座血肉长城，这就是中国的脊梁。

和许多海归一样，伍连德也是回来做官的，应该说也是冲着高官厚禄来的。但是在国家和人民需要的时候，他没有退缩。国家高官高薪养士，为的就是用士一时。真正的科学家有对祖国的责任，有为祖国效力的渴望，这就是我们每一个在伍连德面前显得无比渺小的科学人应当学到的。

科学是没有国界的，可是真正的科学家有自己的祖国。

1911 年 3 月初，北京，外务部，各国使节难得聚集一堂，讨论万国鼠疫研究会议之事。

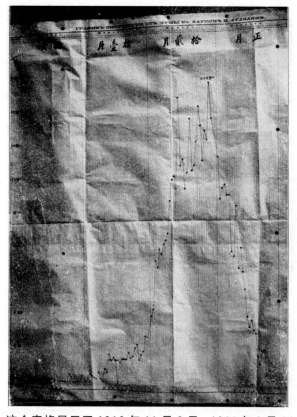

这个表格显示了 1910 年 11 月 8 日—1911 年 2 月 28 日的鼠疫死亡人数，最高点为 173 人，最低点为 0

鉴于东三省的鼠疫大流行已经得到完全的控制，外务部所邀请的、正在陆续来华的各国专家已经派不上用场了，施肇基向朝廷建议，利用这个机会在奉天召开万国鼠疫研究会议。对这种宣传大清国威的事，朝廷大力支持，马上拨出十万两专款。施肇基和最近一直共同关注东三省鼠疫的英美领事商议后，正式向各国使馆发出照会。

各国均做出热烈的回应，只有日本使馆，在表示北里柴三郎可能出席以后，提出了一个要求：如果北里出席，必须出任会议主席。

施肇基想了想，看来还得以夷制夷。

外务部里，万国鼠疫研究会议的召开时间经讨论，定于 4 月 3 日。在讨论会议的组织议程时，首先发言的是日本领事："敝国前来参加鼠疫研究会议

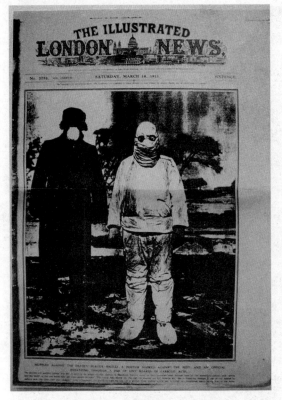

1911 年 3 月 18 日，英国《伦敦新闻》对伍连德等人在哈尔滨进行的鼠疫防治工作进行报道

的北里柴三郎教授是鼠疫杆菌的发现者，著名的微生物学家。因此敝国政府以为，此次会议主席应该由北里柴三郎教授担任。"

话音未落，英国使馆医生道格拉斯·戈瑞已经站了起来："我认为此次会议的主席应该由毕业于大英帝国剑桥大学的伍连德博士担任，伍博士是满洲防鼠疫的总指挥，对控制此次流行的贡献最大，会议主席非他莫属。使馆已经接到鄙国各地无数的邀请，希望伍博士重返大英帝国进行巡回讲演。"

美国代表接着说："敝国多所大学也邀请伍博士在适当的时候前去进修讲学，我也认为应该由伍博士出任会议主席。"

俄国领事抢着说："完全同意。鉴于伍博士在满洲，特别是在哈尔滨控制鼠疫的突出成绩，以及挽救在哈十万俄国公民的壮举，敝国政府已经决定，授予他二等勋章。"

法国领事这才插得上嘴："敝国政府也决定授予曾在巴斯德研究所进修的伍博士荣誉衔。"

日本领事垂头丧气，支吾半天道："敝国有关方面对伍博士也已予以表彰，南满铁道株式会社刚刚授予伍博士终身免费乘票。"

俄国领事哼了一声："中东铁路部门早就授予伍博士终身免费资格了。"

日本领事满头是汗："我一定向敝国政府请示，对伍博士予以嘉奖。"

对着施肇基道："为了说服北里教授与会，能否由他出任副主席？"

施肇基笑着点点头："这是敝国政府的荣幸。"

而在哈尔滨，正埋头整理防疫资料的伍连德收到施肇基的电报。他打开一看，电报说朝廷决定4月初在奉天召开万国鼠疫研究会议，请伍连德立即找人移交工作，赴奉天筹备并主持此次会议。

伍连德闻讯后非常高兴，这是在中国召开的第一次大型国际科学会议，是中国进入科学现代化的第一步，能筹备和主持这次会议，是对自己在东三省防疫成绩的最大奖励。想了一想，防疫总管可以请全绍清接任。

他立即派人给长春发电报，请全绍清即刻赶来。利用这个短暂的间隙，伍连德又到全城各个地方走了一下，看看还有什么工作没有完成。然后把两个多月以来的资料整理了一下，以便交接。这个时候，全绍清已经到了。两个人迅速交接了工作，安排好下一步的善后措施。

伍连德召集所有工作人员，做了短暂的告别演说，感谢在过去三个月里大家风雨同舟，完成了人们认为不可能完成的任务。随后，他来到俄国医院，和那里的俄国同事告别，便起身前往奉天。

施肇基也动身前往奉天，作为中国政府的代表和此次会议的总负责，和已经在那里的伍连德会合，共同主持中国历史上第一次国际学术会议。

两个在过去三个多月里一道撑起北中国天空的人再度握手，扭转了乾坤。

第十章　天下扬名

1

坐了 12 小时的火车，伍连德疲倦地抵达奉天火车站。过去三个多月里一直过度工作，他的身体已经超负荷运转，这会儿一下子松懈下来，才感到不堪重负，心力交瘁。

虽然鼠疫已经基本得到控制，可是交通管制还没有取消，火车上没有什么人。伍连德刚刚打开车门，突然锣鼓喧天，才发现车站上等候着许多人，奉天总督锡良派布政使率诸多官员前来迎接，车站上气氛隆重，以极高的规格欢迎他的到来。

第一次经历这种场面的伍连德有些手足无措，只得打起精神，来应付前来迎接的官员们。被灌了无数的奉承话以后，才登车去旅馆。锡良还令同是广东人的英文秘书许世明，全程陪同伍连德在奉天期间。在路上，许世明介绍，万国鼠疫研究会议定于 4 月 3 日在小河沿惠工公司陈列室开幕，会期 20 天，现在只剩下三周的准备时间。因为是在中国举办的首次东西方科学家共聚一堂的科学会议，朝廷和总督府都十分重视，要求认真准备，不能有一点差错。

在旅馆睡了三个多月以来难得完整的一觉后，伍连德前去拜访奉天总督锡良。见面以后，锡良开口便说："伍博士，今天见到你让我特别自豪。"看着莫名其妙的伍连德，他继续说："三个月以前那个法国医生来的时候，说你太年轻没有经验，必须有个外国人来指导你，要我下令由他接任防疫总医官。我没有答应，让他去哈尔滨看看再说。这可以说是我这辈子最重要的决定。"

伍连德到了这时候才知道，为什么迈斯尼一到哈尔滨会那么生气。他再次感到，如果没有这些开明的官员，这次东北防疫是不可能成功的。

接下来的几周里，伍连德在奉天紧张地筹备这次国际会议。3月22日，他正在办公室准备会议发言材料，有人推门进来了，抬头一看，是施肇基。伍连德赶紧站起来："施大人到了，怎么没有通知我去迎接呀？"

施肇基握住伍连德的双手："伍博士辛苦你了。"

两人相对无言，心中感慨万千。

过了不知多久，施肇基松开伍连德的手，从怀里拿出一封信递给伍连德，道："行前内人专门去天津看望尊夫人，这是尊夫人带来的家书。"

烽火连三月，家书抵万金。伍连德迫不及待地打开书信，没有注意施肇基加了一句："星联兄，我非常抱歉。"

黄淑琼简单地说家中一切平安，请勿挂念，然后告诉丈夫，一个多月以前六个月大的长明因为误食不干净的牛奶，引起细菌性感染，在金医生的医院里治疗无效去世了。

读到此处，伍连德的视线模糊了，眼前尽是临别时长明的笑容，心如刀割。

等他擦干了眼泪，发现施肇基已经不在屋内。他走到外面，发现施肇基静静地坐在走廊中的一把椅子上。伍连德知道，这是施肇基给他单独忍受悲伤的空间。

看到伍连德走了出来，施肇基站了起来，说道："本来应该及时通知你，可是尊夫人怕影响你在哈尔滨的重任，不让告诉你。事情发生后，内人专程去天津看望，外务部和陆军部也要求陆军军医学堂对府上多加照顾。"

伍连德点点头："谢谢施大人。"

施肇基拍拍他的肩："星联兄要不要独自待一待，我先告辞了。"

伍连德已经从悲伤中恢复过来："施大人，不必。我们还是商议会议之事吧。"

　　施肇基看看伍连德，点点头，开始介绍情况。这次会议各国反应强烈，要求参加会议的人数比预期的多了一倍。日本方面已确定由北里柴三郎领队前来，据说他们是有备而来，千万不可掉以轻心。朝廷十分看重这次会议，一定不能出任何差错。

　　两个人马上分工，伍连德负责专业方面，施肇基主管非专业方面。会议准备工作一直忙到会议开幕的前一天。4月2日深夜，锡良的讲话已经由外务部高级官员译成英文，施肇基在准备他的中英文发言稿，伍连德也在为他的发言做最后的润色，一直忙到午夜。

　　1911年4月3日，上午十点，奉天总督锡良、中国政府特使施肇基率领大批官员，微笑地站在会议大厅的门口和与会代表一一握手，中国历史上第一次国际学术会议开幕了。

　　身穿礼服戴着眼镜的伍连德也在欢迎的队列里和来宾握手，亲切交谈。对面走来也身穿礼服戴着眼镜的北里柴三郎。北里有些迟疑，伍连德满面春风地上前一步，主动向这位比他年长一倍的前辈伸出手，北里笑容有些干涩地握住伍连德的手。鼠疫杆菌的发现者和鼠疫的征服者相互问候着，写下人类征服鼠疫的里程碑。

　　日本、英国、美国、俄国、德国、法国、意大利、荷兰、奥地利、墨西哥和中国等11国代表按预先安排，一致推选中国政府首席代表、东三省防疫总医官伍连德为大会主席，日本政府首席代表、鼠疫杆菌的发现人之一著名科学家北里柴三郎为副主席。伍连德在会上详细介绍了东三省鼠疫防治的情况，各国代表对此予以高度评价，并对此进行热烈的讨论。

　　会议期间，应日本方面邀请，与会代表赴大连、旅顺进行参观，并和当地的日本医疗人员进行了交流。就是在这里，伍连德了解到，从1897年开始，东北一直有鼠疫出现。1899年在营口的流行造成1370人死亡，1901至1902年在锦州和营口又出现病例，1905年在西伯利亚边境出现零星病例，其后逐年在满洲里、海拉尔等地出现越来越多的病例，直到最近的大流行。这使伍连德意识到，鼠疫的传入途径也许不只是旱獭一个源头，很有可能是从俄国西伯利亚传来的。他有个预感，目前无声无息的鼠疫还会卷土重来。

会议上总结了各地的材料，奉天此次鼠疫流行中死亡 1697 人，包括 4 名医生。对三万多只老鼠进行检查，没有发现鼠疫杆菌。

伍连德在对满洲里的旱獭的检查证实了其携带鼠疫杆菌，完全符合他一开始的判断，这次鼠疫不是经过家鼠传给人的，因此果断地采取阻断人群之间的传播而不是大力灭鼠，这个正确的决策得到与会专家的高度评价。日本方面，以北里为首的与会科学家也详细介绍了在南满的研究情况，包括对数万只老鼠的解剖结果，没有发现一例带有鼠疫杆菌，间接地证明了伍连德的理论。也就是从这时起，伍连德提出的肺鼠疫的概念被科学界所接受。

在会议期间，代表们应邀到哈尔滨，实地考察傅家甸，对中国政府的努力和伍连德的功绩予以高度的评价。会议一致同意伍连德的看法，为了密切监视北满的鼠疫，有必要建立有关防疫机构，长期而有系统地监测鼠疫在东三省的流行情况。

各国科学家高度赞扬了伍连德的功劳，以发现鼠疫杆菌而闻名的北里柴三郎不得不俯首称臣。大家齐称伍连德为"鼠疫斗士"。这是人类与鼠疫斗争1400 年来第一次有人获得这个称呼，而后一百年来，再没有第二个人敢用这个称号。

48 年后，伍连德自豪而坦然地用它作为自传的名字。

鼠疫斗士，舍伍连德其谁？

2

东三省鼠疫防疫，可以说是 20 世纪科学史的第一件大事，在当时造成全球范围的轰动，其意义也极为深远。这是人类历史上第一次用科学手段控制住了突如其来的大传染病流行，为日后的防疫提供了样板。不仅在中国奠定了现代科学的基础，而且在全球也掀起了科学崇拜的高潮。伍连德也因此在短短百日之内，由毫无名气的军医一跃成为举世皆知的著名学者，中国现代化的代表人物。

东北大鼠疫本身就是一场规模宏大的科学实验，而且疫情瞬息万变，没

1911年4月，在奉天召开11国代表参加的万国鼠疫研究会，主席伍连德（前排右四），
副主席北里柴三郎（前排左五）

有丝毫预先准备的可能，可以说是对19世纪高速发展的医学的考验和检验。
19世纪上半叶，以法国为代表的观察式医学占主流，重观察而不讲究实验，提
倡研究疾病的自然进程而不着眼于从病因上探求。19世纪下半叶，德国医学占
据了领导地位，重实验而轻观察，力求先入为主地用实验的方法模拟疾病，力
图从根本上解决问题。于是微生物学得到飞速的发展，很多恶性传染病包括鼠
疫的病因得以发现。十九、二十世纪之交美国医学横空出世，结合两者的长处，
从改良医学教育出发，通过培养临床和实验皆优的医学毕业生来提高医学的整
体水平，伍连德正是这种体制下培养出的优秀医学人才。在剑桥意曼纽学院打
下了坚实的理论和实验基础后，在圣玛丽医学院接受了临床培训和临床实习，
然后在医院做住院医生，去法国和德国的研究机构进修，厚积薄发，终于在东
北鼠疫时大显身手。

　　伍连德来到哈尔滨以前，已经有两位北洋医学院毕业的医生在傅家甸开

万国鼠疫研究会会场，中间主持会议者为伍连德，旁边为副主席北里柴三郎

始防疫工作。北洋医学院的教学方法为法国式的，两人在流行区也是采取观察
症状的办法，虽然认为流行的是肺部的瘟疫，可是无法查明病因，和鼠疫联系
起来。另一极端是因为共同发现鼠疫杆菌而以亚洲微生物学第一人自居的北里
柴三郎，虽然认定可能是鼠疫，可是拘泥于现有理论的框架，坚持要在老鼠体
中分离出鼠疫杆菌，才能证明是鼠疫大流行。结果在东北各地解剖了四五万只
老鼠，没有一例带有鼠疫杆菌，一样下不了最后结论。伍连德来到哈尔滨，首
先观察病人的情况，认为可能是鼠疫后，马上解剖尸体，用微生物学的实验方
法直接从病人身上分离出鼠疫杆菌，证明流行的是鼠疫，为下一步的防疫打下
了基础。北里柴三郎受限于德国式的拘谨，不得不将"鼠疫斗士"的桂冠拱手
相让，从这时起，全球的鼠疫首席专家，非伍连德莫属。

　　除了得益于先进的医学教育外，生长于多民族环境的伍连德，将不墨守
成规、敢于任事的品德，在东北鼠疫防疫中发挥到了极致。不仅敢于大胆推论，
而且勇于承担责任，领导了一场中俄日等国的国际防疫联合行动。东北鼠疫的
防疫是人类历史上第一次用科学的方法，在人口密集的大城市进行的全面卫生

万国鼠疫研究会纪念章

防疫行动。这次防疫的圆满成功不仅是伍连德本人毕生的骄傲，而且是科学的胜利，是人类战胜瘟疫的万世楷模。

万国鼠疫研究会议结束了在东三省的日程，会议的最后一项活动是到北京受清廷的接见和款待。代表们乘火车从奉天过山海关入京。途中，列车在天津稍作停留，伍连德被请下车，候车室内，黄淑琼和两个孩子早已等在那里。分别仅仅四月，犹如隔世，夫妻执手，相对无言。

良久，伍连德按习惯称呼妻子的英文名字："露丝，长明……"

黄淑琼眼眶含泪，用英文止住他："连德，时间不多，有几句话想告诉你。你现在名扬中外，此次进京朝廷肯定重加奖赏，也许要封你高官，我希望你不要接受。"

伍连德有些意外："为什么？"

黄淑琼道："虽然防疫成功，举国上下欢欣鼓舞，朝廷也洋洋自得，以为是中兴的契机。可是如今大清的江山犹如干柴，遇火即燃。你身为学者，何必卷入其中。我以为你不如待在东北，一则继续防疫，二来可置身事外。东北虽然是列强相争之处，可是以你现在扬名中外之名气，以及日俄双方对你的尊崇，算得上是世外桃源，你可以在那里安心从事你的研究事业。"

长在海外的伍连德对中国的官场一窍不通，历来听从夫人的意见。对夫人的这段分析深以为然，他知道林文庆和孙中山有来往，可是并不知道林文庆和岳父黄乃裳早就加入同盟会。这时火车就要启动了，夫妻匆匆道别后，伍连德登车入京。

还是前门火车站，车站上早就聚集了前来欢迎的朝廷官员和各国使节。车停稳后，众人一致要求伍连德先行下车。当矮小的伍连德出现在车厢门口时，站台上掌声雷动，欢呼声响成一片。

过去三年，伍连德在前门火车站下车的次数已经记不清了。这一刻，他想起第一次来这里的情景，那一次是在秋风中谋职。

恍惚中，脑海中出现了上一次在这里的情景，在寒风雪花中临危受命，和施肇基慷慨道别。

今天，是在春风里凯旋。

东三省鼠疫防疫的成功，不仅拯救了千万生灵，使清朝的统治转危为安，而且因为是运用科学的最新成就，完全按专家的建议用科学的办法控制疫情，并出乎所有人的意料，在百日之内获得彻底成功，使晚清社会从上到下的，对传入中国几十年的西方现代科学特别是医学，产生了浓厚的兴趣和崇拜。可以说，东三省防疫的成功使中国开始正式地承认和接受现代科学。

万国鼠疫研究会议圆满结束，为清政府东北防疫画上令人刮目相看的句号。各国政府对清朝政府在这次鼠疫大流行中的表现予以极高的评价，视为中国进入现代社会的开端。朝廷对专程来华参与防疫的专家十分重视，破例让他们参观紫禁城，并在颐和园举行招待会。与此同时，各国使馆也纷纷举办舞会酒会，招待这些远道而来的科学家。

在这些活动中，伍连德是聚焦点和中心。这也是现代科学历史上，中国科学家和西方科学家平等交流的开始。13 年后，梁启超为此感慨地写下："科学输入垂五十年，国中能以学者资格与世界相见者，伍星联博士一人而已！"

沾沾自喜的清廷开始论功行赏，此次防疫，以伍连德功劳第一，功在社稷。1911 年 4 月，学部首先上奏，请给医官伍连德医科进士："该员在英国堪伯里志大学校内之意孟奴书院肄习格致医学，光绪二十五年毕业，考试取列优等，得学士学位，又往法国巴黎帕士德学校肄业，得有硕士学位，三十一复得博士学位，又赴各地研究霍乱各病症并著有医学各书等因……于研究情形极有心得，为英美医员所赞赏，声名籍甚。"圣旨依议，赏伍连德医科进士。从谢天宝开始，到清朝灭亡，一共有医科进士 11 人，医科举人 29 人，共计 40 人，其中因功恩赏的只有伍连德一位。

这篇不知何人所写的奏折漏洞百出、张冠李戴，但是却有特异功能。尽管伍连德在东北防的是鼠疫，可是他在 1919 年和 1926 年在东北、1932 年在上海多次主持控制霍乱流行，只是那时候已经没有清王朝了。

3

在东北几个月的连续工作，加上从筹备到主持万国鼠疫会议，伍连德已经精疲力竭了。来北京后为了公事方便，他还是借宿在施肇基家。如今各国专家已经陆续回国，东北的收尾工作在全绍清的指挥下进展顺利，伍连德打算向外务部告假，回天津几天，探亲兼休养一下。

写完了给外务部的东三省防疫报告，伍连德开始收拾行李，施肇基从外面兴冲冲赶了回来，进屋就说："星联兄，我先给你道喜了，摄政王要在宫内单独召见你。"

"召见我？"伍连德问，"是不是又出了什么事？"

施肇基一笑，道："摄政王说，你在东北劳苦功高，中外闻名，所以要召见你，当面予以奖励。"

"这？"伍连德一脸难色。

见摄政王如同面圣，是莫大的殊荣，施肇基有些不明白。

伍连德支吾着："我的中文，还有宫里的规矩，上次见铁良就……"

施肇基明白了，尽管来华已经三年了，伍连德的中文还是不流利，加上进宫觐见的规矩那么多，他一时三刻怎能搞明白？施肇基点头道："这个确实有些麻烦。"想了想，道："星联兄不必担心，这件事我给你想办法。"

"什么办法？"

施肇基哈哈一笑："即日可见分晓。"

次日，陆军部派专人来到施府，宣布授予伍连德陆军蓝翎军衔，也就是相当于西方国家少校的协参领。伍连德感到莫名其妙，他在军中是个文官，怎么一下子成了协参领？施肇基这才告诉他，经过向有关方面汇报了他的难处后，朝廷对有功之臣格外开恩，授予他陆军中级军衔的最低一等。按规定，中级军官可以免去很多觐见前的官方手续，对摄政王的问话也不必详细回答。其次是可以穿军装上殿，不用戴假辫子。唯一的传统礼仪是磕头，对伍连德来说，这是他从小就会做的。就这样，伍连德成为清军的一位中级军官。

五月初的一天凌晨，伍连德早早起来，穿戴整齐以后，坐上施肇基的骡车，走了一个多小时，来到午门外，等候摄政王的召见。

大朝开始了，各项朝政结束后，殿上传："陆军协参领伍连德觐见。"

伍连德一身戎装，英姿焕发地走进大殿，跪在御座前，磕头。

"平身。"御座上传来摄政王的声音。伍连德站起来，和载沣四目相对。载沣在御座上暗暗称奇，这些天来伍连德的名字如雷贯耳，这位大英帝国的医学博士看上去只有二十出头，身穿军装更是少年英发。这样一位看似少年的医生在东三省居然能指挥千军万马，无论官、民，还是洋人，都唯他马首是瞻。得此奇才，真乃我大清之幸。载沣颔首道："伍爱卿在满洲建立盖世殊功，举世闻名，朝廷一定重赏。"

伍连德回答："为国效力是臣的荣幸。能够继续为国效力，连德别无他求。"

伍连德的回答让载沣很满意，随即问起他来华的经过、家乡的情况，伍连德一一简要回复。载沣令太监记了下来，着有司专程去南洋，对伍连德之父进行封赏。然后亲手为伍连德颁发二等双龙勋章，这是中国历史上医生获得的最高奖励。

次日，伍连德被任命为外务部总医官，依旧兼任陆军军医学堂的帮办。正在接受朋友的祝贺时，俄国公使上门了。沙皇陛下的政府因为他在哈尔滨防治鼠疫，拯救俄国公民生命的功劳，特赐他二等勋章。俄国公使前脚走，法国公使后脚到了，奉法国政府令，授予伍连德荣誉衔。奉天总督也授予他金奖。

几日之内连得中外嘉奖，伍连德成了京城明星。一时间，施肇基家门庭若市，外国人、王公贵族、名流学者等等纷纷登门拜访，全是来结识伍连德的，请客送礼，让他招架不住。还有一些这几年结识的朋友，特别是谭学衡、莫理循等，在东北防疫中出力很大，也得专门酬谢一下，把伍连德忙得焦头烂额。

好不容易从应酬中抽出身来，伍连德赶忙找到施肇基，请求立即回天津探亲，然后返回哈尔滨。

施肇基道："星联兄恐怕还是走不成，有个人要见你。"

"谁？"

施肇基一笑："天下谁人不识君，此中滋味的确不好消受，不过还请伍兄在京多待两天。肃王府刚刚来人了，肃亲王要召见你。"

三年前来京求职时，因为有林文庆的书信，伍连德拜会过肃亲王，彼此印象很好。去年肃亲王刚刚审理完汪精卫谋刺摄政王一案，说服了摄政王对汪精卫从轻发落，也让伍连德很钦佩。听说掌管民政部的肃亲王要召见，他高兴地答应下来。

次日，伍连德来到民政部。还没等通报姓名，民政部的门房已经上前跪下："给伍大人请安。"

伍连德现在是风云人物，上至王公贵族，下至凡夫走卒，无人不知。门房道："肃王爷吩咐过，伍大人一到，立即禀报，不可耽搁。请大人随小的进府。"

等伍连德来到正房，肃亲王已经等在那里。见到伍连德进来，肃亲王满脸堆笑，一把拉着他，不让他按规矩跪下请安，直接按在一张椅子上，哈哈一笑："三年前，我就看出你终非池中之物。"

下人上完茶，肃亲王道："伍博士出身名校，胸怀绝学。此次在东三省防鼠疫，可谓大展宏图。记得三年前，伍博士刚刚归国时，令姻亲林博士文庆有书信，说伍博士乃当世奇才，今日可见其言不虚。"

这几日伍连德耳朵里全是这类赞誉和奉承话，他依然保持谦虚："王爷错爱了，连德只是运用所学，为国家效力罢了。至于东三省防疫之功一来侥幸成功，二来是三省官民共同努力的结果，岂是连德一人功劳。"

肃亲王点点头："大功而不自傲，伍博士果然有国士之风。这几日冠盖云集，你那里已经够热闹了，我就没去凑热闹。听说伍博士要返天津探亲，这才请你过来，有要事相商。"

伍连德听到有公事，便打起精神，道："王爷请讲。"

肃亲王开口道："此事请伍博士万勿推辞，民政部下属卫生司，负责全国卫生防疫。此次防疫严重失职，有关官员已经受到惩戒。我打算重组卫生司，由你任司长。"

"卫生司？"

"对，重组以后，全国所有的医院和卫生防疫机构均由你统管，可以按你的设想建立国家卫生防疫系统。"

肃亲王介绍说，这次鼠疫对朝廷的经验教训，就是急需建立全国性的现代化卫生系统，这样才能应付类似的疫情，同时有益于提高百姓的体质。现在全国西医人才极少，也没有一套完善的医学教育系统。民政部重组卫生司的设想，就是想按西方国家的办法，建立现代化的医院和医学院校，以及有

1911 年，伍连德被授予协参领，并获二等双龙勋章

效的卫生防疫系统，尽快地使中国的医学体系达到现代化水平，并且能应付大的流行疾病。

肃亲王非常恳切地说，鉴于伍连德毕业于世界名校，归国后一直从事医学教育，此次在东北体现出举世公认的才能，因此新任卫生司司长非他莫属。朝廷和民政部保证给他全权，不加干涉。

肃亲王的话激起伍连德的同感，归国这几年，他深深感到中国医学教育和医学卫生体系的落后，并为此深感痛心。在陆军军医学堂的建设上，他的很多设想都因为陆军要员不赞成而付诸东流。

看着肃亲王诚恳的脸色，他也很感动。尽管他对当官没什么兴趣，可是全国卫生系统总管对他还是有巨大的诱惑的。现在从朝廷到地方，对科学的热情和崇拜都达到了极点，引进现代化医疗卫生体系不但不会有阻力，而且还能

受到各方面的大力支持。接受这个任命，他就能施展平生抱负，推动中国的医学现代化。想到这里，伍连德就要站起来，接受这个任命。

4

突然，在天津停留时妻子的劝告出现在他的脑海。他暗暗吃惊，淑琼果然料事如神。尽管他还不明白夫人的深意，可是对夫人的话他从来就言听计从。想到这里，他决定听从夫人的劝告，谢绝这个任命。用什么理由才能不让肃亲王气恼？有了，伍连德对着肃亲王深施一礼："王爷厚爱，连德怎能不鞠躬尽瘁死而后已，可是连德现在不能接受这个任命，因为还有更重要的事要办。"

肃亲王满脸诧异的表情："什么？还有要事？据我所知，除了外务部总医官和陆军军医学堂帮办外，你没有其他职务呀。这两个职务你依旧可以兼任。难道还有别的要职？莫非洋人许你什么了？"

伍连德道："王爷误会了，连德只知为国效力，官职大小并不重要。所谓要事，是指东北的鼠疫。"

肃亲王更不明白了："鼠疫不是已然肃清了吗？"

伍连德道："现在鼠疫虽然已经消失了，但并不等于灭绝。东北鼠疫的来源还要进一步研究，防治鼠疫的机构还有待建立。从历史上看，类似的鼠疫大流行往往在几年或几十年内会再度出现，我以为东北还会发生大的鼠疫流行。当务之急是彻底搞清鼠疫的来源，建立可靠的卫生防疫系统，对鼠疫进行常规监测，以便在下次鼠疫大流行出现的早期进行控制。参加万国鼠疫研究会的各国专家都同意我的看法，因此连德必须返回北满，建立鼠疫管理机构。"

肃亲王道："这个没有问题，你可以先回哈尔滨建立鼠疫管理机构，待完成后返京任职就是了，卫生司司长可虚位以待。"

伍连德道："鼠疫之复来或许一年两载，或许更长，连德必须在北满坚守，直到鼠疫再次流行。"

肃亲王看着伍连德："这么说你打算在东北坚守到鼠疫重来，如果 10 年，20 年，鼠疫还无踪影呢？"

伍连德毅然回答："我就继续坚守下去，直到鼠疫重来的那一天。"

肃亲王一拍案："好，这才叫国士。既然东北要防患于未然，那我就不勉强了。"说罢深施一礼："我这里代天下人先行谢过，鼠疫的险关就请你死守了。"

伍连德赶紧回礼："连德一定不辱所托。"

这是伍连德第一次推辞了国家卫生系统总管的任命。

出了民政部，伍连德干脆命人取来行李，直奔火车站，乘车返回天津。全家重逢，悲喜交集。一家人先去给

伍连德与夫人黄淑琼

长明上坟，然后才享受天伦之乐。孩子们睡下后，夫妻二人在灯下细语。尽管这几个月发生的事，伍连德都在书信中说过了，黄淑琼还是要他详详细细地讲给自己听。

最后说到谢绝肃亲王的任命，伍连德道："淑琼，果然让你猜中了肃亲王希望我能出任卫生司司长，我按照你的建议，以北满鼠疫可能复发而拒绝了。"

淑琼点点头："连德，你专注于东北，必有所成。京师形势难料，还是远离为妙。"

伍连德称是："北满也的确需要我，我在家休息几天，便赶回哈尔滨去。"

几天的假期一晃而过，伍连德心牵哈尔滨，在家也待不住了，于五月中旬返回哈尔滨。

回到哈尔滨，他立即召集各方面人员，讨论建立鼠疫预防机构之事。因为北满处于国境线上，讨论的结果是在海关之下建立英文名称为北满鼠疫防疫局的哈尔滨防疫事务总处（又称东北防疫总处）。伍连德和负责哈尔滨海关的英国人沃森一起制定了建立东北防疫总处的计划。按计划，该处总部设在哈尔

滨，在满洲里、齐齐哈尔、艾根、三星设立分支，每年经费六万元。计划完成后，先上报外务部，然后交驻华外交使团批准。因为所需经费需由哈尔滨海关收入中拨出，根据辛丑条约，庚子赔款要从关税及盐税中扣付，任何额外的用途必须经驻华外交使团批准。

计划上报后，伍连德来到满洲里，实地考察了旱獭的捕获情况。在当地，他走访了旅店，并亲身经历了捕获旱獭的现场，获得了宝贵的第一手资料，还亲手进行了旱獭解剖。

他了解到，旱獭一旦染上鼠疫就会失明失声、行动迟缓，被健康的同类逐出巢穴。在北满，猎人们很久以来约定成俗，不捕获染病的旱獭。但是由于闯关东的人日益增多，加上旱獭皮的高额利润，无数的人加入捕捉旱獭的行列。他们不能辨认染病的旱獭，反而因为容易捕获而不放过。因此，此次鼠疫正是由于这样，使鼠疫从旱獭传给人类。而且这种鼠疫和以往不同，以肺鼠疫的形式出现，造成这场大祸。他完成了东三省鼠疫防治的科学论文，于1913年在世界著名医学杂志《柳叶刀》杂志上发表。

伍连德意识到，想防止鼠疫的再度出现，只有严禁旱獭毛皮交易。其次就是在北满各地常年严格监视，一旦出现鼠疫，尽早控制。可是，能做到吗？如果鼠疫再次猖獗，会出现怎么样的情况？

从满洲里回来后，伍连德马不停蹄走访东三省的总督和巡抚。锡良已经离任，新任奉天总督赵尔巽对此非常支持，拨款18万元作为开办费，吉林省也拨出120亩地作为防疫总处总部，目前唯一没有落实的就是防疫总处的每年经费了。计划书上报给外务部以后一直没有下文，伍连德只好返回北京落实此事。

回到北京后，伍连德亲自走访各国驻华使馆，边解释边督促，靠着他盖世的声望，驻华使团终于批准了从海关收入中拨给东北防疫总处的年度经费。到了这时，伍连德才松了一口气，有了各方面的支持和保证，北满防鼠疫体系的建设就能顺利进行，他也可以休个长假了。

伍连德除了医学教育外，还非常重视医学交流，随时随地地加以促进。利用这段空闲时间，他首先拜会了在京的中外医学人士，不仅就北满防疫体系的建设听取大家的意见和建议，并建立了在北京的医学交流网，一种类似医学会的地方组织。

这次来京,为了避免被各方人士所扰,他选择借宿于好友,英国《泰晤士报》驻华记者莫理循家中。莫理循说过,很久以来,欧洲对东三省的了解基本上基于俄国报纸的介绍,经过他到东北实地采访,发现出于政治的原因,俄国对东北的报道充满谎言,肆意造谣和夸大事实,为俄国在远东的利益服务。为了改变欧洲公众的固有看法,他发了几篇关于东北的报道,可是由于俄国人的谎言由来已久,他的报道不被大众接受。在采访俄国政要时,他被明确地告知,俄国不希望看到强大的中国。东北大鼠疫期间,为了使中国出洋相,俄国尽量夸大这场瘟疫,竭力强调中国的落后,说中国不像文明国家俄国那样有应付这种突然灾难的能力。正是伍连德,彻底改变了欧洲公众的这种印象。伍连德的大名在欧洲众所周知,他说出的话肯定能被大家相信。莫理循希望伍连德能撰写有关东北真实情况的文章,以改变欧洲公众的看法。伍连德很高兴地接受了这个建议。

从北京刚刚回到天津,伍连德便接到哈尔滨东北防疫总处急电,据闻,俄国境内旱獭大批死亡。目前哈尔滨流言四起,人心惶惶,请伍连德速回。

难道真的像自己预料的,鼠疫这么快就卷土重来了?难道前一阵只是暂时占上风,鼠疫这个恶魔悄悄隐藏起来,现在伺机再起?

怀着无数的疑问,伍连德再度出关。

第十一章　十年磨剑

1

1911 年 7 月 15 日，哈尔滨火车站。

伍连德刚走下火车，新任道台李家鳌和俄国科学家萨伯罗特尼就迎了上来。李家鳌见到伍连德，也顾不得寒暄："伍大人您可回来了，如今哈尔滨满城风雨，鼠疫卷土重来的流言四起。"

萨伯罗特尼打断了李家鳌的话，用英文道："伍博士，从西伯利亚到满洲里一线传闻有鼠疫出现，今天我们能不能面谈此事？"

伍连德和萨伯罗特尼约好下午在俄国医院会面，安慰了李家鳌几句，便赶到防疫总处，召集所属防疫人员开会，安排在北满进行鼠疫监测。之后赶去会见萨伯罗特尼，两人商定中俄双方组成联合调查组共赴满洲里，然后深入俄国境内进行调查。

伍连德一到，整个北满平静了许多。经过对北满进行全面监测，证实没有鼠疫出现。防疫总处发布安民告示，使哈尔滨一带的民心稳定下来。

随后，伍连德和萨伯罗特尼率中俄联合调查组自满洲里进入俄国境内，在一队哥萨克骑兵的护卫下，中俄调查组在大草原上风餐露宿一个多月，白天在露天做实验，夜晚宿营在帐篷中，详细地对草原原生啮齿类动物进行调查，同时对中俄旱獭贸易有了详细的了解。

在初步查明旱獭是鼠疫的源头后，伍连德本以为，只要禁止捕捉旱獭，就能够阻挡鼠疫的传播。可是当他到中俄边境实地考察，才发现事情不是那么简单。其实中俄双方政府早就下令禁止捕捉旱獭，可是由于利润丰厚，偷猎现象十分严重，甚至受到中俄的一些官员的暗中支持。而且为了逃避关税，走私猖獗，旱獭的交易几乎无法控制，也就是说无法阻挡人与野生动物接触，因此鼠疫的威胁依然存在。

这次调查，他终于发现了东北大鼠疫的疫源。早在 1910 年的春夏之交，在俄国西伯利亚的斯列坚克斯即已出现鼠疫，接着俄属黑龙江下游的尼克拉耶夫斯克城也发生鼠疫。但由于俄远东地区人烟稀少，居住分散，加上俄国方面严密控制，使疫情没有扩大。当时俄国方面出于自身的利益，规定中国人一旦有鼠疫嫌疑的立即驱逐出境。1910 年 10 月初，在俄国大乌拉站一间华人工棚里，突然有七个人暴死。俄国人知道是鼠疫，将这个棚屋子和里面华人的衣服全部烧毁，幸存的华人立即驱逐。其中两人于 10 月 19 日来到满洲里，10 月 25 日发病后死亡，同院居住的房东、客人等也相继感染鼠疫死亡，从此开始了东北大鼠疫。由于东北的窝棚密不透风，温度较高，细菌容易繁殖，使得鼠疫很快流行起来。

此外，伍连德发现在俄国境内自 1905 年起就有零星的鼠疫病例。这些事实证实了他的一个假设，鼠疫是从俄方传过来的。他认为鼠疫可能自古就存在于中亚大草原上，因为环境变化而引起在动物和人群内的流行。这次鼠疫虽然来源于捕捉旱獭，可是俄方不负责任的防疫措施才是造成如此大规模流行的真正原因。这次调查的结果后来由他在伦敦的国际医学大会上宣读，并发表在《柳叶刀》杂志上，是当年一项非常重要的流行病学研究成果。

完成这次调查，证明近期没有鼠疫复发的危险，伍连德继续留在哈尔滨抓紧防疫总处的建设。各地医院相继破土动工，人员也陆续招聘到，其他各项工作都开始着手进行，此时已经是 1911 年秋天。

1911 年果然是多事之秋，十月，武昌起义的枪声响起，天下震动。

远在哈尔滨的伍连德一边专注在鼠疫防疫系统的建设上，一边密切注意时局的变化。特别是他的家眷已经搬到北京，使他为此有些担心。

战局越演越烈，伍连德坐不住了。尽管东北防疫总处的建设到了关键时刻，他的心已经飞往汉口，他要到前线救护双方的伤员。

天下大乱之际，伍连德心里想着人民，装着百姓，即刻启程，星夜入关。

山海关已经在望了，他突然接到外务部的电报。朝廷下令他和驻德公使梁镇东、清华大学校长唐国安组成三人代表团，赴海牙参加国际鸦片会议，代表政府签署国际鸦片公约。

身为外务部总医官，他只好服从命令，转头北上。10 月 30 日，火车接近奉天了，南方的战事一下子又涌上心头。自从在槟城主持禁毒遭到挫折后，他心中总有一个愿望，有朝一日继续禁毒事业。当年，他是南洋一个初露锋芒、满腔热血的年轻私人医生，有才华有抱负，也有志同道合的朋友。可是在殖民地，作为二等公民的他，受人暗算、被政府打击，最后惨淡地背井离乡。现在，他将代表世界吸毒人口最多的国家和其他大国一起签署全球禁毒公约，这不仅是官方对他在东北防疫成绩的肯定，也满足了他这个心愿。到了这个时候，他切实地感到毅然归国是走了一条光明大道，不仅为祖国效了力，救黎民于水火，而且也一洗前耻，以胜利者的姿态走上世界舞台。

可是，南方前线在流血，一个医务工作者的责任令他片刻不得安宁，个人的荣辱固然重要，救死扶伤则更为重要。他想到莫理循，如果莫理循能帮助筹集基金装备一支红十字会医疗队，自己负责招募在北方的医学人才，然后再南下的话，就能起到更大的作用。于是，在火车上他提笔写道：

我亲爱的莫理循：

　　原谅我在疾驶的火车上写这封潦草的信，但一种感到鼓舞的想法油然而生：我的时间和精力如果用在前线治病扶伤上，要比花费在充当鸦片会议代表上强多了。这是紧要关头，国家需要领导人。我别无它求，只希望能成为中国新一代医务工作者的领导人，这些人热爱并献身于自己的职业和工作。这个机会似乎来到了，我现在写信请求你并通过你促使《泰晤士报》和英国公众，帮我筹集基金来装备起一个红十字会，由我率领开赴前线，一视同仁救护双方伤员。如果得到从英国发来的答应给我支持的电报，我将立刻要求解除我眼下去海牙的使命，同一个合适的医疗队一道去战场（如可能从汉口开始）。敬请你认真考虑此事，并打电报到奉天将你的意见告诉我。这是我一生中最关键的时刻之一，我随时准备报效国家并甘受任何艰难，以期向我的人民表示我为他们而生活、工作。我心如潮涌，写不下去了。南方的工作似乎每时每刻都在召唤着，吸引着我。你能鼎力相助吗？你能打电报给《泰晤士报》从而使英国公众得知此事吗？英国公众对世界这一部分的呼吁会给予响应吗？我时刻伫候回音，如认为重要，望用电报答复我。我的地址是：奉天亚斯特大楼。

你非常诚挚的

伍连德

2

伍连德在奉天又给莫理循去了一封信，向他推荐一位朋友孔天成。尚未得到莫理循的回复，伍连德又回哈尔滨，一边继续防疫总处的建设，一边等唐国安前来会合。此时清廷重新启用袁世凯。作为袁世凯亲自从海外聘请回来的专家，以及这三年在军中和北洋系将领的交往，还有和在华外国人的友谊，他对在京妻儿的安全终于放下心来

各种消息相继传来，南方各省纷纷响应起义。这天他读到报上的消息，11月9日，同盟会在福州发动起义。他岳父黄乃裳在家里召集30多名学生组成炸弹队，配合民军作战。福州体育会、南台商团等成员三百多人齐集仓山的福建同盟会会址，准备进城援助。队伍集齐了，需要选一名旗手在前面擎旗。黄乃裳说："旗手不用选了，我今年63岁了，剩下的日子不多了，就让我给大家当一回旗手吧！"于是，黄乃裳擎着十八星红方大旗，带领大队人马冲向花巷民军总司令部。在市民的积极配合下，清军投降了，福州光复。福州辛亥光复后，成立了福建军政府，黄乃裳出任省交通部部长。

　　这时，伍连德才明白妻子劝自己留在东北的深意。原来岳父早就加入同盟会，是福建同盟会举事的重要人物。如果他留在北京就职，难免会受到牵连，起码也会被卷进政治旋涡。

　　就在国内一片枪声中，1911 年 12 月，伍连德放弃了南下救护的计划，和唐国安在哈尔滨会合，乘坐东方快车出满洲里、经西伯利亚到莫斯科，然后经华沙到柏林与梁镇东会合。伍连德全然没有想到，他竟然是清政府最后一批公派出国人员。

　　在海牙，伍连德等庄严地代表中国政府在全球禁毒公约上签字，正式开始了中国官方禁毒的近百年历史。

　　海牙会议结束后，伍连德应邀重返英国，进行巡回演讲。他现在已是国际知名学者，到处受到热烈欢迎。凯旋般的气氛，旧友重逢，使他暂时忘记了中国的局势。利用这个机会，他积极向英国民众介绍中国东三省的实际情况，改变了英国民众被沙俄欺骗而形成的看法，树立了东三省是中国固有领土的观念，也介绍了中国近年来的变化和发展。

　　他在英国期间，他的两位朋友唐绍仪和伍廷芳分别出任南北双方的代表进行和谈，达成了共和的协议。他在新加坡结识的孙中山于 1912 年 1 月 1 日就任临时大总统，他的好友加连襟林文庆追随孙中山左右，任临时政府内务部卫生司司长，同时兼任孙中山的保健医生。2 月 12 日，清帝逊位，中华民国成立，礼聘他回国的袁世凯继任临时大总统。

　　顷刻之间，天翻地覆。伍连德此时已经结束了在英国的讲演，回到德国柏林，正准备乘东方快车返回哈尔滨。

　　人在柏林的伍连德不知道国内详细情况，恨不得插翅飞回北京。可是他是清朝的公派人员，现在那个朝廷不在了，他的各项费用包括回国的旅费全无着落。伍连德一下子处于非常尴尬的境地。

　　看着伍连德急得团团转，作为欧洲招待方的前驻德公使梁镇东只好自掏腰包，给伍连德买了一张从柏林到哈尔滨的二等车票，让他得以立即归国。和来欧洲时作为政府代表的条件相比，二等车厢的条件就差多了。伍连德归家心切，只要能走，条件可以将就，二话不说，登车就走。二等车厢一个舱四个铺

17

ASTOR HOUSE HOTEL
MUKDEN

Mukden, Nov 3rd 1911.

Dear Morrison,

This is to introduce to you Mr. Kung Tian Cheng, a good friend of mine, who has come from the 'Straits' Settt on behalf of some Chinese Capitalists to study Conditions in Manchuria.

He is a "bookworm", and is anxious to have a look at your Library.

Yours sincerely,

Wu Lien Teh.

伍连德手迹

位，伍连德被分到车厢尾部的那间，因为紧挨着轰轰作响的机房，这间比较小，只有两个乘客，另外一位长得比较黑，看不出是哪儿人。

两人寒暄着。那人的英文口音非常重，尽管伍连德走过不少地方，也听不出是哪里人。那人一听伍连德是中国人，特别高兴，介绍说自己也是中国人。他乡遇同胞，伍连德也十分高兴，用中文问："请问尊姓大名？"

对方一点反应都没有，伍连德再换英文问，对方回答叫 Eugene Acham。伍连德也有用闽南话和广东话混合拼写的名字，于是再问："你能够用中文写出自己的名字吗？"

对方摇摇头说："这样吧，我告诉你我们家的故事吧。不过按我们的习俗，一旦这样我们就是好朋友了。"

列车启动了，Eugene 开始讲家史。他父亲叫 Acham，从广东来到英属西印度群岛的特立尼达多巴哥，所以他就出生在那里。长大以后在伦敦学法律，回到特立尼达以后当了律师，和当地的混血儿结婚，生了两个儿子。现在听说中国革命了，打算回祖国效力。

伍连德和 Eugene 一样，也是生在英属殖民地的第二代华人，因此备感亲切。根据他的情况，他坦率地告诉 Eugene，他回国服务有两个不利之处，一是没有中文名字，二是不会汉语。汉语只能慢慢学习，像自己这样回国三年了，汉语还很不流利，现在先要有个中文名字。

Eugene 当即请伍连德起名，因为 Eugene 也不知道自己父亲姓什么，伍连德根据 Acham 的发音，认为是广东话阿陈，所以建议姓陈，Eugene 没有异议。名字就根据 Eugene 的发音了，叫友仁，于是 Eugene Acham 的中文名字就叫陈友仁，Eugene Acham 这个原名几乎无人知晓。

在漫长的旅途中，两个人天南海北地聊着，伍连德在中国的经历让陈友仁大开眼界。等到了哈尔滨，两个人已经是无话不谈的好友了。

回到哈尔滨，伍连德终于松了一口气。看看哈尔滨的局势比较稳定，没有太大的动乱，看来国内的局势得到了控制，简单地处理了一下防疫总处的工作后，他和陈友仁坐上中东铁路的火车，在长春换车，往北京赶去。

两人一路走一路打听时局，这时内阁名单出炉了，是伍连德的朋友唐绍仪组阁，施肇基出任交通总长，伍连德心里有了主意。列车终于到了终点，伍连德再度踏出前门火车站，感觉到祖国天翻地覆，进入了一个新的时代。

伍连德回到北京，和家人重逢，彼此心里悬着的石头都落地了。次日他带着陈友仁去见施肇基，施肇基看到伍连德平安回来十分高兴，告诉他正在托外交部尽量解决他回国的经费。对他推荐的陈友仁，施肇基当即任命为自己的私人秘书。

办完这件事后，伍连德赶紧返回哈尔滨，处理因为改朝换代的混乱而几乎停滞的防疫总处的组建工作。

唐绍仪内阁很快倒台了，陈友仁随即去职，成了英文报纸《京报》的主笔，专门跟总统府对着干。伍连德每次回京时，都会探望陈友仁。次次都看见他在奋笔疾书，很令伍连德为他担心，因为这样随时可能送命。

陈友仁，这个伍连德在旅途中结识的好友，成了民国时期的风云人物，被誉为"革命外交家"。1919年他是中国代表团参加巴黎和会的成员之一，并为代表团草拟文件。后来南下成了孙中山的外事秘书。1927年和1931年两次出任汪精卫另立的国民政府外交部长。"九一八"以后还担任过宁粤合作后的外交部长，是国民党党内的极左派，联俄联共的中坚。1933年十九路军发动"福建事变"，他出任外交部长。"福建事变"失败后他流亡法国，娶了比他小31岁的张荔英（张静江四女儿）。1938年回到香港，想回国参加抗战，为蒋介石所不允。香港沦陷以后被日本人押回上海软禁，1944年5月24日在上海病逝，新中国成立后享受烈士待遇，安葬在八宝山。陈友仁一生的传奇，始于西伯利亚快车的那个拥挤而轰轰作响的两人车厢里。

告别了朋友陈友仁，伍连德又回到哈尔滨，马不停蹄地走访各口岸，安定人心，防疫总处的检疫站和医院的建设得以继续进行，对鼠疫的监测也重新进入轨道。可是就在这时，因为改朝换代，驻华外交使团突然停止从关税中拨给防疫总处每年六万元经费。

刚刚回到哈尔滨的伍连德只好再返北京，找到外交部次长颜惠庆询问此事。颜惠庆也不知道为什么驻华外交使团突然变卦，建议他自己去问。伍连德只得挨个走访英、法、美、德领事。现在的伍连德，已经不是刚到哈尔滨时受尽洋人白眼的无名之辈了，他用自己的成绩赢得全世界的尊重，驻华外交使团对他极为礼遇。可是涉及防疫总处的经费，还得仰人鼻息，费劲口舌。

经过一番交涉，他终于弄清了事情的原委。原来是因为俄国的强烈反对，看来是他在欧洲人民面前揭穿俄国的谎言，使俄国人恼羞成怒，把他刚刚拯救十万俄国公民的功劳忘得一干二净。伍连德在北京多方活动，还是不能成功，使他心急如焚。看到这种情况，莫理循劝他不要着急，这种外交上的事要有耐心，建议伍连德和家人去度个假，放松一下。

伍连德接受了莫理循的建议，和家人一起去北戴河度假。宁静的北戴河，仍然不能使他心情平静，他还在考虑东北防疫总处的前途。他下定决心，绝对不能因为俄国人作梗，使防疫总处流产。在北戴河，他给莫理循发了一封长信，希望通过他获得英国公众的同情和支持，促使英国政府大力支持防疫总处的建设。

经过他和莫理循等人的努力，驻华外交使团终于批准了东北防疫总处的年度预算。但是却有两个附加条件：一是用卢布结算；二是每年审核一次，表现令人满意才能继续批准。

之后几年，伍连德年年入京接受询问，直到1917年，防疫总处的预算才固定下来。俄国十月革命后，卢布贬值，经过争取才改用现银支付。这几年，经费审批的手续极为复杂，以致很多时候工资拖欠，要靠东挪西借得以维持。这些经历使伍连德深深地感到苦痛和屈辱，使他下决心，定要为祖国收回海关卫生检疫权。

收关！伍连德把这个梦想牢牢地记在心上。

3

1913年6月，伍连德应召回到北京，受大总统袁世凯的召见。在大总统府，袁世凯和伍连德终于又见面了。刚刚平定国内各种反叛的袁世凯意气风发，但是对伍连德比上一次客气多了，开口就提及六年前寄向南洋的那份聘书："伍博士，我还清楚地记得，六年前是施肇基向我推荐你，我当时就把聘书寄往南洋。

我们很快在天津见面了，你希望先去欧洲考察各国军医教育，没想到等你终于回天津开始工作时，我已经被逼下野了。"

伍连德也很感慨，这六年，改朝换代，天翻地覆，是英雄借时势的六年，也是时势造英雄的六年。

袁世凯接着说："正如初次见面时谈过，当时请你回来，原本是想把陆军军医学堂从日本教员手里夺回来，没想到无意中得到一位国士。袁某平生快事，此为其一。伍博士，现在民国局势稳定，我希望你能出任卫生署署长。"

这是伍连德第二次受邀出任国家卫生系统最高领导，他想了一下，还是婉言谢绝了。这次和政治和局势无关，完全是因为哈尔滨那边防疫总处的工作刚刚开始，实在不能没有伍连德。

袁世凯对此表示理解，改聘他为大总统侍从医官之一，可以不必待在北京。大总统侍从医官以中医为主，包括伍连德这个挂名的在内，只有两名西医。伍连德也一直没有机会为袁世凯看病，直到两年以后。

1916 年 5 月，北京大总统府急电，召伍连德火速进京。伍连德风尘仆仆赶到北京，被大总统府的专车直接从火车站接走。到了大总统府后，袁世凯的长子袁克定马上迎了出来。伍连德在天津时，和袁克定颇有交情。见面后，心急如焚的袁克定顾不得客套，拉着伍连德的手就往里走，一边走一边简单地介绍袁世凯的病情。

袁世凯的床前围了一堆人，七嘴八舌不知在说什么。袁克定顾不上给大家介绍，扒开人群，把伍连德带到床边。伍连德一看，袁世凯早已神志不清，经过诊断，他认定袁世凯是尿毒症，情况已经很危急，建议按西医的办法进行保守治疗。袁克定一个"好"字才出口，床边一阵喧哗，十几张嘴吵了起来，伍连德被挤到一边。

伍连德这才发现袁家此时根本没有能做主的人，除了袁克定以外，袁家其他人都不同意他的方案。大总统的侍从医官是根据袁家人的喜好聘用的，袁世凯的每个太太都有自己信任的侍从医官。这些中医之间毫无会诊的可能，只是一个接一个地诊断，然后互相反驳。这个说内火上升，那个说阴阳失调，第三个说肾衰。至于治疗方案就更没法统一，连袁家的马夫也要参与意见。

伍连德的治疗方案根本不被采用，对袁世凯的治疗全用中医的办法。各种中药，凉的、热的甚至包括寒食散都相继用上了。伍连德能做的就是冷眼旁观，陪着袁世凯度过人生的最后一刻。

在伍连德眼中，袁世凯无疑是个值得尊敬的人，而且对他有知遇之恩。如果不是袁世凯从南洋请自己回国，他也不能施展抱负、扬名寰宇。可是，身为大总统侍从医官，却不能用平生所学救袁世凯之命，让他在沮丧之外平添了些愤慨，对停滞不前的中医有了更大的成见，促使他后来强烈主张改革旧医，走中医科学化的道路。

一个名动公卿的名医，无奈地看着共和国总统的离去，伍连德平生经历，看惯了中国近代史的春月秋风。

袁世凯死后，黎元洪继任。继续任命伍连德为大总统侍从医官。伍连德先后担任大总统侍从医官十余年，但依旧常驻哈尔滨。

经过几年的不懈努力，东北防疫总处从无到有，渐渐名声在外，成为世界上知名的防疫和研究单位。吸引了许多人才，伍连德手下开始聚集起一批中外精英。

随他第一次来哈尔滨的林家瑞，在东三省鼠疫防疫结束后回陆军军医学堂完成学业，毕业后即到他手下工作。伍连德的第一个高级助手陈祀邦也是南洋华侨，出生在新加坡，和他一样从剑桥获得医学学位。另外一个高级助手是从爱丁堡毕业的英国人罗纳德。两年后，陈祀邦入京筹建传染病医院，罗纳德返回英国，在第一次世界大战中服役。伍连德正在寻找新的高级助手，唐绍仪向他推荐了一个人。

这个人也是剑桥的毕业生，名叫陈永汉。陈永汉出生在上海巨富之家，在英国留学时和一位英国女子相爱。他父亲得知消息后，不惜花巨款让两人分手。陈永汉受此刺激，陷入颓废之中。和其父是世交的唐绍仪见此情况，索性把他从上海带到哈尔滨，交给伍连德。

爱情受挫折的陈永汉在北满找到了精神寄托，一直跟随伍连德二十多年，成为中国卫生防疫的著名专家。

1921 年，从维也纳大学毕业的奥地利医生、犹太人伯力士（Robert

Pollitzer，1885—1968）前来申请工作。看着他衣冠不整、不善言辞的样子，伍连德怎么也不相信这是名牌大学的毕业生。仔细询问之下才知道，原来伯力士在第一次世界大战中先后在俄国和日本人的监狱中度过，在那种恶劣的环境下，他几乎精神失常。

开始工作后，伯力士的情绪还是很不稳定，有一天自杀，被伍连德及时抢救，才得以脱险。伍连德发现，虽然伯力士不善和别人相处，可是他的工作能力极强，而且有很强的语言天赋，会讲英、法、德、俄等语言。伍连德和陈永汉在工作中和日常生活上对伯力士不断鼓励和启发，并为他从流亡到本地的波兰人中找到了一个妻子，给他增加工作量，鼓励他参加社交，渐渐地帮助他走出阴影。

获得新生的伯力士此后也一直追随伍连德，抗战爆发后他自愿留在中国，作为国民政府的专家参加抗战，他和陈永汉等人在常德反日军的细菌战中立下大功。

就是这样，东北防疫总处不仅承担着东北鼠疫监测和防治任务，还培养出中国微生物学的一代精英。这些人不仅有学识，还和伍连德一样有爱国的志向，在祖国需要的时候，他们舍生忘死地为国效力。

4

1911 年以后，虽然每年出现零星的病例，东三省的鼠疫流行进入了潜伏期。连续几年的监测，没有发现任何流行的迹象。人们开始松懈了，可是伍连德没有，他认定鼠疫一定会卷土重来，防鼠疫工作一刻也不能放松。

鼠疫果然没有消失，1917 年底，外交部电令总医官伍连德即刻赶往山西，从内蒙到山西开始出现鼠疫，特令伍连德前去参加防疫。等了七年，英雄终于有了用武之地。伍连德接到命令后，一刻没有耽搁，马上赶赴山西。

伍连德满怀热情地到达山西，当地的现状让他如被浇了一盆凉水。和七年前不同，现代医学在中国发展很快，对鼠疫的重视程度更高。山西鼠疫发生后，以内务部为主，由各部选派委员共同组织防疫委员会，很多医务人员受各方面委派，从各地先后赶到现场。特别是内务部派遣了人数众多的医疗队，可是毫无防疫经验。山西本省的卫生系统很不完善，虽有些外国医疗人员和志愿者，统治山西的阎锡山根本不愿意外人插手。整个山西防疫没有统一的指挥，处于各自为政的状态。

伍连德作为外交部派遣人员，根本无权指挥其他队伍。外交部也没有后援，他只能靠自己，开始尽可能地进行防疫工作。

经过初步调查，他了解到，8月，鼠疫爆发于绥远伊克昭盟乌拉特前旗扒子补隆，9月下旬传入包头，10月中旬传入土默特旗和归化，11月经到萨拉齐贸易的商人传入山西大同县。12月下旬五原城里一所教堂的三个比利时传教士相继死亡，症状都是头痛、胸痛、干咳、痰中带血、吐而不泻，与上次东北大鼠疫相同，从而引起中外人士的注意。此时，绥远疫情已十分严重。12月疫情呈大流行之势，鼠疫随着在内蒙贩卖羊毛和做生意的人一路传来。12月下旬到达萨拉旗，而后是丰镇。由于这一带的旅行主要是乘马车或者徒步，所以鼠疫由西向东缓慢而稳定地传播。

根据这些情况，他意识到，一旦鼠疫传到大同，便很难控制。从现在的情况看，交通要道丰镇是关键。如果能在丰镇设防，就有可能把鼠疫控制在丰镇以西。于是，他即刻前往丰镇，希望能够一夫当关。

1918年1月3日，伍连德来到丰镇。在这里，他遇到了两名志愿参加鼠疫防疫的美国医生，他们随着鼠疫从萨拉旗、绥化一路追踪而来。他们告诉伍连德，本地官员根本不听他们的建议，甚至不承认有鼠疫。两人见到伍连德这位鼠疫专家十分高兴，决定归伍连德调遣。这样，加上自己的随员，伍连德勉强有了一支防疫队伍。

鼠疫流行日益紧急，伍连德立即找到本地官员，做出以下建议：马上建立传染病医院和隔离病房，立即阻断由西向东的交通，对于来往行人，须由卫生人员检查后发予路条才能通行，在大同、张家口、南口控制人员来往。

由于伍连德的名望，有关部门对他的建议不能不重视。几天后做出了反应，1月9日官方彻底封锁由西向东道路。伍连德原先建议的有限的通行，被地方官改成彻底封锁交通要道，结果行人只能从乡村绕道，这个错误的措施使鼠疫很快在农村传播起来。

恰恰就在这紧要关头，一件意想不到的事情发生了。

1月10日，归伍连德指挥的一名美国医生来到一名鼠疫死者家中按常规取走了死者的肾脏以免鼠疫扩散。由于他刚来华不久，不明白中国人顽固的"身体毛发受之父母"的观念，没有对尸体进行清洗、缝合和穿戴。死者的父亲义愤之下追打美国人，并召集乡亲焚烧了医疗队的住所。当地仇洋情绪一下子高涨起来，使防疫队无法继续工作。

对此，伍连德主动承担责任，做了大量的说服工作。可是，由于官方和民众不配合，几乎所有的防疫措施都不能按计划实施，在丰镇根本就不能阻断鼠疫。

疫区群龙无首，防疫工作东一榔头，西一棒子。阎锡山戒心重重，生怕中央政府借此介入山西。伍连德在山西一筹莫展，无所作为，说服不了官府，也调动不了其他医疗人员，只能向外交部要求离开山西。外交部批准了他的请求，1月30日，他被迫离开了山西。

伍连德（前左一）与法律官员和卫生官员合影

山西的鼠疫越来越严重，直到传入山西南部时，各方面才统一协调，由全绍清全权负责防疫。事后证明，伍连德的判断是正确的，本来可以很容易控制的鼠疫造成大流行，不仅遍及山西全境，而且周围省份甚至南京都出现病例，流行了十个月才得到控制，估计死亡人数为 16000 人。

尽管不是他的责任，伍连德对这次"走麦城"感触很深。首先，中央政府没有施肇基这种能够担当、善于协调的人才。其次，山西以阎锡山为首的政府官员，其表现还不如满清官员，只顾个人利益，丝毫不管病人死活。第三，官员和民众科学知识的缺乏和医疗设施的落后，也造成控制鼠疫的困难。最后，鼠疫防疫组织混乱，没有像东北防鼠疫时，一开始就明确指挥权，使得山西鼠疫防疫一团混乱。

山西之行虽然令人沮丧，可是还有一件振奋人心的事，他筹建了三年的北京中央医院①终于开张了。

1915 年，财政总长周学熙和伍连德商议，想拨出 10 万元在北京西山建一座结核病疗养院。伍连德认为，北京最需要的不是在西山建立一个疗养式的医院，而是一所在城区为老百姓服务的现代化医院，周学熙对此深以为然。

为了这件事，北洋政府特意在中央公园会议室召开会议，除了周学熙和伍连德外，还有内务总长朱启钤、外交总长曹汝霖、司法总长章宗祥、国务院参事林长民等高官与会，与会的还有施肇基的胞兄、陇海铁路局局长施肇曾。在林长民等人的极力促成下，伍连德的建议得到通过，除了财政部的 10 万元外，会上还集资 11 万元。聘请伍连德为该院院长，施肇曾为财务长，筹建这所北京中央医院，于 1916 年 6 月在西城破土动工。

建立现代化的综合医院，也是伍连德梦寐以求的事业。除了监测哈尔滨鼠疫情况外，他积极投入这所医院的建设中。可是没有想到，从筹备开始就遇到诸多磨难。从日本想亡中国的"二十一条"，到袁世凯称帝的闹剧，北洋政府动荡，使财政部预定的建院资金无法保证。

无奈之下，伍连德返回槟城家乡，为北京中央医院募捐。槟城的爱国华

① 即现在的北京大学人民医院。为了纪念该院第一任院长，2000 年在院内塑伍连德铜像，并将学术报告厅命名为"伍连德讲堂"。

侨积极支持，共募得 3 万元。梁启超就任财政总长后，伍连德说服他提供 3 万元资金、每年 1000 元行政经费。最后施肇曾捐款 5000 元，伍连德捐款 2500 元，使医院的建设得以继续进行。

北京中央医院于 1918 年 1 月落成并正式开诊，这是中国人自己兴建的第一所综合型大医院，芝加哥《现代医院杂志》1917 年 4 月号作了详细的报道。大连日本的南满铁路医院也参考北京中央医院的模式建造。中央医院开业以后，盛况空前，来参观的市民如潮，成为北京市医疗卫生的一个重点。

建立大型医院是伍连德从 1908 年回国之初就开始的梦想，十年后这个梦想终于实现了，医院建成以后，他便全身心地投入医院的管理之中去，可是没有想到，医院刚刚开业不久，就出现了伤痛。

作为中央医院的院长，伍连德热情洋溢地开始主持这所中国当时最先进的医院。可是没想到，他和施肇曾这位过去三年间合作亲密无间的朋友之间产生了矛盾。施肇曾作为医院财务总管，在管理上应该听从院长伍连德的。可是伍连德发现，施肇曾开始凌驾于他这个院长之上。伍连德开始以为施肇曾是受

初建成的北京中央医院（现北京大学人民医院）

人挑拨，误信小人言。不久才发现另有隐情。

原来施肇曾是想让自己刚刚从美国获得医学学位的长子取代伍连德。对施肇曾的这种做法，很多人表示极大的不满，纷纷支持伍连德。因为中央医院的建立伍连德功不可没，当时在中国医学界，能和伍连德齐肩的凤毛麟角，何况是一个刚刚毕业的毛头小子呢！

在这种情况下，伍连德采取了忍让，主动辞去院长的职务。他这样做的原因，主要是因为施肇曾的弟弟施肇基。施肇基不仅对他有知遇之恩而且在东北防疫时，两人结成生死之交。他这样做，就当是一次谢恩吧。

可是，施大公子接任后，对医院管理毫无兴趣，转而去上海做生意。没过多久这位花花大少欠了一身的债务，以自杀的方式结束了自己年轻的生命。

伍连德满怀惆怅，悄悄地走出中央医院的大门。过去三年中，只要他在北京，就会骑上自行车，从东堂子胡同的家中出发，经过故宫、景山、北海，来到医院工地，晚上再骑车从原路返回，就这样度过了无数辛劳而快乐的日子。

伍连德感叹一声，骑上车，披着一身晚霞黯淡离去。

冠盖满京华，斯人独憔悴。

第十二章　卷土重来

1

中央医院开张时，伍连德曾招聘了一位同乡，也是毕业于槟城公校并获得香港大学医学学位的林宗扬。等林宗扬赶到北京时，伍连德已经离开医院。他只好申请洛克菲勒基金会的资助，赴美国约翰·霍普金斯大学留学，两年后获得公共卫生博士学位。回国加入协和医学院，曾任协和教务长和中国医学会会长，是中国著名的微生物和免疫学家。

辞职后伍连德的情绪十分低落，正在这时，又传来晴天霹雳，1918 年 2 月 26 日，程璧光在广州海珠码头遇刺身亡。

辛亥革命前，程璧光代表清政府正率舰队参加完英王登基典礼，奉命进行环球航行途中。辛亥革命爆发后，他闻讯毅然在海上将大清龙旗换成了共和的五色旗，被推举为海军总司令。1913 年任北洋政府海军顾问、陆海军大元帅统帅办事处参议。1916 年任海军总长。1917 年 6 月张勋率辫子军进京，迫使北洋政府改组，程璧光被任命为海军总司令，他不就任。7 月在上海以海军总长名义发表檄文，声讨张勋复辟，后偕第一舰队司令林葆怿率"海圻"巡洋舰等 7 艘舰南下广州，与先期到达广州的"海琛"巡洋舰及原驻粤的"永翔""楚豫"炮舰和后来抵粤的练习舰队之"肇和"巡洋舰共 11 艘舰艇组成护法舰队，参加孙中山发动的护法战争。9月广州革命政府成立，任海军总长。

程璧光遇刺身亡，举国震惊，北洋政府追赠为海军上将。出师未捷身先死，常使英雄泪满襟，在程璧光灵位前，伍连德悲痛欲绝。

程璧光是伍连德在华最好的朋友，是他的兄长。20年之交，肝胆相照。是程璧光的来信，促成他下定决心举家北上归国。刚刚到中国时，很多事情，伍连德都很不习惯，也是程璧光帮助他渐渐熟悉。他还清楚地记得当初进京谋职时，程璧光陪他在北京城内外参观游览，并向他介绍中国传统文化，使他从此产生浓厚兴趣，开始收集中国古籍。在天津时，好客的程璧光经常请他来北京赴宴，为他介绍了官场中不少朋友，对日后他从事卫生防疫事业帮助极大。

这几年，伍连德功成名就，常年在哈尔滨。程璧光统领海军，常驻沿海，两个人见面的次数很少。只要有机会，都聚聚会。去年程璧光南下支持孙中山，虽然伍连德对此不十分理解，可是他相信程大哥的选择。没想到才半年，一代宿将便横尸广州街头。

岁月无情，将星凋零。曾经胸怀中华海军扬威七海，肩负中国崛起希望的一代北洋水师天骄，或战死，或病故，或退隐，或遇刺，依旧在军中的已经寥寥无几。当年在英国阿姆斯特朗造船厂里齐唱《满江红》的四个人中，林国祥于十年前病故，谭学衡自民国后便退隐于故乡。唯一掌军的程璧光又遇刺，只有最年轻的伍连德还能施展自己的抱负，可是现在又连遭打击。想到这些，他心中一阵绞痛。

伍连德终于支持不住了，经诊断，发现染上心肌炎，这是他从16岁大病以来头一次倒下。他的人生也进入了他自槟城禁毒失败后又一个极其灰暗的时期。

身心皆悴的伍连德在妻子黄淑琼的陪伴下，隐居西山八大处。他已经步入不惑之年了，有举世无双的成就，也有刻骨铭心的挫折和心痛。他在寂寞和病痛中消沉，甚至生出归隐的念头。他已经来过了，他已经成功过了，他自信对得起祖国了。他真的是非常疲倦了。

北京西山清风拂面，伍连德在疗伤，在恢复，在调整。

四个月后，伍连德走出西山。在妻子的精心照料下，他恢复了健康，但是还是有些消沉。在这几个月的隐居中，他认真地回顾了过去十几年的历程。

这些年来自己年轻气盛，总以为只要自己努力，世界上没有什么事是不能办成的。经过最近的挫折，他体会到，对成功要以平常心看待，只要努力了，就问心无愧。走出西山，伍连德脸上多了风霜，心中多了沉稳。

对真正的战士来说，能振奋精神的就是一场战斗。

大病初愈，他先在京主持建立了中央防疫处，然后重新把精力集中在哈尔滨。1919 年初，伍连德开始照例对各口岸进行年度巡视。这次巡视，比往年更认真，更详细。

山西的教训，使他提高了警惕。和山西相比，北满的局势更复杂。和1910 至 1911 年相比，客观条件更恶劣。满清灭亡后，关内关外没有阻碍了，哈尔滨的中国人增加了几倍。日本人在东北的势力越来越大，中央政府对东北的控制越来越弱。俄国十月革命后，俄国人在远东的势力虽然没有彻底崩溃，也处于混乱之中，政府机构作用低下，医疗水平一落千丈。

和在山西一样，他已经不是防疫钦差大臣了，也没有全力支持他的总督巡抚了，他只不过是海关下属防疫单位的头，根本不可能像上次一样调动千军万马。唯一的优势就是他精心建立的东北防疫总处，以及他本人的声望。靠着人数不多的防疫队伍，和仅有的几家医院，能抵抗鼠疫的狂飙吗？

可是，过去几年的所作所为，就是要在下一次鼠疫来临时横刀立马，将其危害降低到最小程度。伍连德反复检查防疫设施，仔细地审核各项程序，等待着真正的考验。

谁也没有料到，东北防疫总处经受的第一次严峻考验竟然不是鼠疫，而是霍乱。

新中国成立后，国家对传染病进行严格的监控。列甲型传染病的第一名是鼠疫，俗称一号病。紧跟其后的就是俗称二号病的霍乱。

霍乱被称作 19 世纪的世界病。霍乱这个词自古有之，中医指的是流行性腹泻。19 世纪因为通商的缘故，这种霍乱弧菌引起的、死亡率极高的急性肠道传染病开始传入中国，于是霍乱便专门指这种烈性传染病。19 世纪开始到新中国建立，霍乱在中国共计 46 次流行，其中 10 次大流行。日本侵华时候，日文根据英文音译成"虎烈拉"更为抽象、更为恐怖。

1919年夏天，霍乱在中国大流行。8月，霍乱在哈尔滨出现。这一年的夏天，是伍连德记忆中哈尔滨最炎热的夏天。到处是苍蝇蚊子，西瓜和其他水果成了人们的主食。8月3日，一位从上海回来的人死于霍乱。接下来，病例连续出现，很快就扩散开来。

疫情如火，伍连德当即下令，防疫总处下属的鼠疫医院立即做好准备，以便收治霍乱病人。

病房刚刚整理干净，病人便源源不断地到了。伍连德正率领防疫总处的同事片刻不停地治疗病人，就见哈尔滨道尹张寿增的秘书慌慌张张地跑了进来："伍医生，请你快来看看，张道尹得霍乱了。"

2

张寿增自晚清起便在北满任职，在上次鼠疫防疫中曾和伍连德共事，两人关系很好。伍连德连忙让他住进专门病房，亲自医治。经过了解，原来张寿增和几位社会名流一起赴宴，食用了生虾，因此染上霍乱。

经过紧急抢救，张寿增脱离了危险，可是另外三位一起赴宴的知名人士，没有来鼠疫医院医治，去了设备好的苏联人的医院，几日之内纷纷死亡。

霍乱在哈尔滨四处流行，道尹张寿增大难不死，可是根本不能理事，躺在病床上干着急。突然他看到在病房外面匆匆走过的伍连德的身影，心里有了主意，喊住了伍连德。

伍连德来到张寿增的病房，一边为他检查身体，一边问："张道尹，是不是哪里不舒服？"

张寿增拉住他："伍博士，我很好。现在哈尔滨群龙无首，这样下去怎么得了？我想以市政府的名义，成立防霍乱委员会，由你担任主席，统筹哈尔滨的霍乱防疫。"

伍连德点点头："好吧，交给我吧。"

就这样，伍连德当仁不让，率领东北防疫总处毅然承担霍乱防疫工作。

防霍乱委员会很快就建立起来，哈尔滨市的霍乱开始有了统一领导。可是几十万人的哈尔滨，霍乱的流行还是越来越严重。防霍乱委员会第二次会议就有两名成员缺席，次日均死于霍乱。如此凶猛的霍乱，哈尔滨市人心惶惶，不亚于上次鼠疫流行。

大家看着伍连德，伍连德开始下命令，动员全市的公务人员，协助防疫部门广泛宣传，要求大家建立良好的卫生习惯。而防疫系统的工作，主要在医治病人上。和鼠疫不同的是，霍乱的防疫控制，除了切断传染源外，对病人的治疗也很重要。治疗是否及时，关系病人的生命。由于霍乱患者不一定全部死亡，而且这种传染病是通过消化道传播的，只要讲究饮食卫生，就不会染上。可是20世纪之初，中国民众还没有树立良好的卫生习惯，以致霍乱流行速度很快。经过广泛宣传，民众的卫生意识提高了，霍乱的流行速度很快得到控制。

哈尔滨的霍乱病例持续上升，8月15日单日死亡数创记录，为227人。随着雨季的来临，霍乱病例慢慢下降。流行结束后的统计，仅哈尔滨一地就有13000病例，死亡4503人。

在这次霍乱中，日本方面由于在哈尔滨没有相应的传染病医院，只好求助于伍连德，将病人送到他属下的鼠疫医院。流行结束后，对中日苏三方医院病人治疗效果进行了统计。日本在大连的医院，霍乱病人死亡率为56%，苏联在哈尔滨的两家医院，霍乱病人死亡率分别为33%和58%，在海

1919 年，伍连德在哈尔滨主持霍乱防疫工作

参崴的苏联政府医院，病人死亡率达到 67%。

在伍连德的指挥下，中方医院及时收治病人，精心治疗和护理。哈尔滨市新建的霍乱医院病人死亡率为 18%，东北防疫总处的鼠疫医院，霍乱病人死亡率仅在 14%。根据英国的资料，同一时期在英国当时世界上最先进的医院里，霍乱病人的死亡率为 21%。

在这次考验中，伍连德和东北防疫总处交出了漂亮的答卷，证明了东北防疫总处的建设是成功的，队伍是可靠的，能够经得起大疫的挑战。这次抗霍乱的成功，使在哈尔滨的各民族人民对东北防疫总处充满信心。这场霍乱防疫，使伍连德和东北防疫总处获得许多宝贵的经验。但是他心里还是不能放松。霍乱和鼠疫不同，鼠疫可以说是染上必死，只有靠严格隔离才能控制住，而且不仅是收治几千名病人，而是几百万人口的防疫工作。在霍乱防疫中初露头角的东北防疫总处及其北满防疫体系，究竟有没有这种大规模防疫的能力？能不能经得起鼠疫大流行的冲击？

伍连德和防疫总处的同事们认真总结霍乱防疫的经验教训，在准备，在等待，在迎接最大的挑战。

1920 年 10 月，伍连德从哈尔滨来到海拉尔。

此次到海拉尔的原因，是他接到报告，在海拉尔出现鼠疫病例。10 年来，在北满和中俄边境，偶尔会出现零星鼠疫病例。在力所能及的情况下，他总会尽快赶到现场，亲自对病人进行诊断。

伍连德来到当地医院，里面收治了一位苏联警卫，出现鼠疫症状，但已经康复了。因为得肺鼠疫必死，看来这位苏联警卫患的是腺鼠疫。

检查完病人，他询问病人家庭情况。医院有关人员告诉他，病人的妻子和五个孩子中的三个最近相继而死。

伍连德问："也是鼠疫？"

医院的医生回答："看起来是。"

"尸体在哪里？"

"怕引发流行，已经焚烧了。"

伍连德开始有了不详的感觉，他详细了解了死者的情况。最先死亡的女人在满洲里有亲戚，经常去满洲里，而且也经常回到苏联境内。

满洲里，又是满洲里。

满洲里目前还没有鼠疫出现，他马上询问苏联方面的医疗人员，这才得知，从8月份开始，在苏联境内和中国边境方圆五十里内已经相继出现十余起腺鼠疫。

和十年前的情况相似，鼠疫又是先在苏联境内出现，然后南下。这十年来零星的腺鼠疫偶有发生，可是没有出现一下子好几例的，难道鼠疫已经进入肺鼠疫期，处于爆发的时刻？

这一天，伍连德已经等了整整十年。

十年了，鼠疫也许会和1910年底一样，形成在人群中快速传染的形势。这个从腺鼠疫到肺鼠疫的转变，可能就发生在海拉尔，而伍连德正在这里。

海拉尔中俄民族混居，情况比较复杂。伍连德马上组织有关医疗部门开始对鼠疫进行检测，结果在那个苏联警卫的同一个兵营内查出还有三名中国士兵死于鼠疫。他立即在当地借用几家客栈，将所有与这些鼠疫病人接触过的人进行隔离，命令当地医疗人员和军队逐家检查。由于控制得及时，鼠疫没有在海拉尔流行起来，整个流行期间只有52例鼠疫，其中20名是在那个军营里的军人。

处理完海拉尔的防疫事务后，伍连德要求当地有关部门继续监控，千万不能放松。然后返回哈尔滨，火速部署整个北满的防疫。他隐隐约约地感到，这只是开始，大祸就要来临了。

大疫有时候是不可预料的，但也有幸运的时候，有可能控制在初发的时候，使之不成为大疫。第二次东北大鼠疫，就是这种原本可以控制住的瘟疫。因为伍连德在最初几个肺鼠疫病例刚刚出现的时候赶到海拉尔，及时采取了正确的措施。如果当地完全按照他的要求，这次鼠疫就会到此而止。可是和十年前不一样，他已经不是能指挥官民和军队的钦差大臣，只是一个鼠疫专家。他的话只是建议，不是命令。他尽到了他的职责，可是却无法控制事态的发展。就在他马不停蹄地回到哈尔滨，开始筹划全北满鼠疫防疫时，在海拉尔那些用于隔离鼠疫接触者的客栈中，意外发生了。

在海拉尔隔离鼠疫接触者的几间客栈里，有一间隔离了9名鼠疫接触者。

由于警卫疏于职守，也许是故意放纵，这9个被隔离观察的人，在一天夜里逃逸而去，造成东北第二次鼠疫大流行。

距东三省第一次鼠疫大流行整整十年，鼠疫卷土重来，和上次一样凶猛，一样山崩地裂。

伍连德在哈尔滨十年磨出东北防疫总处这把利剑，就在此刻出鞘，在全世界的注目下，和鼠疫进行最后的决战。十年风风雨雨，伍连德最担心而又焦急等待的事情终于发生了。和十年前相比，他的胜算有几成？

这十年，伍连德挟东北防疫盖世之功，在中国做了许多事情，但是他始终没有放松的就是北满防鼠疫系统的建设，为的就是在鼠疫卷土重来时能够抢占先机。无论时局如何，他始终坚守在北满，就是为了这一天。这十年，多少蹉跎，多少悲欢离合。东北防疫总处就如同他的孩子，从孕育出生到成长，能当得起大任吗？

人生能有几个十年？

十年磨一剑，究竟有多锋利？

能斩得鼠疫这条巨蟒吗？

3

十年前，伍连德刚刚步入壮年，豪情万丈，慷慨出关。而今是过了而立之年，功成名就，还有当年的豪气和胆量吗？

十年前，他只带着林家瑞这个助手加中文翻译北上，到达哈尔滨时，鼠疫已经在傅家甸两万多人中大流行。当地没有几个训练有素的医学人才，地方官员也不具备现代科学知识。他还是一个无名之辈，既不被中国方面重视，更屡次遭洋人冷眼。那时哈尔滨俄国人多于中国人，还有日本势力虎视眈眈，清朝在此地的力量十分薄弱。东三省牵一发动全身，一旦防疫失误则天下震动。

而今，天下谁人不识君？伍连德已经是名医，是世界公认的鼠疫专家，在民众中也有很高的声望，在北满一言九鼎。不仅中国方面，苏日在防鼠疫上也唯他马首是瞻，绝对没有人敢像上次一样藐视他的权威。在防疫的科学技术上，伍连德绝对是说一是一，说二是二。在哈尔滨，官员的现代科学知识提高得很快，现代化医疗队伍壮大多了，民众对鼠疫的认识和十年前相比不可同日而语，进行预防控制很容易获得配合。而且肺鼠疫刚刚出现时，他人便在现场。准备充足，措施得力，占领主动。这些都是他的优势，然而和十年前相比他还有很大的弱点。

十年前，伍连德是钦差大臣，不仅管防疫医疗队伍，还能管地方官员，调动警察和军队，以外务部的名义对外交涉，朝廷对他也全力支持，可谓要人有人，要钱有钱，要权有权。现在他只是东北防疫总处处长，这个防疫总处是隶属哈尔滨海关的，因此哈尔滨防鼠疫委员会的主席还得请洋人海关关长担任。从行政上，伍连德的话没有权威，被人忽视，刚刚发生在海拉尔的事就是一个典型的例子，让他顿足长叹。尽管伍连德一再强调隔离的重要性，并且及时采取了措施。可是他前脚走，士兵后脚就把人放了，造成全北满的鼠疫大流行。虽然事后领队的军官受到惩罚，可是这种烈性传染病亡羊补牢为时晚矣！

外部局势也有变化，十月革命后，苏联在远东的政府控制能力和工作水平都大大降低，去年霍乱病人治疗的数据就很说明问题。十年前，在对伍连德的判断口服心服以后，俄国方面独自承担在哈尔滨十万俄国人的防疫工作。现在，伍连德不仅要兼顾在哈尔滨的苏联人，还要指导其他地区苏联人居住点的防疫包括苏联境内的防疫，甚至连海参崴也要他操心。

更重要的是，防疫是一盘大棋，要整个地区的通力合作，要实现这点，得靠中央政府的协调。现在，北洋政府内阁如走马灯一般换来换去，军阀关心的是自己的利益，没有人关心防疫。中央政府对东北的控制日益减弱，根本谈不上协调。虽然中央政府于1919年设立了中央防疫处，可是全国的卫生防疫水平和晚清时相比，并没有多大提高，山西的经历，就是一个血的教训。十年前，中央有施肇基一肩担起。地方上，奉天总督锡良非常支持。管辖哈尔滨的吉林巡抚陈绍常既是伍连德的旧识，也是广东同乡。伍连德在政务经费上无后顾之忧，这些东西现在全不存在了。

伍连德这次唯一真正能够依仗的，就是他花了十年时间创建的东北防疫总处这把利剑。可是由于受经费的限制，东北防疫总处编制不多，力量有限，着眼在鼠疫的监测上，从力量上难以应付突然而起的大流行。

有时候，困难讲得太多了，就会错失良机，难成大事。

有时候，等的太久了，就丧失了锐气，失去了勇气。

有时候，客观条件讲得太多了，就忽略了人的因素。

事业须由人做。

1920 年 11 月初，伍连德处理完海拉尔的鼠疫情况后，回到哈尔滨。

尽管其他地方还没有鼠疫病例出现，可是他敏感地意识到一场大疫即将来临。

哈尔滨这时已经有 30 万人口，包括 10 万苏联人，4000 名日本人和 2000 名其他外国人。控制鼠疫一定要各方面齐心协力，在他的大力呼吁下，12 月，哈尔滨市国际防鼠疫委员会成立，海关总督任主席。委员包括中方高级官员、所有市政议员、苏方铁路负责人、商会领袖等，在其后的五个月内，该委员会共举行了 18 次会议，有效地协调了哈尔滨的鼠疫控制工作。防疫总处所属的医院已经具备了能够同时收治上百名鼠疫病人的能力，运送鼠疫病人和隔离者的车辆也准备妥当，安置鼠疫接触者的隔离点也落实了。

新的一年来到了，伍连德丝毫不敢放松警惕。和十年前一样，他又是在哈尔滨度过圣诞和新年。表面上一切平静，可是他知道不会等待太久的。

1921 年 1 月 22 日，哈尔滨市出现鼠疫。

仅仅在十天之内，从满洲里到哈尔滨的铁路沿线，相继出现鼠疫病例。上次大鼠疫中被重创的满洲里于 1 月 12 日率先发现鼠疫病人，据估计也是由从海拉尔逃逸的鼠疫接触者中传来的。满洲里的苏方医疗力量可以说很雄厚，有 5 名医生，6 名护士和 15 名助工。防疫总处满洲里站仅有 3 名医生和 4 名护士。

满洲里鼠疫开始出现以后，流行比较缓慢，到一月底只出现 36 例。如果和十年前一样，由苏方立即着手控制，应该能和海拉尔一样很快消灭的。可是苏联政府根本没有防疫经费，苏方的医疗人员在错过了良机后，把满洲里的防疫工作完全交给中方防疫总处。这时，鼠疫在满洲里大规模流行起来了，使得满洲里又一次遭到重创。

和满洲里相比，呼伦的状况更严重。

呼伦是苏方的一个矿山，有 2000 名苏联工人和 4000 名中国工人。在居住条件上，苏联人住的条件比较好，房屋通风良好而且盖在地面以上，屋内也不拥挤。而中国矿工住在半地下的窝棚里，为了保暖和节省燃料，房屋密不透风，而且一间屋子里住上十几、几十个人。这是鼠疫细菌繁殖和传播的天堂。

1 月 2 日，从海拉尔隔离站中私自跑出来的 9 名鼠疫接触者之一来到呼伦，找到在此当矿工的一个朋友，借宿在这个朋友的窝棚里。这间窝棚里面还有 16 个人。几天以后，全屋的人开始咳嗽发烧，然后相继死亡，到 1 月 18 日，全屋的人无一例外地都死于鼠疫。

这时，医疗人员发现，在另外一间较大的屋子里，也有大批的人死亡。原来住在这间屋子中的一个人最近曾经去过那间死亡窝棚，没有几天工夫，这间大屋里的 160 人死了 42 人，并且造成 3 名医院工作人员死亡。

如此凶猛的瘟疫，让矿山的苏联管理人员十分恐慌，在无法从自己政府那里得到帮助的情况下，火速致电哈尔滨，请求防疫总处派人来进行防疫控制。

一封又一封急电发往哈尔滨的东北防疫总处，请伍连德博士速来呼伦。

伍连德哪里走得开？

鼠疫已经星火燎原，伍连德必须坐镇哈尔滨，无法脱身前去。他派遣了 5 名医生，配备足够的助理人员及设备，组成医疗队火速赶往呼伦。临行前，他专门召集医疗队，布置了防疫方案：不要让和鼠疫病人接触过的人继续留在同一间窝棚里。把他们 6 到 8 个人一组转移到隔离车中，白天在受过训练的警察的监督下多晒太阳。

去呼伦的医疗队刚刚启程，齐齐哈尔又来了急电，黑龙江督军孙烈臣请伍连德博士速来省会，指导鼠疫防疫。这次伍连德不能不给黑龙江督军这个面子，因为黑龙江省是抗鼠疫的前线。他只好放下手头的事，赴到齐齐哈尔。

齐齐哈尔本来有一家防鼠疫医院，是伍连德设计建造的第一所现代医院，浸透了他的心血。医院建成以后，他已不是东三省总医官了。哈尔滨归吉林省，齐齐哈尔归黑龙江省，因此这家医院就不受他和东北防疫总处的控制，改由黑龙江省管辖。这几年一直由一个台湾人把持，对鼠疫防疫根本就不做准备，成为一家普通的医院。而且，这些年黑龙江省的省级卫生防疫他也无权过问。

1920 年，伍连德在哈尔滨的办公室，身后为满洲瘟情地图

来到齐齐哈尔后，他发现情况越来越紧急。和满洲里、海拉尔、呼伦这些虽然也属于黑龙江省、可是主要由苏联控制的地方大不一样。苏联方面经过去年霍乱流行时的教训，对防疫总处十分信任，主动把防疫工作交给他们。可是他在齐齐哈尔一无人手，二无职权，他只是孙烈臣临时请来的顾问。他所能做的是尽快向孙烈臣提出防疫建议，希望黑龙江省有关方面能够按该方案执行。

根据齐齐哈尔的现状，他立即制定了防疫方案，交给了孙烈臣。至于是否按这个方案施行，就不是他能过问的了。实际上，他对此也不抱什么希望。和十年前相比，他多了一份无奈。

4

东三省现在是张作霖的地盘，正在整军准备打直奉大战，对北满的鼠疫流行，奉天方面除了拨出少量经费外，没有其他支持。北京政府内政部所做的也就是拨来部分防疫经费而已，其他的事情全靠地方自己解决。

地方上各自为政，北满所属的两个省互不合作。众目睽睽之下，靠伍连德一人东奔西跑，像救火队员一样尽力而为。

对于伍连德来说，无论客观条件如何不利，他都能抓住要点，他都能干事。

在这种状况下，他决定坚守哈尔滨，尽一切努力使哈尔滨的鼠疫流行降到最低程度。由于十年的经营，加上国际抗鼠疫委员会的成立，使他在哈尔滨能够运作自由。同时利用东北防疫总处在各地的力量，进行全北满的鼠疫防疫。此外，和长春、沈阳的卫生防疫部门协调合作，保证鼠疫不向南扩散。

十年后对待鼠疫没有别的办法，还是分区、隔离。

上次是傅家甸，这次是全哈尔滨。中国人居住地被分为五个大区，加上一个苏联人居住区，分区包干。由中苏人员组成联合检查队，日夜不停地在各区检查，发现鼠疫病例立即处理，病人家属马上隔离。

伍连德首先做的是建立严格的隔离程序，接触过鼠疫的人员立即送到隔离车上。一旦这些鼠疫接触者出现疑似症状，马上和隔离车上的其他人隔离，单独观察 24 小时。发病者送往鼠疫医院，未发病者继续回到隔离车。这个程序最大限度地避免了潜伏期的鼠疫病人感染给其他隔离者的问题。哈尔滨防疫期间，2021 名隔离者中被潜伏期的鼠疫病人感染的只有 4 人。而在呼伦，由于没有采取疑似病例单独隔离的程序，隔离者被感染率为 22%。

大疫之下，采用隔离的办法是唯一出路。在山崩地裂之时，伍连德能够如此周密地考虑到隔离人员的被感染问题，正是因为他心怀一颗仁心。

大医，首先要是仁者。

伍连德认真吸取在山西防鼠疫的教训，在严格控制交通的前提下，并不彻底封锁交通。所有由哈尔滨南下的旅客一律由医疗人员进行体检，确诊身体正常者方可上车。此外，为了保险起见，三等车票每日只售出 50 张。这样既控制了交通，避免鼠疫南下传播，又不使确实要南下的人民绝望而绕道而行，尽可能做到了两者兼顾。

经过 20 天的努力，整个哈尔滨的防疫工作按部就班，几十万人口的国际化大城市，没有因为鼠疫的流行而产生大的社会波动，各行各业一切如常。看到哈尔滨防疫一切运转正常，伍连德终于能够脱出身来，他决定去呼伦看一看，那里的防疫情况不知道怎么样了？

2月11日，他来到呼伦，大惊失色。这里几乎是一座死城，到处是尸体，鼠疫防疫已经完全停止了。

伍连德难以置信，这么多年来还是头一次发生鼠疫防疫失控的情况。他早就派来医疗队，加上矿山的苏方力量，应该能够实施他制定的控制方案，为什么成了这样？

找到医疗队的负责人，伍连德劈头就问："为什么不按预先制定的防疫方案进行？"

医疗队的负责人结结巴巴、啰啰嗦嗦地开始汇报，刚到的时候因为这个原因所以这样，后来由于发生了那个事件故而那样，伍连德听了半天全是客观借口，干脆打断他："你先不要讲了，哪里有最新的病例？领我去现场看看。"

伍连德被带到一个窝棚前，医疗队的负责人介绍说，就在今天早上，从这个窝棚里拉出来11具尸体。

伍连德一看现场，几乎不相信自己的眼睛。窝棚的门大开着，矿工们出出进进，川流不息。他拦住一名正要进去的矿工问："你到这里干什么来了？不知道里面刚刚死了鼠疫病人吗？"

矿工回答："知道呀，我表弟就是住在这里的，我是来探听他的下落的。"

正说着，就见几名矿工从里面出来，手里大包小包的拿着死人的遗物。伍连德伸头往窝棚里一看，里面还有不少翻箱倒柜的人，他急忙说："那些东西有细菌，不能动。"那几个人听也不听，拔腿跑得无影无踪。

伍连德问医疗队负责人："这是感染区，里面全是活的鼠疫杆菌。为什么没有立即封锁消毒？"

医疗队负责人告诉他，按分工，本地的隔离消毒工作由苏联矿方负责。防疫总处提出的具体措施他们根本不遵守，一旦发现病人后把病人运走，第二天再回来看看有没有其他病人，在此期间对接触者没有任何隔离措施，对病人的住处也不加封锁。此外，本地矿工十分粗野，目无法纪，根本无法对他们进行全面隔离。

伍连德又来到隔离区，了解隔离的情况。隔离区负责人向他汇报说，送到隔离区的鼠疫接触者经常发生逃跑事件，有时候全隔离区的人跑得没剩几个。

　　最后，他来到鼠疫医院，得知病房里也经常发生逃跑事件，这让他更为吃惊。

　　初步了解了情况以后，他问："这些从病房和隔离区逃跑的人都去了哪里？"

　　医生回答："他们中大多数还是待在矿区。"

　　伍连德这才明白为什么只有矿区的鼠疫病例持高不下，但周围地区没有受到太大的影响的原因，就是因为这些逃跑的人不断地在矿区内引起新的一轮感染。

　　发现了症结所在后，伍连德立即和苏联矿山管理方面会面，紧急讨论应急防疫措施。目前当务之急是严格执行隔离消毒措施，了解了前因后果并解释了道理之后，苏联方面表示立即配合，执行严格的隔离和消毒。加强隔离区和鼠疫病房的安全措施，力求杜绝健康人接触鼠疫杆菌的机会和杜绝病人与隔离者逃跑的可能。

　　从现有鼠疫在本地的流行状况上看，鼠疫主要在中国矿工居住区发生。伍连德认为原因是居住拥挤，通风太差，造成病菌快速传播。他提出一个立竿见影的办法，就是让所有的人在露天生活一周，这样病菌便自生自灭。这个建议马上就被其他人否决了，因为时值冬天，这样做无疑自杀。因此唯一可以采取的就是矿山方面和中方医疗队合作，严格执行隔离手段，必要时采取强制措施。

　　双方达成一致意见后，马上按上述办法实行。苏方动用武力，采取强行的隔离和消毒措施，很快使呼伦的防疫工作进入轨道。呼伦的鼠疫死亡率在几天后开始下降，当地人们开始有了生活的信心，伍连德看到危机解除，便返回哈尔滨继续主持防疫去了。

　　从海拉尔到呼伦，他努力了，没有什么大的失误，可是鼠疫的势头依然不可阻挡。鼠疫已经进入哈尔滨，最终能波及到哪里？奉天，还是北京？

　　在哈尔滨所作的准备和努力，能否经得起鼠疫的狂飙？

　　答案只能由伍连德用实际行动来回答。

　　人生有些时候，如同箭在弦上，不得不发。有些事你必须做，有些问题你必须回答。

第十三章 事业由人

1

伍连德赶到呼伦，紧急部署，当地的鼠疫很快得到控制。到 5 月 19 日，呼伦的鼠疫已降到日零死亡。在这次鼠疫流行中，呼伦的鼠疫发生率最高。6000 居民中，死亡 1017 人，除了 4 个俄国人和 1 个日本人外，全是中国人。也就是说 4000 中国矿工，死了 1000 人，比例高达 25%。

相比之下，防疫人员死亡率不是很高，有 8 名士兵，一个俄国助工和 2 名中国助工殉职。说明鼠疫在本地的传播，就是因为特有的居住环境、苏方的失误和矿工本身不配合造成的。

呼伦的悲剧让伍连德更加谨慎了，他料敌在前，抢先行动了，还是由于人为的原因功亏一篑。他好几次问自己，这个悲剧会不会在其他地区重演？

呼伦只有几千人，而哈尔滨、长春和奉天全是几十万人口的大城市。以哈尔滨来讲，不要说呼伦的死亡率了，就按上次鼠疫流行时，受鼠疫波及的人口中 7% 到 10% 的人丧命来计算，现在哈尔滨 30 万人中将有两万到三万生灵涂炭。这个悲剧能不能避免？

"一定不能再出现第二个呼伦，哈尔滨就是最后的防线，不能让鼠疫像十年前一样长驱直入。"回到哈尔滨，伍连德在防鼠疫委员会会议上斩钉截铁地说。

古往今来，能说豪言壮语者比比皆是，说出的话不一定要实现，现在有个人就要让自己的誓言成真。不仅为哈尔滨 30 万人免除鼠疫的侵扰，而且要让鼠疫在此止步。

中国官场从古到今，最不缺的就是豪言壮语。

十年前，东三省第一次大鼠疫时，于泗兴、陈绍常都说出了类似的豪言壮语，他们的话最后都实现了，不是因为他们领导有方，而是因为当年有一个人在默默地实干。

十年前在哈尔滨，伍连德没有说过一句大话，他只是认认真真地做事，他只是用成绩来说话。他只是无比地镇静，在那种情形下，镇静比千言万语还管用。

现在，他必须立下军令状，因为他知道这次的艰难。

东北第二次大鼠疫流行在历史上没有第一次大鼠疫流行那么著名，后人提及伍连德的业绩，对这次防疫往往一笔带过，其原因就是这句誓言，就是因

伍连德和伯士力（前排右五）在呼伦进行防疫

为伍连德的努力，没有让鼠疫流行起来。

十年前，已经失去在小范围控制鼠疫流行的良机，对鼠疫的传播途径还不太了解，鼠疫流行区没有现代卫生防疫力量，他是去救火。那种情况下夸夸其谈能顶什么用？那时候，需要的是实干，是详细地告诉人们该怎么做，是率领和感染成千上万的人在逆境甚至绝望中顽强地坚持，靠的是毅力、是鲜血和生命，而不是夸夸其谈。

现在，鼠疫这个恶魔脸上已经没有面纱了。这场决战已经没有什么奇招诡计可用。一个是无孔不入，一个是处处设防，利矛对坚盾，是光明正大的决斗，不能再用傅家甸式那一剑封喉了。

十年了，别人对他的要求高了，他对自己的要求更高了，已经不仅仅是救火，这次要灭火。伍连德就是要激励自己和同事们，这一次，要在哈尔滨竖起一座抗鼠疫的钢铁长城。

动手吧！

哈尔滨的鼠疫防疫早在第一例鼠疫出现以前就开始了，可以说是作了充分的准备。鼠疫出现后，各项防疫工作立即启动。等鼠疫进入流行期后，哈尔滨鼠疫防疫系统已经进入高速运转之中。

有备不一定无患，从呼伦回来后，全面检查哈尔滨鼠疫防疫系统的伍连德，发现了重大难题。

难道是百密一疏？

不是。一个字：钱。

哈尔滨鼠疫防疫一旦全速运转，没多久，手中的经费就花完了。30万人的大城市全面进行防疫，花钱可以说如同流水。虽然说医院和设备不用花钱，可是那些临时租用的隔离站、运人的车辆、消毒的药品、防疫服装包括口罩都需要钱。

更多的是化在人工上。医院里24小时派班，分区负责的防疫队，维持秩序的警察，以及大批临时雇用的工友，这些人的劳务费一旦日复一日就非同小可，还有被隔离的上千人的一日三餐，吃穿用度。甚至仅仅给值夜班的防疫人员准备一顿夜宵，防疫总处都快负担不起了。

十年前，伍连德没有为钱而为难过。当年，无论是哈尔滨道台、吉林巡抚、奉天总督，还是外务部，甚至摄政王，对他的要求有求必应，经费马上到位。而且当年哈尔滨的 10 万俄国人居住区包括里面的华人的防疫费用由俄国方面负责，伍连德只具体负责傅家甸的 25000 人的防疫费用，虽然是全面隔离，但支出并不太大。

现在，没有那个不遗余力的朝廷的全力支持，靠的只是市政府、省政府、大帅府和中央内务部各自拨下来的少量款项，苏联方面是靠不上了，苏联人居住区也要中方负责，除此之外，防疫总处的各个口岸，满洲里、海拉尔、呼伦等地，用的都是这笔防疫经费，怎么能不捉襟见肘？

去年防霍乱，算是练兵了，怎么就没发现这个问题？霍乱和鼠疫不同，一个靠宣传和改进卫生条件以及及时治疗病人，一个靠全面实施隔离。全面隔离的措施用在大型城市时，没有大量的经费是难以为继的。

巧妇难为无米之炊，伍连德只得放下手中的一切，全力筹款。

伍连德又开始新的一轮东奔西跑，这次不是去救火，而是去要钱。向市政府要，向省督军府要，向奉天的大帅府要，向北京要。东一笔西一笔，靠各级政府的追加经费以解燃眉之急。

长久之计应该靠防疫，防疫总处在哈尔滨海关管辖下，海关应该拨款。虽然受庚子赔款的限制，可是现在火烧眉毛了，驻华使团也不敢过于坚持。哈尔滨海关加上东北的几个口岸的拨款，让防疫总处的系统得以运转正常。伍连德再向全国其他海关求援，最后是广东海关雪中送炭，援助了一大笔款项。

其次是靠国际援助，苏联方面这次是靠不上了，只好请日本南满铁路出钱。日方不仅承担从长春到大连的鼠疫控制，由于哈尔滨有数千日本人，南满铁路同意向哈尔滨防鼠疫委员会提供防疫款项。

最后是向大众捐款，伍连德召集在哈尔滨的商界领袖和富豪，向他们解释了当前的困难，请他们慷慨解囊。此外就是在城里大力为防鼠疫活动进行宣传，在提高公众对鼠疫防疫认知程度的同时，得到社会的捐款经过多管齐下，经费的问题圆满解决了，伍连德开始解决下一个要点。

做事不仅仅靠的是决心和勇气，还要会干，和饭要一口一口吃一样，事情也要一件一件分清轻重缓急来解决，否则一件也解决不好，解决不了。

那么，在伍连德眼中，下一件要事是什么呢？

2

防止鼠疫扩散的关键是什么？

隔离。及时发现带有鼠疫病菌的人，并把他们和其他人隔离开来。隔离的效果，关键在于及时，如何在第一时间发现带菌者，迅速进行隔离，是防疫成败的关键。问题是如何确定带菌者？

已经出现鼠疫症状的病人好办，发现以后立即送进传染病房。可是，除了病人外，还有别的带菌者，就是曾经和病人接触过的人们，他们之中有的人可能已经被传染了，细菌在身体内要繁殖一段时间，然后才出现鼠疫症状，这段时间就是鼠疫的潜伏期。由于这些人具有传染性，如果不能及时发现，还会有更多的人在不知不觉中染上鼠疫。能尽早地发现疑似病人，尽早隔离，就能尽快控制和消灭鼠疫。建立隔离区，把和鼠疫病人接触过的人送到这里，观察一段时间，出现症状的送到传染病房，未出现症状的继续观察一段时间就可以回家了，这便是隔离的原理。

可是，接触过鼠疫病人的人并不一定被传染上，是否被传染要观察一段时间。也就是说，在隔离区里面的大部分人都是没有被鼠疫传染上的，只是为了防止万一，防止鼠疫的扩散，而被收容到隔离区内的。这便是问题和矛盾所在。

被送进隔离区，首先是与世隔绝，如同蹲监牢的犯人，失去了行动自由。在隔离区内生活不如在家自由舒适，工作也受毁灭性影响。更严重的是，很多人眼里，进了隔离区就如同下了地狱，很可能死于鼠疫。在隔离区内，少部分人确实带有鼠疫病菌，不久就发病。可大多数人是健康的，只是因为他们的家人朋友中出现鼠疫病人，而他们与其接触过。接触了并不一定被感染上，可是没有办法区分开，为了控制鼠疫，为了更多的人不受波及，只能一并收入隔离区。

在隔离区内，被鼠疫感染的机会就高多了。以呼伦为例，送进隔离区的人有百分之二十几被隔离区内的潜伏期鼠疫病人感染，在隔离区外这种可能就低多了。伍连德吸取呼伦的教训，改变了隔离措施，隔离区内一旦鼠疫接触者出现疑似症状，马上和隔离车上的其他人隔离，单独观察 24 小时。这个程序最大限度地避免了潜伏的鼠疫病人感染给其他隔离者的问题。因此哈尔滨防疫期间，只有 0.2% 的隔离者被感染。可是这是鼠疫被控制后的统计结果，在防疫期间，谁能预料得到？

十年前傅家甸被封锁得水泄不通，里面实行军事化管理，老百姓对此只能彻底服从。现在是整个哈尔滨，虽然分了区，但并没有，也不可能严格封锁，没有那么大的力量去严格执行。海拉尔和呼伦的教训就是隔离区管理不严，造成病人逃匿，引发大的流行。从被隔离者的角度想，没有人愿意进隔离区，进去以后也拼命想逃出来。自从防疫开始，哈尔滨的大街上经常出现鼠疫病人的尸体，是家属为了避免被隔离，晚上偷偷扔在大街上的。这对防疫的成功威胁很大。

究竟应该怎么办？

1921 年，满洲里，鼠疫病人在前，戴口罩的检查人员在后

靠什么办法才能点石成金？

隔离，还是只有严格执行隔离，才能控制鼠疫。但是乱世用重典，会引起社会动荡。伍连德这一次也没有力量全城日夜检查。靠严厉的执法不现实，而且也没有能力。

在防鼠疫委员会的会议上，伍连德提出了解决办法，只有靠宣传教育，利用全社会的力量达到隔离的目标。在传染病防疫上，他不赞成那种"民可使治之，不可使知之"的隐瞒策略，他一贯主张让民众知道事情的真相，从而动员全社会的力量共渡难关。这次防疫，只能用这个办法。

与会的一些委员对此有不少担忧，担心全面公开疫情，会引起社会动荡，引发难民潮。伍连德认为，隐瞒疫情一样在社会上造成恐慌，小道消息的流传一样会引起骚动。和十年前相比，哈尔滨的老百姓对鼠疫的知识已经有了很大的提高，接受了不少现代科学知识，对鼠疫的心理承受能力也大大提高了，因

1921 年，哈尔滨鼠疫防疫人员

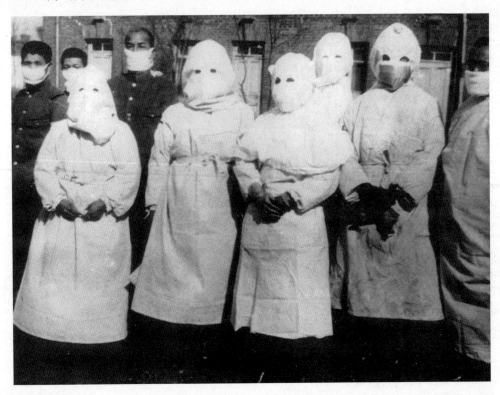

此要相信民众，相信社会的力量，用社会监督的办法，实现隔离的目的。最后，会议同意伍连德的建议，由防疫总处负责宣传。

在伍连德的指挥下，防疫总处出版了防疫日报，专门报导鼠疫的流行情况、政府的防疫措施，以及鼠疫防治的科学知识。这是中国历史上第一份官方的卫生通报，在哈尔滨很受民众欢迎。民众通过这份疫情日报，了解了鼠疫在本市的流行情况，认识到防疫的重要性，自觉地运用报上介绍的科学知识进行防护。以前的流言蜚语一下子没有存在的市场，各种迷信的防鼠疫办法也逐渐被民众所抛弃。

在隔离的问题上，尽管不能完全解决曾与鼠疫接触者不愿意进隔离区的问题，但是广大民众的认识提高了，为了自身的安全，一旦出现可疑病例，他们及时向执法部门举报，逃匿的病人和接触者也较难藏身。防疫部门等于多了无数耳目和义工，病人的早期发现，住处的消毒，以及接触者的隔离等困难都得到了解决。

除了利用报纸进行宣传之外，防疫总处人员从伍连德开始，主动走出去，到社会上讲演、作报告，回答民众的问题。哈尔滨的街头，经常见到身穿白大褂的医疗人员在回答民众的问题，使民众感到防疫人员的存在。稳定了社会秩序，获得了民众的支持。

这些公开疫情、取信于民的努力很快收到了效果，从一开始的抵触和拒绝，到后来的合作和配合，哈尔滨人被防疫总处说服了，自觉地在防疫总处的领导下，一起和鼠疫搏斗，少数人的牺牲换来的是大多数人的安全。

疫情透明，大力宣传教育，使哈尔滨的防疫局势在良性的轨道上顺利发展。鼠疫的发病率始终没有出现大幅度上升的情况，人民基本上安居乐业，没有出现大规模的人口流动，因此也没有发生鼠疫大范围扩散的情况，伍连德战胜鼠疫的信心更足了。

可是，还是有意想不到的事情发生。

哈尔滨防鼠疫委员会定期召开会议，讨论和通报鼠疫防疫中的问题和情况。在一次例行会议上，负责傅家甸区的防疫人员汇报，最近傅家甸好几名中医死于鼠疫，这个动态引起了伍连德的警觉。

十年前，由于整个东北没有多少西医，在哈尔滨、长春等地，中医自愿参加防鼠疫的很多。由于他们不具备现代医学知识，所以在防疫中殉职的比例非常高。

经过十年的准备，特别是东北的医学教育水平的提高，以及东北防疫总处的成立，哈尔滨地区的西医数量增多了不少。加上这次防疫准备充分，有时间对警察、义工等进行上岗培训，在防疫人手上没有太大的困难。在这种情况下，防鼠疫委员会没有征召自愿参加防疫的中医，只是要求他们按照有关部门的规定，一旦发现鼠疫病人，立即通知防疫总处。那么，傅家甸的中医是什么原因死于鼠疫的？

伍连德随即来到傅家甸，走访了当地的几家中医诊所，一下子就发现了问题所在。

3

中医被鼠疫感染而死亡的原因，正是因为没有遵守防鼠疫委员会关于一旦发现鼠疫病人和可疑病例，马上向防疫总处报告的规定。对于那些可疑的病人，比如发烧咳嗽甚至咳血的病人，中医们不是立即向有关部门汇报，而是用中医的办法予以治疗，或者先问诊，把诊金收到后，再向官方汇报。

对这种行为伍连德十分生气，政府和有关部门三令五申，为什么不遵守？可是这次他已经不是钦差大臣了，他的话起不了任何作用。中医们有的强调那些上门的病人不是鼠疫，起码按中医的标准不是鼠疫。还有的辩解他们也要养家糊口，上门的病人都由防疫总处处理，他们的收入怎么办？如果这样的话，政府应该赔偿他们的损失等等。

伍连德费尽口舌，根本就不能说服任何一位。他以防鼠疫委员会的名义下命令，中医们也不听，说现在中医也组织起来了，傅家甸成立了中医研究会，有什么话到那里说吧。

伍连德只好去找这个中医研究会。到了地方，发现也是个中医诊所，里面开业的是一位上了年纪的老中医，自我介绍是中医研究会的副会长。

哈尔滨出现了中医研究会，伍连德还是第一次听说。他问起这个研究会的历史，老先生解释说是刚刚成立的，是中医们自发组织起来以消灭瘟疫的。

据伍连德所知，几年前民国政府的教育部已经明确表示不容许旧医成立的学会备案，在大疫当前，所有防疫行动都应该由防鼠疫委员会统一领导，这种自发的组织是非法的。那位老中医马上列举出大帅府、督军府到哈尔滨市政府的众多要员，对中医研究会的支持。

无可奈何之下，伍连德开始摆事实、讲道理，说明鼠疫的危险性和防疫的重要性。他的说法老先生根本不听，坚持按中医的理论可以治疗现在的时疫。瘟疫不可怕，因为中医已经团结起来，从老祖宗的遗产中挖掘出特效秘方。

两人各执一词，伍连德见说理是行不通了，只好下了最后通牒：哈尔滨防鼠疫委员会将取缔中医研究会，并强行要求中医们执行防疫总处的规定。

没想到那位副会长哈哈一笑："请便！"

伍连德十分气愤。出了中医研究会，正要赶去市政府，要求官方取缔这个中医研究会。就在这时，市政府来人，请他立即前往市政府，道尹张寿增有请。

伍连德来到哈尔滨市政府，道尹张寿增已经等在会客室里。

张寿增在十年前第一次防鼠疫中，就曾和伍连德共事，是东北比较少有的具备现代化思维的官员，和伍连德相处得很融洽。

伍连德见到张寿增便道："张道尹，傅家甸的中医研究会……"

张寿增道："伍博士，我请你来正为此事。"

伍连德一愣，张寿增请他坐下，继续说："傅家甸的中医研究会是由在哈尔滨的一些中医名家组成的，希望能为鼠疫防治尽力。国医界这种为国担忧解民倒悬的精神值得表扬呀。"

伍连德几乎不敢相信自己的耳朵。在这抗鼠疫的关键时刻，竟然横生枝节。他越听越不对劲："张道尹，中医们有热情是好事，可是他们也要遵守防鼠疫委员会的规定，发现鼠疫及时报告防疫总处，不能自行诊治。最近傅家甸的中医接连死亡，就是因为中医或因循守旧，或唯利是图造成的。这样不仅造成自己死亡，而且有可能使鼠疫扩散。"

张寿增哈哈一笑："国医界鱼龙混杂，有这种因循守旧的，也有与时俱进的。

比如中医研究会，最近相互切磋交流，群策群力，整理出来几个抗鼠疫的秘方，能够治好鼠疫病人。"

张寿增的话在伍连德听来是天方夜谭。当时，鼠疫还是不治之症，根本无药可治。伍连德道："这些年自称有秘方的是不少，可是都没有根据。"

张寿增道："是呀，中医研究会的秘方是综合各家之长的最新研究成果，也算是自古以来国医界首次抛弃门户之见，精诚合作的结晶。为了验证一下疗效，同时也是拯救生灵，他们准备建立一间鼠疫医院，选用12位名医，按照这些秘方，治疗鼠疫病人。"

伍连德心里暗暗苦笑，不过鼠疫医院收下的鼠疫病人大多数在两天内死亡，既然张寿增这么说，他们愿意治就治吧，于是点点头："他们愿意为防疫做贡献，防疫总处一定支持，有什么要求尽量满足。"

张寿增接着说："很好，他们希望先送过去10位经西医诊断，确认是鼠疫的病人。

伍连德道："没有问题，保证到时送过去。"

张寿增道："还有经费上的支援。我已经答应了，从防鼠疫经费中拨出4000元。"

伍连德连连摇头："治疗10位病人，数百元足够了，哪里能用这么多？"

张寿增道："他们的要求是，每位医生每月100元薪水，加上房屋费用，先拨三个月的费用。"

伍连德道："现在鼠疫防治经费非常紧张，要用在必不可少的地方。而且他们的薪水也太离谱了，防鼠疫委员会不能同意。"

张寿增为难地说："伍博士，请你体谅我的难处。大帅府、督军府还有本城很多名流都要求市政府务必支持他们，我也是没有办法。再说，这也是弘扬中华传统医药文化嘛，一旦成功，意义非同寻常。"

伍连德看着张寿增，也不好再说什么。张寿增和当年的于泗兴相比，思想要开明得多。他历来相信西医，去年霍乱流行期间，还是在防疫医院把他从死神那里救回来。伍连德理解了张寿增的无奈。

走出市政府，伍连德颇有些消沉。

伍连德只好积极配合，经费按要求拨了过去。4 月 1 日，中医鼠疫医院隆重开幕，各界名流纷纷前来祝贺，在宣传上也声势浩大，在哈尔滨妇孺皆知。

中医鼠疫医院开张后，根据院方的要求，伍连德立即送过去 10 名鼠疫病人。过了 5 天，没有听到什么消息，伍连德以为中医创造了奇迹。吩咐再转院 10 名病人，打算亲自送过去，看看疗效如何。就在这时，对方派专人给他送来一封信，打开一看，写得言辞卑谦，请求他不要再送病人过来了。上次的 10 名病人全部死亡。他们相信鼠疫是没有办法治好的了。

事情从来就是这样，真理要靠事实来让人相信。这样的事从十年前开始，就发生了无数次了。次日的防鼠疫委员会会议上，张寿增宣布那家中医鼠疫医院已经解散，今后中医要严格遵守防疫总处的规定，发现鼠疫必须立即报告给防疫总处。

伍连德再次来到傅家甸，令人到各中医诊所宣布政府的命令，他来到那位中医研究会副会长的诊所，发现诊所已经关门。差人到处打听，谁也不知道这位老中医的下落。直到几天后的一个早上，在傅家甸的街上发现这位副会长的尸体，经诊断死于鼠疫。防疫总处经过调查，发现他是给病人看病时传染上鼠疫，在家中死亡后，他的妻子为了不被送进隔离区，夜里偷偷把尸体扔在街上。

伍连德被中医们的献身精神所感动，又为他们不相信现代科学而悲哀。

一波未平一波又起，刚刚折腾完用传统方法和草药治疗鼠疫，另外一种据说是抗鼠疫的新方法又出现了。

4

哈尔滨的情况比较稳定，北满其他地区的情况怎么样？伍连德召集各地的防疫人员到哈尔滨汇报情况，顺便了解一下各地的社会动态。

在会上，来自呼伦的人员无意说道："最近传说吸大烟可以抗鼠疫，不仅有毒瘾的人开始光明正大的吸鸦片，很多没有毒瘾的人也开始出入烟馆，烟馆的生意十分兴隆。"

伍连德闻之一惊，他对鸦片从来建议采取最严厉的手段。而且他代表中国政府多次出席国际禁毒会议，配合全球禁毒。现在，在鼠疫防疫中，竟然出现这种流言。他问道："这个流言从何而来？"

"不清楚，好像其他地方也有这种情况。"呼伦来的人回答。其他地方的防疫人员也纷纷称是，大致统计了一下，北满很多地方都流传着这种说法。看起来是无风不起浪，伍连德吩咐大家回去后了解一下，到底是从哪里传出的。

几天以后，各地调查的结果出来了，有证据表明，这个流言是各鸦片商人和鸦片馆有组织地传播出来的，分明是把持东北鸦片交易的日本人想乘机发鼠疫横财。

在防鼠疫委员会会议上，伍连德提议，对蓄意传播这种流言的要严厉处理，必要时关闭鸦片馆。可是遭到其他成员的反对，因为东北的鸦片交易是日本人控制的，处理日本侨民要事先征求日本领事的意见。

伍连德只好去找日本领事，日本领事一口拒绝，表明这是民间贸易，防疫机构没有证据表明有不法行为。

伍连德这位禁毒先锋在东北对鸦片的泛滥已经忍了十年了，他知道弱国的处境，他知道日本的狼子野心。现在，在鼠疫防疫这个全球瞩目的关键时刻，他不能再忍让了，不仅是防疫的隐患，而且他也不容许鸦片贩子再发鼠疫横财。

非常之时行非常之事，伍连德下决心要处理这件事，可是怎么办才能事半功倍，让日本人哑口无言呢？首先要有如山铁证，可是由于日本侨民在东北的特权，怎样才能拿到证据？

伍连德想到了呼伦，因为呼伦在苏联方面矿山当局管辖下。那里的防疫主要靠防疫总处。呼伦的鼠疫流行已经得到很好的控制，因此苏方对防疫总处十分信赖，而且苏日矛盾重重，可以从那里下手。

苏联方面接到伍连德的信后欣然同意，防疫总处在呼伦进行了详细的调查，然后在苏方行政部门的配合下，对本地的烟馆进行突击检查。

当天，在哈尔滨的伍连德接到报告，在呼伦一家由一位日本女人开的生意兴隆的烟馆中，找到三具私藏的、死于鼠疫的瘾君子的尸体，请指示如何处理。

伍连德当即下令，不必照会日本领事，马上封了那家烟馆。同时在哈尔滨防疫日报上报道这件事，并用这家烟馆为例，在哈尔滨及北满各地大力宣传，所谓吸大烟抗鼠疫的说法纯属无稽之谈。

北满关于鸦片抗鼠疫的流言很快烟消云散了，面对铁的事实，日本方面对此只好保持沉默。

伍连德为阮德毛立墓碑

很多年以后，伍连德还记得 1921 年 2 月 17 日这个不祥的日子。

这天，他正在办公室里听取各区的汇报，一名医生匆匆跑进来，告诉他一个不幸的消息。他的主要助手之一，主管逐户检查的阮德毛医生出现鼠疫症状，已经住进鼠疫病房。

伍连德放下手中的一切，马上赶到鼠疫病房。阮德毛静静地躺在那里，脸上显出红晕。看到伍连德过来，有些费力地摆摆手："不要过来，我休息一下就好了。"

伍连德还是走到床边，开始为他检查。阮德毛见伍连德过来，连忙把头偏向一边，咳嗽的时候努力掩住口。

伍连德检查完毕，想说几句，可是不知从何说起。他知道阮德毛已经清清楚楚地知道自己的后果。阮德毛轻轻地说："伍博士，您事务繁忙，就不用来看我了，而且这里也不安全。"

伍连德伤心地看着这个年轻人。阮德毛从协和医学院毕业不久，应征前来防疫总处工作，正巧赶上鼠疫流行。他主动要求负责逐户检查这项最艰苦的工作。他还记得，前不久阮德毛刚刚结婚。

三天后，阮德毛殉职。伍连德亲自给阮德毛下葬。在满是冰雪的原野上，伍连德站在阮德毛的墓碑边，请人照相，留下历史上悲壮的瞬间。

那墓碑是否还在？人们是否还记得那些为防疫事业而献身的英雄们？

根据调查，阮德毛是因为乘坐刚刚运送完鼠疫病人，没有认真消毒的马车而感染上的。伍连德立即纠正了工作程序，每次运送完鼠疫病人和接触者，

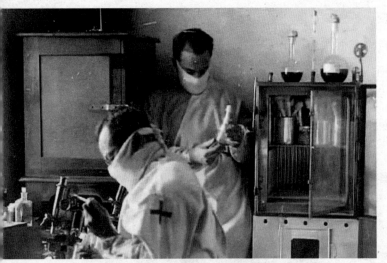

1921年，伍连德和伯力士在哈尔滨实验室内

对车辆、器械都要严格消毒，避免了类似悲剧的重演。

和十年前相比，在第二次东北防鼠疫中，参加防疫的人员因为经过培训，严格执行防护措施，殉职率比第一次大大降低。但是由于种种不可避免的原因和偶然的失误，各地还是有不少工作人员殉职。哈尔滨除阮德毛医生外，还有1名苏方医生、1名苏方助工、5名医院工作人员和1名警察殉职。

防疫人员中死亡最惨重的是满洲里的苏方人员，一共有3名护士和15名助工殉职。经过防疫总处调查，其原因是他们几乎不遵守戴口罩的要求，进入感染区时又爱喝几口伏特加。而且医院方面也没有照顾好过度疲劳的医护人员的生活，使他们体质下降，容易被鼠疫感染。满洲里苏方工作人员的精神状态很差，相比之下，那里的中方的医护人员殉职的极少。

伍连德属下殉职的另外一名医生是于树芬，他被派往长春进行鼠疫控制。任务结束后，又赶往山东控制那里的鼠疫流行。途中在天津接触还没有发病的鼠疫患者，于1月22日在山东殉职。

和十年前一样，没有这些人的牺牲，就没有抗鼠疫的胜利。这些人，值得我们永远地纪念。

进入四月以后，北满各地的鼠疫死亡率开始下降，到五月底，北满鼠疫被全部消灭。而在苏联境内，鼠疫一直存在到十月份，最后结束流行的地方是海参崴。

整个鼠疫流行期间，一共死亡9300人，包括600名苏联人。和1910—1911年仅中国境内就死亡6万多人相比，第二次鼠疫大流行在伍连德为首的东北防疫总处的控制下，不仅死亡不到1万人，而且根本没有出北满。上次鼠疫中长春和奉天各死亡 5000 多人，这次长春只有 72 例，奉天只有几例。关内除山东外均无波及。

北满人口最密集的哈尔滨的 30 万人中，死亡 3125 人，死亡率为 1%，而十年前第一次流行时傅家甸的死亡率是 10%。其他三个死亡人数高的地点，除了呼伦属于特殊状况外，满洲里因为苏方的失误，死亡 1141 人，其中包括 334 名苏联人。齐齐哈尔因为防疫归黑龙江省负责，防疫总处十年来无法过问，在这次流行中也无法参与防疫，致使该市死亡 1728 人。

1920—1921 年东北第二次大鼠疫，远没有 1910—1911 年东北第一次大鼠疫那么有名，不是因为其来势不如第一次，而是因为伍连德十年磨出的东北防疫总处这把利剑。和十年前相比，北满人口剧增，居住和卫生条件并没有很大改善，如果不是由于防疫委员会措施得当，准备充分，起码在死亡总数上要超过上一次。

第二次鼠疫防疫不仅使北满的鼠疫死亡人数大大地下降，而且把鼠疫牢牢地控制在北满，使鼠疫无法南下。令本来会像十年前一样，成为北中国大疫的鼠疫变为北满局部流行的疫情，这是伍连德和东北防疫总处的最大功绩。

从历史上看，每次鼠疫进入流行高峰，大流行往往接二连三发生，甚至延续数百年。人类历史上第一次鼠疫大流行也就是查士丁尼大鼠疫于 6 世纪中叶开始至 8 世纪消失，在欧亚夺去上亿条生命。第二次人鼠疫也就是黑死病从 14 世纪中叶开始，前后 300 年，欧洲大陆丧失了三分之一到一半的人口。从 19 世纪下半叶开始的第三次鼠疫大流行，从云南、孟买开始，最后汇聚于北满，惊天动地地爆发。其后有山西鼠疫，东北第二次鼠疫，以及欧亚非其他地区的鼠疫，直到 20 世纪 30 年代以后才销声匿迹，全球先后死于鼠疫者达数千万。

从公元 541 年起，到 1941 年链霉素大量生产使人类掌握了制胜的武器为止，整整 1400 年，人类和鼠疫进行了一场惨烈的战争，死于鼠疫者以数千万计。每一次鼠疫大流行都彻底地改变了人类历史的进程。而全球第三次也就是最后一次鼠疫大流行，是鼠疫这个恶魔最后的反扑，其来势远较前几次凶猛，特别是在北满出现肺鼠疫这个另类。以往的腺鼠疫要靠老鼠和跳蚤传播，中者死亡率为 70%。而肺鼠疫在人群中传播无须通过老鼠和跳蚤，不仅传播极快而且感染者死亡率100%。自19世纪中叶开始的东北大移民为鼠疫的传播提供了各种有利条件。如果不能控制住，一旦春暖花开，鼠疫不仅会使东三省横尸遍地，而且会长驱南下，横扫全中国。这次东北大鼠疫，可以说是中华民族所面临的前所未有的危机。以印度为例，在这次大鼠疫流行中，几十年间先后死于鼠疫的达上千万人，这还是腺鼠疫的流行。如果肺鼠疫同样在人口更多的中国全面流行，死亡人数起码几倍于此。

幸运的是，在这个关系民族存亡的关键时刻，伍连德英雄际会，力挽狂澜，不仅应付了第一次鼠疫大流行的挑战和考验，而且准确地预料到了再次大流行的可能，在第一次大流行刚刚结束时，就着手组建现代化防鼠疫网，也就是东北防疫总处，用人生最宝贵的十年光阴坚守在北满。正因为有了东北防疫总处这个十年心血，在第二次鼠疫大流行之际，伍连德才能如此得心应手，如此从容不迫，如此誓言有声。

可是，在过去的十年中，东北防疫总处的建设步履艰难。经费要仰人鼻息，经常靠东挪西借。机构上一直隶属哈尔滨海关，没有和政府职能挂钩。完全靠伍连德个人的声望和能力，使这个东北边陲的小小的防疫机构，在短短几年内成为举世闻名的医学防疫和研究中心，以一支人数不多的队伍，承担起本该倾国之力而为的重担。

第二次东北防疫，伍连德无职无权，靠的是细致的工作作风，料敌于先的眼力和敢于战斗的勇气，带领北满各国防疫人员，靠全社会的力量，取得了防疫的成功。

由于第二次鼠疫防疫的成功，鼠疫流行范围小，被感染的人数少，因而病毒的毒力没有得到发挥。加上防疫工作做得彻底，没有留下太多的隐患，极大程度上消除了鼠疫再度大流行的可能。从此，在东北，鼠疫再也没有大规模流行过。

伍连德十年二斗鼠疫，当之无愧地享有"鼠疫斗士"的称号。

第十四章　　先锋旗手

1

以抗鼠疫而闻名于世，以灭鼠疫而奠定一代宗师的地位，世人提起伍连德，无不提及他在鼠疫流行中的功绩。其实，他在1908年归国后的那光彩照人的30年中，所作所为称得上开天辟地的，并不仅仅是抗鼠疫，中国现代医学的很多领域都是他开创的。

尽管伍连德在许多领域内都取得别人不敢想象的成就，但是似乎是宿命一般，他的一生有一个最大的敌人。他毕生与之搏斗，始终没有战胜。这个他平生之劲敌，就是毒品。

来到中国后，伍连德对从书本上读到的历史有了切身的体会。虽然清政府视他为中国人，可是出生在英属殖民地的他是受《南京条约》等不平等条约保护享有特权的。他认识到，鸦片战争的意义不是打开中国的国门，而是建立了外国人在华的特权，使他们不受中国法律的约束。具体到毒品交易上，中国政府是无法彻底控制的。

他回国的时候，正值中英签署了十年之间逐渐控制鸦片交易的备忘录，这可以说是中英两个大国联合控制鸦片泛滥的开始，也是全球禁毒的开始。英方开始逐渐限制在印度的鸦片生产和对华鸦片出口，清廷雷厉风行地下令关闭全国的烟馆，一派大禁毒品的气氛。

可是当他来到外国人控制的租界时，发现那里烟馆如雨后春笋。中国政府的法令在租界内无法实施，所以烟馆便纷纷迁入租界，使得禁毒活动雷声大雨点小，一点效果也没有。鸦片在中国还是依旧泛滥成灾，让他在痛心之外无能为力。

刚刚回国的那几年，伍连德致力于陆军军医学堂的建设和军事医学教育。回国伊始，人微言轻，与其指手画脚，不如埋头做事。尽管国内和南洋一样触目可见毒品和毒瘾，他把禁毒的理想深深地埋藏在心底，相信会有一天重新开始的。

东三省鼠疫大流行，给了伍连德一个大展身手的机会。防疫的成功，使他从一个默默无闻的小人物，一跃成为世界知名科学家，清朝政府的首席医学专家。而更让他始料不及而又欣喜若狂的，是能作为中国代表参加国际禁毒大会，这被他视为对自己的鞭策，从此他开始致力于中国的禁毒行动。

1912 年 1 月 23 日，在十二国参加的国际禁毒大会上，伍连德和梁镇东、唐国安代表中国签署了禁毒宣言。1913 年 7 月，他再次作为中国政府的代表，和外交部副部长颜惠庆一起出席了有 46 个国家参加的第二届国际禁毒大会。从此，他成为中国禁毒运动的先锋和旗手。

在第二届国际禁毒大会上，与会的 46 个国家除了两个鸦片生产国——土耳其和塞尔维亚外，都在条约上签名。可是到 1914 年 6 月第三届国际禁毒大会时，只有四个国家，美国、中国、荷兰和瓜特马拉无条件批准了这个条约，而第一次世界大战使这个条约的进一步落实和施行成为泡影。

全球的禁毒活动由于第一次世界大战而基本停滞，中国的情况更不容乐观。清朝灭亡后，鸦片在中国更加不可收拾。伍连德像一位不屈不挠的战士一样，顽强地和毒品搏斗。

辛亥革命后，中国发生了翻天覆地的变化。民国政府在禁毒问题上开始还是旗帜很鲜明的，积极采取伍连德等的建议，延续清政府全面禁毒的政策，发布政令推行禁毒，有些省甚至判吸毒者死刑。可惜很快因为时局动荡，禁毒工作无法持续下去。到了 1917 年以后，军阀割据，很多军阀为了筹备军费，开始在管辖范围内大规模种鸦片。而日本人利用这个机会，开始向中国大规模倾销毒品。

本来开始逐步受到限制的鸦片又开始大规模泛滥起来，除了成吨成吨的进口鸦片，伍连德还伤心地看到，到处绚丽的罂粟田。

没有强力的中央政府，处处军阀割据，禁毒工作无法进行，就在伍连德为此痛心疾首而又孤立无助时，有人挺身而出和他站在一起。

支持伍连德的是英文《平津时报》的主编、英国人伍德海德，在他以及陈友仁等怀有正义感的朋友的帮助下，伍连德力主的禁毒活动获得了舆论的支持，而且掌握了鸦片交易的第一手资料，并将之写成文章，在医学会和博医会年会上发表，引起整个医学界和政府的重视。

根据伍连德调查的结果，从1911年国际禁毒大会后，到1914年，英国的年鸦片出口增加了2.5倍，从5.5吨增加到14吨。可是这并不表明英国政府阳奉阴违，继续对中国倾销鸦片。而是因为英国对日本的出口增加了7倍，从1911年的1.5吨增加到1914年的12吨，对其他地区的出口则下降了1倍，由1911年的4吨下降到1914年的2吨。这些出口给日本的鸦片经西伯利亚到达日本后，被分装并标成白粉和药物，然后经过大连、安东和台湾卖给中国人。

在东北，他发现，东北几乎每一个日本药材商人都经营鸦片。按照中国法律，贩卖鸦片者处两年徒刑，可是日本人不受这个约束，可以肆意妄为。每年冬天在黑龙江和吉林都能收集到上千具吸毒者的尸体，监狱中一半以上的犯人身上有针眼。而日本商人从中获得暴利，6.25吨鸦片的利润为84万英镑。

令伍连德气愤的是，日本政府于1911年也签署了全球禁毒公约，应该责无旁贷地协助其他签约国控制鸦片交易。但是为了巨额的利润，日本从官方到民间步调一致地向中国倾销鸦片。

正是通过这件事，使伍连德产生了极强的反日情绪。

虽然伍连德有亲人在甲午战争中殉国，但是他对日本的态度一直比较温和。在东北防疫中，为了获得国际合作，他和在东北的日本人关系很好，结交了很多日本朋友，包括医生、外交官和商人。由于他在鼠疫防疫上的功绩，日本帝国医科大学授予他荣誉医学博士，系非日本人第一例。

　　但是，当他详细了解到日本在华的种种行径后，他这个具有强烈正义感和民族自尊心的专家从内心深处对日本这个国家产生厌恶情绪。近代中国，反日人士中很多是情绪化的，但也不乏伍连德这种有识之士。当年叔舅们在黄海和日本人恶战到流尽最后一滴鲜血，加上现在这些亲身经历、这些切肤之痛，他怎么能相信中日两国能和平相处、世代友好？

　　正是从这时开始，伍连德开始关心政治和时局，匿名撰写有关中日关系的文章，提醒国民警惕日本在华的侵蚀，因此也引起日本人的注意。伍连德长期在东北，那里的情况不是他一个人可以掌握的。虽然在第二次鼠疫防疫中查封过日本人开的烟馆，可是风头过后，日本人还是我行我素地大规模倾销鸦片。不仅如此，日本还在朝鲜种植鸦片，专为销往中国。对此，伍连德毫无办法。

　　在关内，伍连德以医学专家的身份，积极推动政府和国际上的禁毒行动。在他和同仁的努力下，继印度政府同意不再向中国出口鸦片后，1916 年 11 月 16 日中国政府宣布严禁鸦片，由政府出资购买在华的全部鸦片。

　　1918 年 12 月 4 日以后，剩余的鸦片悉数销毁。

　　这个决定，可以说是继虎门销烟后，中国官方最大的一次禁毒运动。此政令一公布，举国欢腾，伍连德第一次看到中国禁毒的希望。

2

　　禁毒是举世称赞的事，有人却从中看到发财的机会。因为从发布政令到彻底禁止鸦片之间有两年的时间，在上海的犹太商人开始疯狂地囤积鸦片。1918 年 12 月初，期限到了，上海犹太商人囤积的鸦片堆积如山。中国政府经过反复交涉讨价还价，最终用了 2400 万元才收购了这批鸦片。

　　1919 年 1 月 8 日，受民国政府指派，伍连德和法务部长张一平、外交部驻上海专员陈遗范在上海主持焚烧这批鸦片和烟具。这是继虎门销烟后的又一次大规模焚烧鸦片，显示了中央政府禁毒的决心。

　　伍连德在浓烟中，看到 80 年前的虎门，看到了祖国 80 年的烟毒苦难，热血沸腾。

这一刻，他感到平生无悔。这一刻，他非常骄傲，非常满足。他想起林则徐，想起80年来鸦片在中国的泛滥，想起从小就无时无处不见的吸毒者，也想起当年在槟城家乡禁毒的遭遇。站在焚烧鸦片的熊熊大火之前，他感觉到十几年的努力终于有了结果，他体会到本着良心做事的艰辛和收获，他的人生在这刻是充实的。林则徐竖起的中国禁毒的大旗，他要继续高举下去。

上海焚烧鸦片活动一直持续到1月27日，起到了非常震动的宣传效果。但是，仅靠销毁就能够控制中国的鸦片泛滥吗？

伍连德心里的答案是否定的，任重道远，他还要继续战斗。

他清楚地意识到，这次销烟很大程度上是象征意义。虽然这次是政府下令，并表示了坚定的禁毒决心，可是对于在全中国范围内消灭、哪怕是控制鸦片的流行，都起不到多大效果。虽然各地在这种形势下不得不收敛一下，可是风头过后，还会死灰复燃、甚嚣尘上的。

中国的禁毒事业艰辛无比，从林则徐到伍连德，他们所走的是一条需要用生命去铺就的道路。他们所面对的，在他们的时代，可以说是无法战胜的敌人。而他们还是义无反顾地挺身而出，为了民族，为了国家，忘掉个人得失，顽强地搏斗着。有他们在，中国禁毒的旗帜就能高高飘扬。

林则徐销烟之时，理想多于实际，因为英国的武装干涉，不仅禁烟没有成功，反而造成鸦片在中国合法地流行。林则徐的遭遇是理想的悲剧，是时代的烙印，是历史的悲哀，是中国民族的悲惨一页。

和林则徐相比，伍连德要幸运多了。在他禁毒的年代，不管出于什么目的，英国从民间到官方，开始从限制鸦片生产和交易，到赞成在全球范围内禁止鸦片交易。英国的这种做法，使各国禁毒运动如火如荼。中国从晚清起，从政府的角度也积极进行禁烟。全社会对鸦片的危害渐渐有了清醒的认识。因此，伍连德的禁烟面对的没有明枪，只有暗箭。

但是，他和林则徐一样，面对的不仅仅是唯利是图的鸦片商人，还有其背后在贸易全球化下的为了利润不择手段、毫无基本道德观念、以国家利益为幌子的无耻行径。靠一个国家或者几个国家，是无法与之对抗的。除此之外，还有利用鸦片作为手段，处心积虑要吞并中国的日本帝国主义。

伍连德于 1922 年，时任东北防疫总处处长

自从鸦片在中国开始受到限制后，毒品贩子改变方法，开始往中国输送更有效的毒品——吗啡，伴随而来的是引入注射这种新的吸毒方式。令伍连德痛心的是，这种方式是由从新加坡回来的人传到中国的，因为注射吸毒的效果更佳、更经济，很快在国内蔓延起来。

毒品之所以如此凶悍，关键是利用了人类在精神上和生理上的弱点。从鸦片到吗啡，毒品加工的技术提高了，成瘾的速度和程度加快、加大了，戒毒的难度也越来越大。由于彻底禁毒有赖于全球合作，而且不是一朝一夕可以实现的，伍连德在南洋时就考虑在禁毒的同时，帮助吸毒者戒毒，从另一方面达到控制毒品，增加国民健康的目的。在中国，他也多次用各种方法进行戒毒的尝试。这些尝试最后都以失败告终，一方面由于毒品随地可见，对暂时戒毒成功者诱惑太大，使他们很容易重蹈覆辙。另一方面，成瘾者尤其是毒瘾很深的吸毒者不仅仅是意志薄弱的问题，也不仅仅是心理问题，还有生理上对毒品依赖性的问题，不仅在当时，即使在现代，医学上也没有很好的解决办法。所以一旦禁毒松懈，就会星火燎原地出现大批吸毒者，造成严重的社会问题。

解决毒品的问题，只能靠彻底杜绝毒品在全球的流通，使其仅限于医学用途。可是，由于禁毒的力度越来越大，毒品交易的利润也越来越高，铤而走险者大有人在。种植鸦片也成为不少贫困国家的主要生活来源。无论从国际和区域政治上，还是经济上，毒品的问题非常复杂。

伍连德在上海大举销烟之时，中国虽然名义上有在北京的民国政府，可实际上各地军阀割据，南方还有孙中山建立的临时政府，北京政府的政令无法在全国推行。各派军阀争权夺利，屡起大战。帝国主义，尤其是日本，借此积极插手中国的事务，不仅从经济上进行掠夺，而且逐步蚕食中国的主权和领土。

面对这种现状，伍连德如同孤胆英雄，迎着狂风暴雨前进。他知道个人的能量是有限的，但是只要他站在这里，中国禁毒的声音就依然洪亮，中国禁毒的决心便没有放弃，中国正义的力量就不会屈服。

真的勇士，敢于直面惨淡的人生，敢于正视淋漓的鲜血。

上海销烟后，伍连德继续关注和调查毒品在中国的流通情况。

1920 年，伍连德发表了关于中国毒品状况的第二篇文章，证明吗啡已经流入中国，成为在中国增长速度最快的毒品。1919 年流入中国的吗啡比 1911 年增加了 5 倍，这是因为法国、日本和瑞士政府暗中支持的结果。尽管上述国家签署了全球禁毒公约，可是身为半殖民地的中国，在他们眼里是任其宰割的羔羊。为了利润，他们可以为所欲为。

伍连德的报告显示，尽管不允许直接向中国出口毒品，但英国有关方面改为向日本出口，经日本流入中国。1918 年，英国对日吗啡出口为 60 万盎司。同年，日本从美国进口 11 万盎司吗啡。美国 1919 年进口了 56 万磅鸦片，用于制造吗啡。这些吗啡大部分最终流入中国。

日本利用中国沿海各口岸，尤其是日本控制的租界和殖民地，大肆向中国出口毒品。仅青岛一地，每年就进口 2500 柜，日本方面获得的税收为每柜 4000 元。1918 年日本流入中国的鸦片为 22.5 吨，收益为 3000 万，几乎所有的在华日本商人都在贩卖鸦片。而且海洛因已经开始经过日本流入中国。为了掩人耳目，鸦片交易采用迂回的办法，从伦敦到纽约，转道旧金山，再抵神户，然后运到大连和青岛。日本统治下的朝鲜，从 1920 年起在官方的鼓励下开始种植鸦片。日本对本国和其殖民地的毒品交易和吸毒行为严格控制和禁止，其禁毒政策可以说是世界上很成功的。其生产的毒品却专门用于销往中国，在获得暴利的同时，极大地损害了中国人的体质，在中国社会引起严重的社会问题，对中国的经济造成致命的恶果，为日本的侵华政策铺路。

面对这些事实，伍连德忍无可忍了。

3

1925 年 10 月，第六届远东热带医学会议在东京召开，伍连德照例应邀在大会上宣读论文。他先读完两篇关于鼠疫防治的报告后，最后做了鸦片对公共健康的影响的报告。该调查主要针对毒品对工薪阶层的影响。

在介绍完研究结果后，伍连德话锋一转，出乎意料地脱离了讲稿，其内容大大超乎医学会议的范畴。

"为什么到现在，依旧有人宣传鸦片和喝酒一样危害不大？或者说东方人吸鸦片等于西方人喝酒？这种违背医学常识，明目张胆地为鸦片交易背书的言论为什么还有市场？远东的医学界是否应该为此承担责任？"

在与会代表的诧异目光中，伍连德挺起胸膛，继续大声地质问。

殖民者曾宣称，如果禁止毒品，英属马来亚和海峡殖民地就会出现劳动力短缺，因为吸毒使华工可以承担高强度的劳动。但是在第一次世界大战中，将近 10 万名中国劳工没有一个吸毒的，他们为第一次世界大战的胜利做出了巨大的贡献。这就充分证明了上述说法完全是谎言。这些谎言的出现，是因为英属殖民地的政府很大一部分收入来自鸦片交易，例如在印度政府的财政收入中鸦片税收占 2.8%，在英属马来亚政府的财政收入中鸦片税收占 28.6%，在香港政府的财政收入中鸦片税收占 22.4%，在澳门政府的财政收入中鸦片税收占 40%，在海峡殖民地政府的财政收入中鸦片税收为 42.9%。正是因为这笔巨额收入，他们才大力宣扬诸如鸦片可以预防和治疗鼠疫、霍乱和其他热带病，还可以解除疲劳，甚至说鸦片虽然对西方人有害可是对中国人有益的伪科学理论。

十几年东三省鼠疫和霍乱防疫的经验和教训说明，毒品不仅根本不能预防和治疗这些烈性传染病，而且起着相反的作用，因为吸毒者接受了这些荒唐的理论，自以为百毒不侵，所以更容易被病菌感染，也耽误了治疗，往往比普通人更容易丧命。在鼠疫和霍乱防疫中，毒品有百害而无一益。

现在，在某些国家政府的大力支持下。另外一种危害更大的毒品，海洛因已经进入中国北方。这种称为白粉的东西被加在香烟中，因此产生更多的瘾君子，其后果更为严重。

最后伍连德提出议案，建议与会的科学家签署声明，共同努力限制毒品的流通。

来自中国的正义的声音，在东京上空回荡。讲演完毕，会场上掌声如雷。

一石激起千层浪，伍连德的发言引起会场的一阵骚动。各国代表纷纷鼓掌表示支持。来自日本的一些科学家则交头接耳，表示极大的不满，因为正是

1923 年，伍连德与朋友伯士力（右一）等在哈尔滨

他们的政府在大力支持对华鸦片和海洛因贸易。现在在他们的首都，一个中国人义正辞严地把日本官方和民间的毒品贸易驳得体无完肤。

大会就伍连德提案进行表决，这时候日本代表站起来，集体退场，其他各国的代表一致赞同，通过了伍连德的提案。通过这件事，伍连德愈发成为日本人的眼中钉。

南京政府成立后，中国出现了久违的统一。伍连德从中再次看到了希望。他继续努力，希望能建立全国性的禁毒机构，彻底杜绝毒品在中国的流通。他继续跟踪调查毒品在中国的情况，对军阀割据造成的毒品泛滥十分痛心。他积极支持政府建立戒毒医院，并主持了几个戒毒的项目。

可是伍连德在华二十多年的努力，因为战乱，最后都成了泡影。在他返回槟城家乡后，他看到家乡的毒品问题也没有得到改善。第二次世界大战结束后，全球的禁毒开始走上正轨，可是非法的毒品交易还是十分猖獗。

在他临终之前，马来西亚的毒品问题非常严重。

伍连德毕生与毒品搏斗，但始终没有战胜，可以说是他的平生憾事。以致他晚年对此反复思索，结合自己周游世界的所见所闻，他意识到，世界上其他民族，无论是毒品起源国家，还是大量种植鸦片的国家，都没有成为全民性嗜好毒品。只有中国人不仅在本土成为全民的恶习，并且将之带到其他地方。这里面恐怕不仅仅是帝国主义倾销那么简单，也许有主观的因素。

新中国成立以后，中国很快彻底地控制了毒品的泛滥，使暮年的伍连德感到万分的欣慰。他本来以为这一生看不到这一天了，没有想到共产党能在那么短的时间内解决了这个问题。在全国范围全面禁毒成功，是共产党的一大政绩，也是伍连德等经历过毒品泛滥年代的人们大为赞扬新中国的一个主要原因。他毕生为之奋斗的事业，终于在新中国成为现实，虽然他年事已高，没有能亲身参与其事，但在他的心中，此生无憾。

毒品在中国的泛滥可以说是中华民族的一场噩梦，是历史的悲剧，也是民族的耻辱。消灭毒品同样也是每一个有民族责任心的中华儿女的重担。

第十五章 中西之辩

1

在华的 30 年间，伍连德涉足广泛，成就非凡。他开创了中国的流行病学研究、微生物学研究等领域，是中国现代卫生防疫、医学教育、医院管理和医学交流的先驱。值得一书的是伍连德还是中国医学史研究的开创者之一。

科学在中国广泛传播之后，开始有人重新审视几千年的中国医学，为之写史。有关中国医学史研究的著作以 1919 年成书的陈邦贤的《中国医学史》为最早，但真正在国际上产生影响的是 1932 年出版的《中国医史》，即伍连德和王吉民合作，被称为"王伍医史"的英文版《中国医史》，这部著作可以说让世界第一次系统地了解了几千年的中国医学历史。

出生在海外，作为一代名医和科学巨匠的伍连德为什么涉足医学史研究这个领域？这恐怕还要从他对中国文化的不断学习和汲取说起。

自从在由英国返回新加坡的邮轮上第一次系统地了解中国历史后，伍连德开始对祖国的历史和文化产生了极大的兴趣。来到中国后，他终于有机会广泛地接触和学习传统文化，在这方面，梁启超、程璧光等朋友对他的帮助非常大。更重要的是，他夫人黄淑琼对传统文化非常精通。在家庭安定下来后，黄淑琼接连出版了三部有关中国美女西施、貂蝉、王昭君、杨贵妃的英文小说，向西方介绍中国历史和传统文化，成为很有成就的作家。因此，伍连德对中国历史和文化的了解越来越广泛和深入，尤其是对中国的传统医学更有浓厚的兴趣。

南洋的华人大多是信赖中医中药的，伍连德自幼生病便是西医、中医甚至草医并用的，重病那次更是轮流请来本地的西医和中医名家诊治。虽然他在英国学习的是现代医学，但对传统医学并不排斥。东三省防鼠疫中的经验教训，使他有一种对传统医学追根寻源的欲望，希望能从传统医学中找到可以与鼠疫对抗的办法。这个时候，他对中医理论还不十分了解。而且在当时，没有任何关于中国医学历史的著作。

1913年，时任华盛顿军医署图书馆馆长总助理的嘉里逊出版了《医学史》一书。这是美国第一部全面介绍世界医学史的专著，很快成为医学史方面的权威课本和主要参考书，出版后多次重印。

两年后，伍连德终于有机会读到这部书，发现全书762页中，描写中国医学的内容竟然不到一页，而且内容多有贬低：

中国医学是完全静止的，如果我们一直到现在还受中世纪思想的指导，我们的医学可能也会和中国的一样。他们的作品很多，但是没有一个有哪怕一丁点的科学价值。这些作品的特点是对权威的崇拜，僵化的形式以及迂腐多余的细节。中国的解剖学认为人体有365块骨头，有些理论体系认为头颅仅由1块骨头组成，另一些则认为男性头颅有8块，女性有6块。喉通向心，脊髓通睾丸，肺有8叶，肝有7叶。脾和心是用来思考的器官。由于有这些对人体构造的不恰当认识，中国很少有外科手术，尤其是在一个教义上坚决反对抽血与尸体解剖的民族里。阉割实际上是他们唯一施行的手术，当他们拔火罐和按摩时，并不放血，而是艾灸或针刺。艾灸是将易燃的小圆锥体放置在全身，然后点着。针灸是将特制的细金针或银针插入绷紧的皮肤内。这些操作都是为了对痛风和风湿病进行反刺激。中国人非常擅长按摩，而且是第一个使用盲人按摩师的。中国的病理学的特点是极其琐碎，例如有10000种不同的发热，14种痢疾。在诊断上，他们非常重视脉搏，将它细分为许多种，并且通过把手指像弹钢琴一样放在每只手的桡动脉上的不同部位来感知。这样，就可以得到 6 组脉搏信息，每组都对应不同的器官和疾病。中药材包罗万象，除了众所周知的药物，如人参、大黄、石榴根、乌头、鸦片、砷剂、硫磺和汞剂（用来涂擦和熏蒸梅毒）外，还有许多令人作呕的药，如动物的器官或分泌物。古中国人就知道了天花的预防性接种，这可能是他们从印度学来的。

以伍连德对中国传统医学的了解，上述内容严重失实。他马上写信给嘉里逊，询问他为何对中国医学作如此少的介绍和不正确的评价？嘉里逊复信说：中国医学可能有他的长处和特点，但是目前没有用外文写的。就是这半页资料，还是辗转而来。既然中国医学有很多有价值的东西，为什么中国人自己不对外宣传？

伍连德读到回信后，受到很大震动。随即找到广东同乡、医学史专家王吉民，王吉民对此也感触很深。两人当即决定，写一部《中国医史》，向世界介绍从古到今的中国医学。这项工作可以说工程浩大，两人广泛收集材料，前后花费了近 16 年时间，才写成了英文的《中国医史》。

在写作《中国医史》的十几年间，伍连德和嘉里逊一直保持联系，不断向他介绍中国医学的历史和最新进展。通过和伍连德的交往，嘉里逊对中国医学的了解越来越多。伍连德在美进修时，还专程到华盛顿特区和嘉里逊见面。1929 年嘉里逊的《医学史》第四版，书中有关中国医学已经有整整四页，除了提到《神农本草经》《黄帝内经》和《本草纲目》等中国古典医学著作外，还增加了中国医学在 20 世纪初发生的一些重大事件，如 1911 年万国鼠疫大会在奉天的召开，1919 年中央防疫处的设立、各个医学院校的建立、中华医学会的成立，以及《中华医学杂志》的创刊等等，这些都是中国卫生事业的最新进展。文中有四次提到了伍连德的名字，还引用了伍连德 1916 年发表在《中华医学杂志》上的一篇关于控制鼠疫流行的文章。

在写作《中国医史》的 16 年中，加上在历次防疫工作中对中医的疗效有了第一手资料，使伍连德对流传几千年的中国传统医学有了比较清楚的认识，对中医发展的前途也有了自己的看法。伍连德和许多有识之士一样，从提高人民群众的医疗水平出发，主张中医科学化，去粗取精，将传统医学纳入现代医学中来，使中西医很好地结合起来，而不是对中医的现状听之任之，或者简单地废除中医。《中国医史》的写作，既总结了几千年中国医学的优良传统，也向世界宣传中国医学的光辉成就，是伍连德对中国传统医学的巨大贡献。

《中国医史》出版后多次再版，成为中国近代有代表性的医学史研究成果，是外国人了解中国医学历史的必读之作。伍连德和王吉民分别于 1935 年和 1949 年当选为国际科学史研究院通讯院士，王吉民还于 1966 年 10 月当选为国际科学史研究院院士。

可是这么一本重要的著作，在中国的遭遇和在海外截然不同。

2

《中国医史》虽然享誉海外，但因为当初写作的目的是为了对外宣传中国医学，因而用英文写作，从来没有正式译成中文，所以在中国的影响不大。直到 20 世纪 60 年代，中医研究院才组织人力对这本书进行翻译，但是其初衷并非是为了推广，而是为了批判。

20 世纪 60 年代批判"封资修"时，卫生部选中这本"王伍医史"为医学方面的批判对象，认为"王伍医史"对中医的描述，是受了民族虚无主义的影响。在表述近代医学部分，详尽地记述了近代西方教会团体在华办学、办医的过程，有美化教会医学之嫌。批判的目的是为了加强人们对中医的正确理解，以及对帝国主义文化侵略的认识。比如书中写到："正当欧洲医学以哈维的发现为原动力，获得丰硕果实的时期，中国医学在 17 世纪以前的长时期中，实际上是处在停滞不前的休止状态。只有在教会医学到来以后，它才复兴起来。"在 20 世纪 60 年代，这种论调不仅是不能接受，而且是要狠狠批判的。

《中国医史》翻译完成了，正赶上文化大革命，由于经费没有着落，最后只印了 15 本，在动乱中很快就散失了，批判的任务自然落空了。这本书的中译本始终没有面世。

愚昧的时代已经过去，大多数对"王伍医史"的误解和偏见早已不复存在了。有关部门在编写《中国医学通史》时，原始资料多采用自《中国医史》，尤其是近代卷。但是，有关其中对中医的看法依然不为许多人，尤其是中医界所接受，使这部中国医学史的开山著作之一在中国依旧受到冷遇。

现代医学因为教会传教的需要，于19世纪初开始进入中国。在其传入中国之时，还没有中医的概念，中医实际

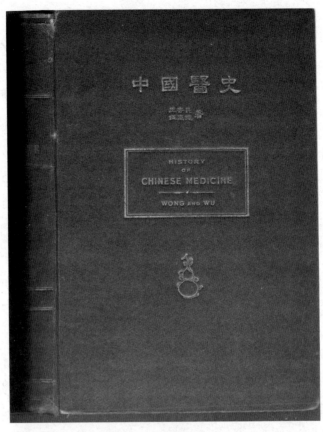

伍连德和王吉民合著的《中国医史》

上是因为现代医学的传入而出现的。因为现代医学是由来自西方国家的医生带来的，所以被称为西医，而中国的传统医学便被称为中医。从此便开始有了中西医之争。不过在两者争论的开始阶段，更多的是把西医称为新医，中医唤做旧医，中西医之争为新旧医之争。

从西医传入中国开始，中医和西医就对立起来，造成独一无二的中国特有现象。而在伍连德眼中，中医和西医不应该是对立的。现代医学本身来源于传统医学，只不过是利用现代科学的方法对传统医学去粗取精，使之由经验演化成科学。中国的传统医学也应该走同样的道路，无论从教育还是方法上，都应引进科学的标准和手段，使中医融入现代医学中来。这种看法可以说是当时很多有识之士的共识。

伍连德在《中国医史》序言中写道："本书的目的是双重的。对那些以值得赞美的努力，来宣传与保留古代体系在各方面公认的优点的老式学者们来说，应当以激动的心情来阅读。应当使他们知道，现代预防与治疗概念是如何在这块保守的土地上生根立足的。应当提醒他们，世界自从华佗时代以来并不是停滞不前的。另一方面，对那些以现代科学研究精神向广大群众谆谆教诲的实验医学的首领们来说，是要劝告他们，不要以冷眼看待过去的课题，不要把古代的传统看作是被摒弃的，而要把它看作是种给予现代的奇异成就以生动的帮助的背景。"可以说，伍连德对中医的态度是相当尊重的，并为之而自豪的。

现代医学首先在南中国获得广泛的认可，原因是其疗效立竿见影。比如一开始，现代医学以治疗眼疾为主，使很多人重见光明，这种不可否认的结果使得传统医学相形见绌。当时很多知名人物，如李鸿章、康有为、俞樾等，或者因为自己的顽症被西医治好，或者因为家人被西医起死回生，或者因为亲人为庸医所误，都彻底地相信西医，并大力推动，成为洋务运动的一部分，孙中山更是学西医出身。当然还有更多的人对西医采取不相信，或者敬而远之的态度，如袁世凯，虽然一直相信中医，但对西医在华的发展还是持支持态度的。从清政府来说，是没有所谓医学政策的，朝廷民政部的卫生司虽然号称管理全国卫生系统，实际上没有什么作为。民众对医学的态度还是将其列为下九流，这种状况一直到1910年底，也就是东三省鼠疫流行之时。

东三省防鼠疫的成功，使伍连德天下闻名，也是清王朝最后的辉煌。出乎当时人预料的是，这次防疫的结果也挑起了现代医学和传统医学的战火。

东北鼠疫防疫如同一场场面浩大的临床试验。当其时，伍连德能调动的现代医学人才不到100人，而且已经是清朝所能动员的极限了。从满洲里到山海关，上千万人的防疫工作，靠这些人是远远不够的。除了临时培训警察作为助手外，还大量征召自愿参与防疫的中医，各地先后召集到200人。鼠疫在当年是绝症，现代医学束手无策。因此在治疗上，伍连德并不反对用传统医学的方法。可以说，在这次防疫和十年后的第二次鼠疫防疫中，中医中药是得到充分的施展机会的。无论哪种治疗方法，都尽可使用。而其结果是，没有一个鼠疫病人被传统医学治愈，中医也没有办法控制鼠疫的传播，用西医的隔离办法则成功地消灭了鼠疫。200 名中医中有 80 人染鼠疫身亡，而西医殉职者仅有数人，中医被感染者中，大部分是因为不相信现代医学的理论，在接触鼠疫病人时拒绝戴口罩所致。这次亲身经历，使原本对传统医学没有偏见的伍连德感触颇深，才形成了中国医学长期处在停滞不前的休止状态，必须借助现代医学复兴的观点。

突如其来的东三省大鼠疫，被伍连德利用现代医学的办法，在四个月时间内彻底扑灭，这个铁一般的事实，在当时的中国社会引起巨大的反响，尤其是在知识分子和官僚中，使他们对现代科学的态度在很短期间内转变了，相信现代科学成为社会的主流。可以说，不仅中国的现代医学，包括中国的现代科学也兴起于东三省鼠疫防疫的成功，伍连德本人完全可以被称为是中国科学现代化的鼻祖，中国的现代医学也正是因此成为一门显学。

3

东北鼠疫防疫成功后，清王朝立即开始重组全国性的卫生管理机构。但由于伍连德谢绝肃亲王希望他出任国家卫生总管的建议，返回东北筹建东北防疫总处，建立并主持北满鼠疫防疫体系，加上辛亥革命的爆发，清廷建立全国性现代化医学卫生体系的计划没有得以实施。后来民国政府和国民政府，基本上延续这一思路，就是建设有政府主导的、现代化的医疗卫生体系。这对传统医学来说，是一个非常严峻的考验。

民国以后，政府教育部主抓医学管理和教育，1912 年北京大学医学部的前身国立北京医学专门学校建立，开始了中国医学现代化的步伐。

袁世凯当政期间，尽管他本人迷信中医，但受莫理循等人的影响，其对待中西医的问题上顺应社会对科学的崇拜，加速医学现代化的步伐。

1913 年，作为中国政府的代表，伍连德从英美参加国际会议回来后，利用向政府有关方面汇报的机会，向民国政府递交了题为"中国医学教育"的长篇建议书，系统地向政府建议大规模改革医学教育。针对伍连德等人的建议，当年 11 月，内政部颁发了解剖条例，从此人体解剖在中国正式得到批准。

1913 年，在京的博医会华人会员在伍连德倡导下，组成了一个地方性华人医学协会，为成立中华医学会做准备。在京中医人士也成立了"北京医学会"，于 1914 年报教育部备案。教育总长汪大奕拒绝让其备案，其答复非常明确："我已经决定禁止自然疗法，废除粗制草药。"这是从政府的角度第一次提出废除中医药。汪大奕这番话引发了中医组成的救亡请愿团请愿抗议，但当时中国社会已形成对科学的崇拜之风，中医的请愿和抗议在国内外的一片斥责声中草草收场。

在这种浓厚的科学风气影响下，1915 年 9 月 30 日，袁世凯签署法令，无论医学、药学还是兽医学，都要完全参照西方的标准，进一步从法令的角度提出医学全面西化。这一次，还是很自然地被社会接受。

伍连德认为，传统医学的最大弊病并不是是否先进的问题，而是缺乏科学的标准。对于平民百姓来说，看中医属于碰运气，遇到好的医生能解除病痛，遇见庸医巫医则有可能送命。而西医则不然，虽然不一定能遇见神医，但是起码的医疗水平还是可以保证的。而且中医没有系统的教育体系，全凭言传身教。没有统一的标准，这就是中医的致命缺陷。

现代人生长在西医占绝对主流的时代，眼看中医衰落，故而产生应该拯救中医的感觉，没有那些生长在传统医学占主流年代人的感受。特别是当现代医学刚刚进入中国时，那种鲜明的对照是今人难以想象的。这便是为什么近代的名人大多数都极力支持西医，其中不乏国学大师，不乏中国传统文化的旗手的根本原因。伍连德恰恰生长在这个时代，他亲眼目睹了由于庸医造成病人枉死，特别是居高不下的婴幼儿死亡率。而这种情况在西方国家已经随着现代医学的发展而得到极大改善了。

尤其是 19、20 世纪之交，正是现代医学走向正规化的年代。以美国为代表的现代医学教育改革，以条件良好的医学院、先进的教育制度和教学医院为基础，培养出高质量的医学毕业生，进而大大提高了整体的医疗水平和全民的健康。在这种体制下，医学毕业生的能力得到很大提高，对全球的医学教育也产生了极大的推动。20 世纪初，欧洲国家的医学毕业生参加美国的医生证书考试，已经有超过半数不及格。这说明不仅在实践上，而且在理论上美国的医学

哈爾濱防疫事務總處
N. Manch. Plague Prevention Service,
Central Office.
Telegraphic Address:—ANTIPLAGUE.

CUSTOMS BUILDINGS.

Harbin, CHINA 9th. January, 1914

Dear Dr. Morrison,

        I enclose a Memorandum on Medical Education in China which I propose sending to the Board of Education through the Wai Chiao Pu. Will you kindly read through it and offer your suggestions and criticisms, which will be most welcome. I have sent copies to Drs. Christie, Gray, Wenham, Cormack and Ch'uan, and intend to embody as much as possible of their suggestions in the final copy. Would you advise me to send a copy to the President direct as well?

        Any help you can give will be highly appreciated by all those engaged in this important question of medical and sanitary reform in China.

        With best regards, to Mrs. Morrison and yourself,

        Yours very sincerely,

Wu Lien Teh.

1914 年，伍连德给莫理循的信

教育也领先于其他国家。欧洲各国纷纷仿效美国的医学教育体系，中国采取美国医学教育方法建立的湖南湘雅医专和北京协和医学院也成为中国医学教育的最高水平，而北京协和医学院则浸透着伍连德的心血。

让伍连德痛心的是，当时民众没有得到起码的医疗保障，无数的病人因为没有得到及时和正确的治疗而丧命。作为迈入现代化国家的一个指标，就是要有全国性的现代化医疗卫生系统。这是从他回国那天起，30 年不变的努力方向。

在伍连德眼中，中国医疗卫生的当务之急是尽快建立国家规范，和现代化医学教育体系，以便尽快培养出大批合格的医学人才，为解除劳苦大众的疾苦服务，提高国民的体质和寿命。要做到这一点，靠留洋回来的，或者靠旧医都不可能实现，必须让两者结合起来。因此，他一直呼吁医学改革，要求由政府出面，走医学现代化的道路。

1922 年民国政府公布了《管理医师暂行规则》及《管理医士暂行规则》。这两个规则，对医生的资格有了明文规定。新医或西医称为医师，旧医或中医称为医士。学习新医者从医学院毕业后即取得医师证书；而习旧医者，须经地方警察考试及格，取得医士证书才能开业。政府并设立全国性机构，管理医疗卫生。这两个规则对中西医分开对待，开始逐步限制中医，但并没有限制中医开业。

1923 年，政府公布"取缔中医办法"，限定了医士的资格，加快取缔中医的步伐。1925 年，教育部再次明令中医不准组织公会。

民国政府的这些举措，虽然由粗到细地逐步限制和取消中医，但是由于军阀混战，政府的政令无法在全国大部分地区执行，多数束之高阁，并没有对中医产生过大的影响。

1928 年，国民党北伐成功，中国终于出现了久违的和平。南京政府于当年 11 月颁布《卫生组织法》，设立卫生部，中央卫生委员会及中央卫生试验所。这是中国政府第一次设立部级医疗卫生单位，刘瑞恒主持卫生部，开始施行彻底废除中医的方针。

1929 年 2 月 23 日至 26 日，南京国民政府卫生部召开第一届中央卫生委员会。会议由卫生部次长刘瑞恒主持，参加者除时任卫生部技监的伍连德外，还有中央执行委员褚民谊、中华民国医药学会上海分会会长余岩（余云岫）、上海中央大学医学院院长颜福庆、南京卫生局长胡定安等共14人。这场规模不大的会议，在历史上很有名，因为就是在这次会议上，提出了废除中医的提案。

和以前的政令规则不同，这次是由统一全国的中央政府，召集各方面的权威，正式提出彻底废除中医的建议。建议提交卫生部后，很快被卫生部采纳，准备马上落实。

没想到，这一次政府令的颁布受到中医界强烈而顽强的抵抗。

4

在第一届中央卫生委员会会议上，余岩、褚民谊等人先后提出了四项相关议案，分别为：《废止旧医以扫除医事卫生之障碍案》（中字第14号）、《统一医士登录办法》（生字第22号提案）、《制定中医登记年限》（生字第36号）、《拟请规定限制中医生及中药材之办法案》（生字第42号）。

考虑到有些提案太过严厉，会议进行了折衷，最后通过了《废止旧医以扫除医事卫生之障碍案》呈报卫生部，另外草拟了《请明令废止旧医学校案》呈报教育部。通过的提案规定了六项限制中医的具体办法：

（1）施行旧医登记，给予行医执照方能营业，执照登记限期为一年。

（2）限5年为期训练旧医，训练终结后，给以行医证书。无此项证书者停止营业。

（3）自1929年为止，旧医满50岁，即不能使用。

（4）禁止登报介绍旧医。

（5）检查新闻杂志，禁止非科学医学宣传。

（6）禁止成立旧医学校。

在上报中央后，考虑到余岩提案过于激进，最后通过的议案《规定旧医登记案原则》，这便是著名的"废止中医案"。公布的实施办法和缓了许多。规定了废止中医之三条原则：

（1）旧医登记限至民国十九年为止。
（2）禁止成立旧医学校。
（3）其余如取缔新闻杂志等非科学医学之宣传品及登报介绍旧医等事由，卫生部尽力相机进行。

卫生部的法令公布后，引起中医界空前的反弹。

尽管最后的法令没有雷厉风行废除中医，可是这次会议使中西医的争论彻底地到了你死我活的阶段。西医以官方的角度采取如此强硬的做法，马上引起全国中医的抗议。从在报纸上展开辩论，到中医罢诊请愿，一时间风起云涌。

这次中西医大辩论，在当时的时代背景下，双方都用现代科学做武器，争相标榜自己的科学性，其结果自然是中医不如西医。争论的另一要点是，当时西医的人数太少，如果废除中医的话，中国大部分地区将出现无医少医的状态。

提案者余岩对此并不是没有意识到，他在会上提出另外一个提案，呼吁尽快解决西医缺少的问题。在废除中医时，一方面把中医和中药分开，肯定中药的作用，建议加强中药科学研究。另一方面承认中医是广大乡镇看病的主力，废除中医不能着急，要慢慢来。这种废医存药，加快西医的培养和壮大，以及一步一步慢慢把中医结合到西医中来，是与会人员的共识。

这时，正赶上蒋介石和桂系决裂，战火再起。废除中医案牵扯到国民党内部的派系斗争，蒋介石不愿多起争端，废止中医案很快无疾而终。

事件过后，褚民谊等改而呼吁提倡科学，选拔人才。卫生部长薛笃弼则声明中医不可废，但要科学化。薛笃弼辞去部长职务后，刘瑞恒继任卫生部长，采取大力扶持现代医学，限制传统医学的方针，中国的现代医学在其后的几年内得到迅速发展。经过这样一场风波，使国人对西医的相信度更为提高，现代医学教育也很快地发展起来。中医虽然没有被废除，但是受到沉重打击，以中医人士的话，是惨胜。西医取代中医的大趋势已经不可逆转，现代医学从此占据了主导地位。

由于抗日战争爆发以及国共内战的原因，直到新中国建立后，才重新从政府的角度推行医学现代化，1950年召开第一届全国卫生会议，卫生部设立了中医科管理中医，派西医去学习中医，然后使中医科学化，也就是伍连德提倡的中西医结合。几十年来，中医的科学化包括中医的科学标准、中医系统教育和中药的去粗取精都有了长足的进步，中西医之间的距离越来越短。也正因为如此，中医保守人士和西医激进人士的矛盾也越来越激烈。

伍连德对中西医的态度始终如一，他在《中国医史》中，便将两者列为一脉相承，而不是对立的关系。中国传统医学的复兴，和其他学科一样，必须走科学化、现代化道路，其实和后来提倡的中西医结合一样，用科学的方法把传统医学融入到现代医学中去。

伍连德对中国传统文化十分钟情，由于写《中华医史》的缘故，认真阅读了大量的中医古籍，系统地研究了中国医学的过去和现状。他生长于南洋那种各民族混居的环境中，除了中医外，还接触到其他传统医学，对各种文化一向采取兼容而不迷信的态度。不管是哪种传统医学，他认为都应该用科学的最新成就和技术去重新整理，以便跟上历史的步伐。一味因循守旧，只能自取灭亡。

除此之外，他还利用可能的机会，为中医呼吁。例如1916年香港大学授予他法学博士荣誉学位，利用这个机会，他建议香港大学设立中医教授，促成香港大学增加华裔教师。他所反对的，不仅仅是中医凭经验诊治病人，也包括西医的种种弊病。比如只顾看病挣钱而放弃不断更新知识和掌握最新进展等问题。直到晚年，他还呼吁建立严格的医生考核制度，保证医疗人员的业务水平，让民众得到高水准的医疗照顾。

伍连德对中国医学落后的现状深感痛心，对中国医学发展的前景也十分担忧。他既反对中医界固步自封，也反对当时以改革为名，搞中西医对立的现象，呼吁走中西医结合的道路，寄希望于中医破旧图新，深入钻研，同西医不分派别，协力合作，用现代科学方法，研究中医中药，使传统医学得以重生。

正因为如此，伍连德积极提倡中国医学史的研究和教育。1935年在中华医学会第三届全国代表大会上，伍连德与王吉民、李涛等商议，发起并组织了

"医史委员会"。1937 年此会改名为中华医史学会，并举行了第一届全国会议，制订了发行医史杂志的计划，成立了"伍连德医史基金会"，捐资支持医史研究和著作出版。但是由于抗日战争的爆发，发行医史杂志的计划未能实现，只在每年《中华医学杂志》中、英文版各出版一期医史专号，有计划地组织中西医学界人士撰写医学史论文，每年举行若干次医史学术交流会。直到 1946 年，才经中华医史学会年会决定通过发行季刊《医史杂志》。在伍连德的倡导下，我国历史上第一个医学史专业博物馆——中华医学会医史博物馆在 1938 年 7 月诞生。可以说，伍连德是中国医学史研究的开创人。

医者，人命关天，事关患者的性命和生活质量。在中西医问题上，伍连德一方面保持着强烈的民族自尊，大力宣传中国医学的辉煌成就，另一方面努力提倡中西医结合，希望中国的医学能够将传统和现代很好地结合起来，希望每一个中国人都能健康长寿。

伍连德可以说是 20 世纪初主张中西医结合、力图医学改革的代表人物。他不仅对中国现代医学贡献甚伟，对中国传统医学的贡献也是很少人能够相比的。在中国近现代医学史上，无人可以取代他的地位。

第十六章　奠基创业

1

1910 年到 1921 年的十几年，是中国天翻地覆的十几年，也是伍连德成为一个巨人的十年。这十年正是他精力充沛的年代，有挫折有痛苦，但更多的是成功。进入 20 世纪 20 年代，伍连德可以说是当之无愧的名医巨匠，中国的首席医学专家。上至公卿名流，下至平民百姓，都知道天下有此公。

从南洋归国 13 年，尽管华语依旧不流利，可是他的成就、他的地位，可以说在归侨中无人能出其右。1924 年，晚年的梁启超在为东北防疫总处的年度报告作序时，以极其不寻常的赞誉写道："科学输入垂五十年，国中能以学者资格与世界相见者，伍星联博士一人而已！"

此句纵观自洋务运动到 20 世纪 20 年代，中国与世界接轨的半个世纪，能真正称得上国际著名学者的，让世界对中国学者仰视的，只有伍连德一个人。

自晚清到民国，能当此盛誉的舍伍连德其谁？

无论地位如何改变，伍连德依旧是那个伍连德，他回到中国不是为了图名声求安逸的，而是来为祖国做事的。

其实有些事他早就着手做了，从主持陆军军医学堂开始，他就抱着个远大的抱负：为中国创建现代化的医学系统和医学教育。当年人微言轻，只能尽

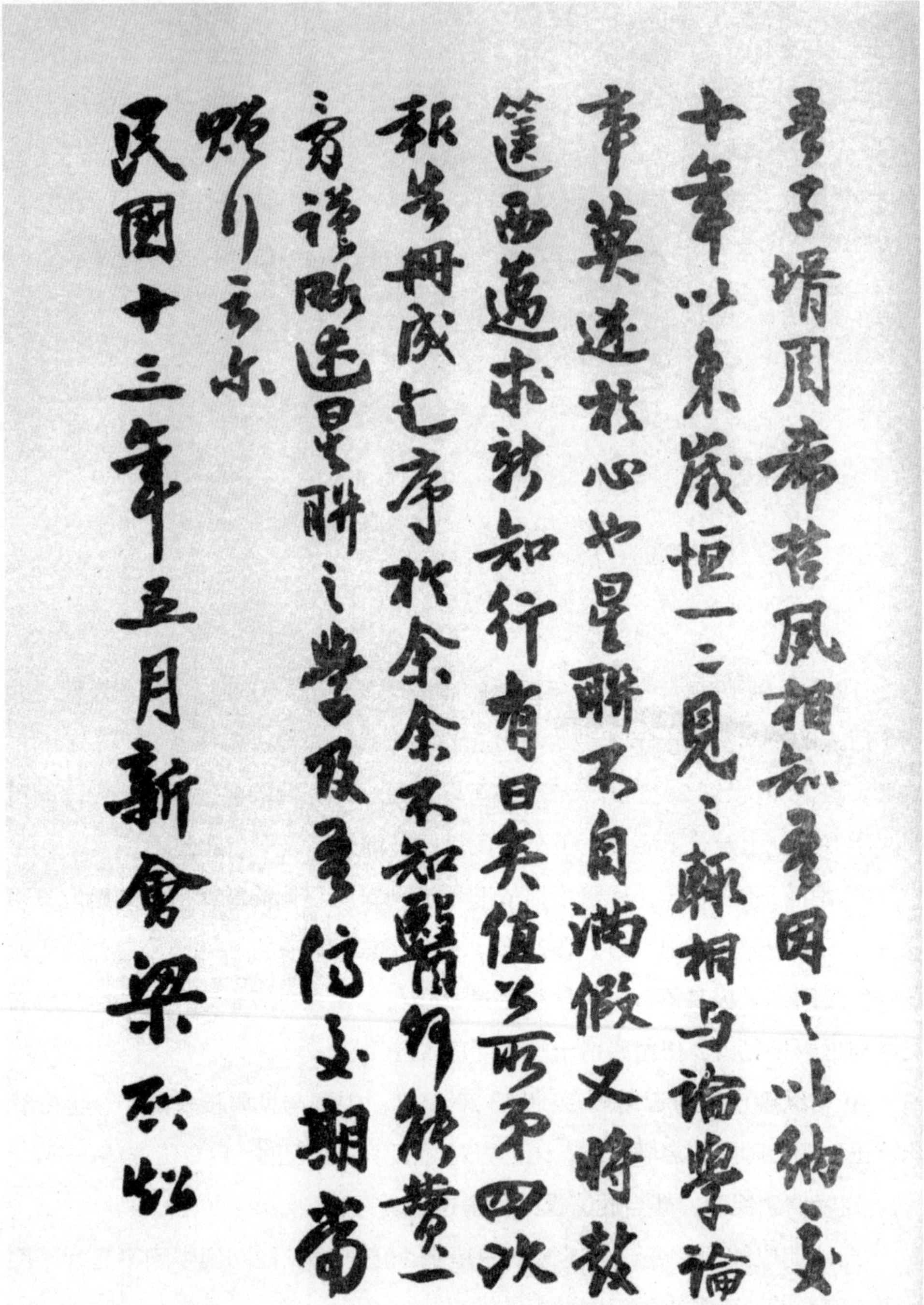

壬子猾月帝昔風相忘至因之以納言

十年以來歲恒一二見三酈桐與論學論

篋函遍通求新知行有日矣值之而第四次

市莫逆於心也星期不自滿假又將散

報參冊成七序於余余不知罄竹筍贅一

言謹贈送星聯之學及至期常

媵川言爾

民國十三年五月新會梁啟超

梁启超手迹

科学输入要五十年国中能以学
者资格与世界相见者任星联博士
一人而已洋者日俄争长於辽滨亲疫
事迄忍櫻我藝權政府乃置防疫之
所於哈尔宾而以星联總其事既逾
十稔诸廣具瘁學術上之设施六震
以聯進於是知星聯非特優於學乃
其治事之才亦有大过人者如星聯与

力呼吁。自从因东北抗鼠疫成功而天下闻名开始，一有机会，他就不懈地努力，成为中国现代医学和现代医学教育的先驱之一。

当年对国籍一事不如今日这么分明，严格来说，生在海峡殖民地的伍连德是大英帝国的公民，他本人在危难时刻也确实向英国领事馆求助过。虽然他有强烈的中国人的意识，可是在他的潜意识中，海峡殖民地槟城是他的故乡，他既是中国人也是英国人。他非常感激海峡殖民地政府，为他提供了女皇奖学金，让他有了到英国顶尖大学学习的机会。

女皇奖学金的翘楚们的经历不同，林文庆、宋旺相和伍连德正是三个典型。

林文庆、宋旺相和伍连德是女皇奖学金获得者中最出色的人物，被称为海峡三杰，都是出生在南洋的华人子弟，在英国受到良好教育，回到家乡后春风得意。

宋旺相的情况基本符合女皇奖学金设立者的初衷，他不仅不能讲华语，对华人的身份也不很认同，最后成为东南亚第一个获得英国爵位的亚洲人。但是，受自由主义的影响，他能够为殖民地的二等公民包括华人争取权益，并努力推动海峡殖民地的社会改革。

林文庆则是另外一个极端，虽然是第三代移民，可是他的中华归宿感十分强烈，从一开始就自认为是中国人。他的普通话、闽南话和广东话都很流利，是著名的侨领。更难能可贵的，是他很早就加入同盟会，为反清做了很多贡献。辛亥革命后随孙中山到南京，孙中山下野后他也退隐。1921 年应陈嘉庚之邀出任厦门大学校长，从此从事教育事业。

伍连德则是南洋华人比较典型的代表，就是不多过问政治，以回国为祖国、为人民服务为目的。伍连德的背景和上述两人不同，他生于偏僻的槟城，为人质朴踏实，重实干而轻大言，生性就适合从事专业而远离政治。

从晚清到民国，他保持技术专家的身份。无论风云变幻，始终能置身事外，在政治上尽可能保持中立。正因为这样，他和各方面的头面人物交情都不错，受到各届政府的礼遇。这一点，保证了他能够实现自己科学救国的抱负。

伍连德所处的那个时代，梦里依稀慈母泪，城头变幻大王旗。忍看朋辈成新鬼，怒向刀丛觅小诗。局势的演变是无法预料的，热衷于名利者很可能迷失自己，在政治上有抱负者往往屡遭挫折。伍连德能够在乱世中独善其身，得以用自己的才华为国为民服务，并不是因为他对局势有很敏感的判断力，而是因为在他心中，值得效力的是祖国，而不是哪个政党或者哪个强人。国家这个概念，在他心中从回国那天起，就从来没有模糊过。报国，有热血沸腾的志士，也有脚踏实地耕耘的智者。有人喊"华北之大，已经安放不下一张平静的课桌了"，也有人兢兢业业地防疫。抗日战争时期，很多人撤到大后方，为抗战做出贡献。也有人选择留在沦陷区，继续为百姓服务。伍连德长子伍长庚，这位留学英美归来的防疫专家，就选择留在北平，继续从事城市卫生防疫，终年奔波于条件很差的贫民窟，进行流行病学调查和传染病控制，以至因此染上结核，去世时正当壮年。

虽然一生不介入政治，尽可能远离党派纠纷，可是伍连德有一种出乎寻常的民族自尊心。在当时的环境下，中国积贫积弱，没有国际地位，处处受人欺负。伍连德早年在南洋一直受歧视，尽管他具有英国侨民的身份，可是自从踏上中国这块土地开始，他就不放弃任何机会，为中国抗争，为中国人抗争，为建立由中国人主导的现代医学体系而奋斗。

爱国不是靠空喊，爱国靠的是行动，是持之以恒、日久天长的努力，是于逆境中不屈不挠的勇气。

2

现代医学于19世纪初传入中国，经过一个世纪，现代医学在中国主要集中在南中国，尤其是广东和香港澳门等地，还有上海等大城市，并未能深入中国社会。西医主要开私人诊所和医院，中国还没有现代化的医疗卫生体系。

以教会的医生为主，于1886年成立了中国博医会，是一个主要由外国医生组成的、有基督教色彩的学会，定期举行会议，渐渐形成每两年度的年会，这便是在华唯一的医学组织。

1908年伍连德回国，北上途中，在上海停留期间，按他的习惯，一到上海他马上走访本地的医学人士，随即申请加入博医会。

通过博医会，他结识了很多在华的医学人士，包括在英国实习时的老同学、湖南湘雅医学院创始人胡美，还有颜福庆、刁信德、俞凤宾、唐乃安、牛惠生、牛惠霖等华人医学人士。这些中国医学的先驱们逐渐形成一个小团体，定期交流，研讨建设中国现代化医学体系等话题。

伍连德来到中国之时，正是国际医学改革的年代。以美国为代表，充分意识到提高一个国家的医疗卫生水平，关键取决于医学教育能否培养出合格的医学毕业生。

伍连德正是在这时期留学英国习医的，在英国、法国和德国，他系统地接受了现代医学的培训，尤其是受这种新的现代医学潮流的影响。这时代脉搏被伍连德敏感地抓住，并于 1908 年引入陆军军医学堂，可以说，在中国他是第一个引进这种新的现代化医学教育思路的，中国医学现代化就在伍连德这位先锋和旗手的带领下迈开大步前进。

但是，中国医学现代化并不是一朝一夕的事。

在伍连德看来，建设中国的现代医学体系，应该包括正规的医学院校、先进的教学医院、各地的现代化医院，以及全国性的医学学会。政府也应该大力支持和推广，特别是人体解剖，应该通过政令予以批准。

1910 年，伍连德还在天津的陆军军医学堂任教时，便起草了建立华人医学协会的计划，征求朋友们的意见，并登报呼吁。大家讨论以后，认为现代医学在华人数很少，影响不大，成立华人医学协会时机不成熟，这个计划只好束之高阁。

1910—1911 年的东北鼠疫大流行，对清政府和民众都产生了极大的震动。特别是在伍连德的指挥下，用现代医学的方法，短短三个多月内完全控制住了一场几百年不遇的大瘟疫，促进了官方和民间对现代医学的信任和重视。现代医学从此开始深入中国社会的各个角落，享有了不可动摇的地位。伍连德树立了现代科学在中国的权威。

在这种形势下，建立中国自己的现代医学体系和现代医学教育的呼声越来越高。从晚清政府到民国政府，都把医学现代化作为一个施政方针。伍连德的计划开始进入实施阶段，1913 年，在京的博医会华人会员在伍连德倡导下，组成了一个地方性华人医学协会，开始了中国医学现代化的步伐。

1911 年，伍连德利用成立北满防鼠疫体系的机会，在北满落实了自己建立现代化医院的设想。在他的主持下，哈尔滨、齐齐哈尔以及北满各口岸先后建立起了先进的防疫医院，先后建立的鼠疫防治医院包括哈尔滨医院、三姓医院、大黑河医院、满洲里医院、同江医院、

三姓医院

营口医院、齐齐哈尔市民医院等。这些现代化设置在其后的鼠疫和霍乱流行中建立了不朽功勋，成为北中国坚强的防疫盾牌。

尽管在东北鼠疫大流行之后，人们对现代医学不再有公开的怀疑，但是现代医学在中国的发展还有许多问题需要解决。比如人体解剖，在 1911 年东三省第一次鼠疫流行中，伍连德率先解剖了病人尸体，开了人体解剖的先例。可是事属非常时期行非常之事，当时在中国，人体解剖还处于不可行的状况。

1913 年，作为中国政府的代表，伍连德赴伦敦参加国际医学会议，然后参加了在美国水牛城召开的国际卫生学会议。会议结束后，利用汇报会议情况的机会，他向民国政府递交了题为《中国医学教育》的长篇建议书，系统地向政府建议大规模改革医学教育，包括批准人体解剖、在医院进行临床教学实习、建立中央医学委员会指导全国的医学教育，以及要求医学生学习英文等。这些建议无不切中要害，体现了世界医学教育的最新潮流。此时，他的老朋友莫理循已经被袁世凯任命为政治顾问，也是医学博士出身的莫理循极力向袁世凯推

1921 年 9 月北京协和医学院的开办仪式上，受特别邀请宣讲其学术论文《论肺鼠疫》，图为主席团代表鱼贯进入礼堂

荐伍连德的建议，使这些建议得以逐项落实。

1913 年 11 月 22 日，民国政府内政部颁发了解剖条例，允许医生对死者进行尸体解剖以发现病因。其后，协和医学院首先对学生进行解剖教学，接着，各地的医院和医学院陆续开设解剖课程。

1913 年，哈佛大学校长埃利奥特受洛克菲勒基金会委托，来华考察现代化教育。伍连德受外交部派遣，陪同他在各地考察，详细介绍了中国的医学现状和需求，使埃利奥特对中国的现状有了比较清晰的了解。埃利奥特回美后，向洛克菲勒基金会提交了考察报告。根据埃利奥特的考察报告，洛克菲勒基金会再度组团来华考察，还是由伍连德负责接待。考察团走访了中国 17 所医学院校和 97 家医院，这次考察结束后，洛克菲勒基金会正式开始了北京新协和医学院和协和医院的筹建。主持筹建的罗杰·格林，1911 年任美国驻哈尔滨领事，在鼠疫防疫中和伍连德建立了友谊。因此，协和医学院从筹备开始，伍连德便积极参与其中。

因受第一次世界大战的影响，协和医学院于1917年才破土动工，于1921年9月19日正式落成。在协和医学院开幕式上，作为特邀嘉宾，伍连德应邀做了关于东北鼠疫流行的报告。

在其后的几年内，北京协和医学院和协和医院很快成为国内以至世界上先进的医学院和医院，为中国培养出一批又一批优秀医学人才，还聚集了一批华人的精英。这批华人医学精英们逐

1921年，与洛克菲勒基金会代表合影

渐成长，最后接管了协和。中国人从外国人手里接管了协和医学院，表明中国现代医学的人才已经成长起来了，标志着中国现代医学进入了高速发展的阶段。而少为人知的是，这里面也有伍连德的功劳。

3

伍连德组建的东北防疫总处，成为国际微生物学方面的著名机构，不仅仅在疾病防疫上占据国际领先地位，在科研上也达到世界先进水平。这里收集的肺鼠疫病人样本、野生啮齿类动物标本非常完整，在世界上独一无二。其收集的鼠疫的流行病学数据也是别的研究机构所无法比拟的。因此东北防疫总处在鼠疫的流行、监测、诊断和动物试验等方面始终居世界领先地位。在霍乱的防疫控制及治疗上，同样有突出的成绩，居世界领先地位，是当时全球微生物学研究的顶尖机构之一。在这种条件下，到东北防疫总处工作，是很多科研人

1921 年，伍连德在野外进行鼠疫实验

员的愿望和梦想，东北防疫总处也因此聚集了由各国科学家组成的一支精英团队。

由于东北防疫总处名声在外，经常接到国内外来申请工作的信件。这天，办公室送来一份简历。伍连德打开一看，申请人是留学美国哈佛大学归来的医学博士，叫刘瑞恒。这份简历非常出色，其他人的意见是聘用此人。伍连德也打算把这个优秀人才收罗在手下，可是他转念一想，刘瑞恒在哈佛专攻外科，中国的现代医学需要各方面的人才，不仅在卫生防疫上，临床方面也需要。他觉得这个人如果继续留在临床上，会更有成就，能更好地为国服务。于是，伍连德给刘瑞恒回了一封非常恳切的回信，建议他继续从事外科，并帮他联系协和医院。

刘瑞恒听从了伍连德的建议，来到协和医院继续从事外科，成为中国著名的外科专家，孙中山临终前北上，就是专程到协和医院找他开刀的。1926 年，洛克菲勒基金会鉴于协和医学院和协和医院网罗的人才济济，可以管理协和，便考虑将协和的管理权交出，由本国人才组成协和新的管理团队。出任协和医院第一位华人院长的就是外科专家刘瑞恒。

从洛克菲勒基金会接收下协和管理权的那一届领导班子，聚集了一批华人医学精英，副院长是伍连德的好友、著名医学教育家颜福庆。此外，还有两名华裔系主任，也和伍连德有很深的关系。

细菌系主任就是当年建立北京中央医院时，受伍连德聘请北上的、他的老乡林宗扬。林宗扬从入槟城大英义塾起，就以老学长伍连德为榜样，立志学医。获得香港大学医学学位后，正赶上伍连德筹备北京中央医院，他接受伍连德的聘请而北上。等林宗扬赶到北京时，伍连德已经辞去中央医院的职务。他转而接受洛克菲勒基金会的资助,赴约翰·霍普金斯大学学习,获公共卫生博士学位。回国后加入协和医学院,后来曾任协和教务长和中国医学会会长,是中国著名的微生物和免疫学家。

生理系主任是林文庆的长子林可胜。8岁便去英国读书的林可胜,踏着父亲和姨父的脚印习医,获爱丁堡大学医学学位后,在第一次世界大战中参加战地救护。1924年,林可胜归国。尽管他已经非常英国化,有英文名字,娶了英国太太,可是他以姨夫伍连德为榜样,回国全心全意地为中国服务。

正因为有了这批非常出色的华人精英,从1928年开始,洛克菲勒基金会才将协和医院正式交给中国人管理。

刘瑞恒后来出任国家卫生部次长、部长,和伍连德一道,为中国医学卫生体系的现代化做出巨大的贡献。颜福庆和林可胜在抗日战争中先后出任卫生署署长、军医署署长,在烽火连天的战争中为中国人抗战的胜利立下功劳。

伍连德不仅自己兢兢业业地为国效力,而且随时随地地发现人才、培养人才,让更多的人能够和他一样归国效力。而他的成功也激励了许多像林宗扬、林可胜这样在海外的中国人,以他为榜样归国服务。

中国现代医疗卫生体系的建立,有着伍连德的无数心血。他培养和引进的人才,不仅在当时,在新中国成立以后,也一直在中国医疗系统中起着中流砥柱的作用。因此,伍连德被誉为中国现代医学的奠基人一点也不为过。他本人在中国医学现代化上起的作用,是其他人不可比拟的。

1914年,伍连德因公出差,来到上海。结束了公事之后,他和在上海的颜福庆、刁信德、俞凤宾、唐乃安、牛惠生、牛惠霖等医学名流相聚一堂。稍稍寒暄以后,伍连德旧事重提,再度提出成立全国性的华人医学学会的建议。

自从上次他提出这个建议,已经四年了。这四年,中国的医疗卫生因为东三省防疫成功的鼓励,已经得到飞速的发展。现代医学已经占据了主导地位,无论从人数还是范围上,都具备了一定的规模。与会的医学人士达成一致的意向,成立一个中国人的全国性医学协会是时候了。

伍连德和颜福庆等决定,利用第二年博医会在上海召开两年一度年会的机会,正式筹办全国性华人医学协会。

1915年春节期间，博医会在上海召开年会。中国现代医学人才汇聚上海，进行医学方面的交流。

2月5日晚上，参加博医会年会的21名华人会员，应伍连德的邀请，陆续来到上海的一家饭店。事先知道今天目的的人显得非常兴奋，也感染了其他人。饭菜摆上了，大家坐在那里，谁也没心思吃饭，都在等待着。

伍连德在众人瞩目下站了起来，郑重地说："今天之所以请诸位来，是讨论成立全国性华人医学协会之事。"看着在场的人频频点头，他举起手，提高了声调："我建议立即筹备成立中国全国性华人医学协会，取名为中华医学会，同意的请举手。"

屋子里齐刷刷地举起21只手臂。

这一天，1915年2月5日，中华医学会正式成立。

大家一致同意后，当场选举学会的组织机构。在筹备阶段，由颜福庆任会长，伍连德任秘书。第一次中华医学会会议定于1916年召开，在此期间，由伍连德作为主编，出版《中华医学杂志》。

伍连德返回北京后，立即为中华医学会向教育部备案，很快获得教育部的批准。在积极筹备中华医学会第一次大会的同时，他抓紧《中华医学杂志》的编辑出版。当年10月，《中华医学杂志》第一期正式出版。前两期为半年一期，其后为季刊。1924年开始为双月刊，1950年开始为月刊。从1915年开始，伍连德担任《中华医学杂志》主编六年，其后相继由牛惠生、林宗扬等继任。这份杂志一直办到今天，成为中国医学方面最重要的刊物。

中华医学会成立后，很快吸引了中国各地的现代医学人才。到1915年底，会员由最初的21人增加到223人。不到一年，就具备了和博医会抗衡的实力。中华医学会的成立，原来是本着有一个专门由华人组成的全国性医学学术团体，以区分于以外国人为主导、有浓厚教会色彩的博医会，并不是与其对立的。中华医学会的会员依然是博医会的会员，后来两会还经常一起活动。中华医学会的创立，也源于伍连德强烈的民族自尊心。中国人要有自己的医疗卫生系统，要有自己的医学组织。而且不仅仅是摆样子，要干，就一定要干好。

1916年2月7日，中华医学会第一次大会在上海召开，参加会议的有上千人。在这次大会上，伍连德被正式选为中华医学会会长。

掌声雷动中，首任中华医学会会长伍连德博士走上主席台，说出的第一句话便掷地有声："我建议，在中华医学会的会议上用中文发言。"

这句话一出，全场为之震撼。

4

自从西学东渐，在华的医学会议上发言历来用英文。英文可以说是伍连德的母语，远远强过他的中文，他用中文做学术报告还是有些吃力，但是他从归国后参加学术会议开始，就感到非常不适应。他觉得，在中国的土地上，就应该用中文发言。所以，作为首任中华医学会会长的第一个提议，就是在学会的会议上用中文发言。

这个提议得到大家的赞同，可以说中国现代医学概念的本土化，从这天开始了，极大地促进现代医学在中国的发展和普及。

中华医学会的蓬勃兴起，让博医会很快承认这个现实，并采取与之和平共处的原则。主动要求两会的年会一起开，以方便身兼两会会员的医学研究人员。这个建议被中华医学会采纳了，从此中华医学会的年会和博医会的年会就在一起开，1917 年 1 月在广州召开了中华医学会第二届大会，伍连德连任会长。

中华医学会自从成立的那天起，就以振兴中国现代医学教育为己任，迄今已经开了 23 届大会。历任会长不乏著名学者，如颜福庆是耶鲁医学院毕业的亚洲第一人，在医学界桃李满天下。伍连德之后，有几位是上海圣约翰大学医学部出身的沪上名医，如俞凤宾、刁信德和两次为陈赓秘密治重伤、有中国医界之柱石之称的牛惠霖，还有曾任协和院长、卫生部长的刘瑞恒，曾任北洋医学堂总办的伍连德的好友、东北防鼠疫时的副手全绍清，伍连德的内甥林可胜，骨科专家牛惠生，伍连德的老乡林宗扬，中国现代药理学鼻祖朱恒璧，预防医学专家、曾任卫生部长的金宝善，外科学的先驱者沈克非，公共卫生学家朱章赓等。

从中华医学会成立的这一天起，中国的现代医学和现代医学教育开始步入正轨。中华医学会成为中国现代医学的中心，在发展、推动现代医学在华的成长上起到了不可估量的作用。1932年，博医会并入医学会，使中华医学会成为中国唯一的国家级医学学术团体。

中国现代医疗卫生体系从无到有，里面浸透着伍连德的心血。就是他和他的同仁们，为中国现代医学的大厦亲手搭起每一砖每一瓦。

1916年底，为了表彰他对中国医学管理和研究的贡献，香港大学授予伍连德法学博士荣誉学位，同时获得这个荣誉学位的另外一位是中国铁路建设的先驱詹天佑。

1922年伍连德获上海圣约翰大学荣誉理科博士。同年，伍连德受张作霖委托，在奉天建成东北陆军医院。1923年他作为"交换教授"去日本，是日本的首位中国人"交换教授"。1926年他以肺鼠疫的论文获日本帝国医科大学荣誉医学博士，系首位非日本人之得主。经过在哈尔滨10年鼠疫预防和控制，伍连德被公认为全球鼠疫的权威。1926年，国际联盟卫生组织出版了他的《论肺鼠疫》，他本人也被选为该组织的卫生部研究员。他还被苏联微生物学会选为外籍会员。

1924年8月，伍连德接受洛克菲勒基金会的资助，赴美国约翰·霍普金斯大学公共卫生学院进行为期一年的进修，学习卫生学的最新发展。对他来说，这也是一个考察欧美卫生研究机构的机会。

第一次世界大战结束后，美国社会各方面开始蓬蓬勃勃地发展，在科学技术上也展现出领袖群伦的气势，在洛克菲勒基金会等资助下，大手笔投资科研，吸引了世界各国顶尖人才来美进修，一改以往优秀人才纷纷去欧洲进修的情况。约翰·霍普金斯大学公共卫生学院就是在洛克菲勒基金会的资助下，建设成世界一流的公共卫生学院，为各国专家提供了一个进修和交流的场所。对于伍连德来说，这是一次系统学习最新科学知识的机会。重新回到校园，对他来说，也是一个好好休息的机会。

安排好手头的工作后，伍连德离开上海，前往美国。他乘船跨越太平洋，抵达旧金山，然后来到位于乔治亚州李斯堡的疟疾研究中心，接受了一个多月疟疾研究的培训。已经是45岁的人了，他依然像年轻人一样，和来自各国的卫生专家一起，到贫民窟中捉来蚊子进行研究，或者跋涉在沼泽地中，并以此为乐。

一个月的实习结束后他北上马里兰州巴尔的摩市，开始了在约翰·霍普金斯大学公共卫生学院的学习。

对美国，伍连德一直很有好感。在东北防疫最初阶段，到处吃闭门羹的他只有在美国领事那里受到善待。成名以后，美国有关机构多次邀请他来美进修，可是鼠疫未除，无法长期脱身。现在鼠疫的威胁已经消除，他终于可以轻松地重新过学生生活了。

伍连德非常热情而且精力充沛地完成了在约翰·霍普金斯大学的学习，获得公共卫生硕士。迄今，约翰·霍普金斯大学的网页上还有关于这位出色毕业生的介绍。在这一年里，他很好地更新了自己的知识，并利用这个难得的机会，和美国各地医学家们进行了多次交流。

这次留美期间，他的收获很多，还引进了预防小儿猩红热的方法和药物，在哈尔滨试验成功，并在全国推广，使自1873年该病流入中国以来死亡率第一次出现下降。

结束在美国为期一年的进修，回到中国后，伍连德还是把主要时间花在哈尔滨，一方面继续主持东北防疫总处的工作，一方面进行科学研究。

这一年难得的忙中偷闲，使他掌握了卫生学的最新知识，在科研思路上也有很多新的设想，需要在实践中进行检验。哈尔滨远在北疆，不受北京政局动荡的影响，对希望安心于科学研究的伍连德来说，是世外桃源。他心里有许多的设想，准备一一落实。

可是命运还是不给他轻松时刻，正当他在科学的海洋中尽情陶醉的时候，新的挑战出现了。

第十七章　生死一线

1

1926年，霍乱在亚洲大规模流行。从春天开始，到春夏之交，亚洲到处霍乱，其流行规模远远超过1919年。

1926年，霍乱来势凶猛，春天开始横扫印度支那和印度，仅泰国就有2000人死亡。中国的第一例病例于5月中旬出现在上海闸北区，可是直到6月8日官方才宣布发现霍乱病例，这种人为的隐瞒使卫生防疫系统失去了尽早控制霍乱的可能，加上当时在上海也没有全面控制霍乱的能力。到官方终于承认出现霍乱时，霍乱已经在当地大流行。到8月份，上海起码有2万病例，长江沿线几乎所有城市都爆发霍乱。同时，日本和韩国也出现霍乱。

上海是远东最繁忙的港口，因此是历次中国霍乱流行的源头。在上海霍乱难以控制的原因是，除了中国方面，还有英租界和法租界，三方根本不合作。这个问题由来已久，等到5年以后，由伍连德来做中流砥柱，一统上海的防疫江湖，才彻底得到解决。

如此凶猛的疫情，在东北却是另外一番光景。在得知印度和印度支那出现霍乱后，伍连德马上提高了警惕，着手霍乱的预防和控制的准备工作。

汲取了上一次霍乱流行的经验和教训，伍连德加强和各地及国际的合作，达成一致意见，由东北防疫总处统一领导东北的霍乱控制。建立了早期预防措施，事先在医院、人员和其他方面做好了准备，等霍乱在哈尔滨和东北出现时，当地已经做好了准备。

有了十几年防疫的经验和威信，东北防疫总处采取疫情公开的政策，逐日公布疫情，使居民们和医疗人员密切合作。另一方面，中方和日方的防疫机构加强合作，使整个东北的霍乱防疫得以协调。加上早就和东北防疫总处密切合作的苏联方面，自东三省第一次鼠疫流行以来，整个东北第一次有了相对统一的疾病防疫组织。东北长期存在中日俄三方势力，而大连早就成为日本的殖民地，日本还在逐步蚕食中国。伍连德竭力协调中日俄三方，可想而知其艰难。

霍乱出现以后，防疫机构除了控制疫情外，还重点对病人及其家属进行宣传教育，不仅争取民众的配合，也争取到了霍乱病人和家属的配合使霍乱病例得以早期发现、早期收容和早期治疗。

由于以上措施的落实，在这次霍乱流行期间，整个东北死亡 1500 人，而

1925 年，伍连德在刚落成的哈尔滨医院前留影

1919年霍乱流行期间死亡人数至少一万人。哈尔滨死亡人数仅280人，1919年却高达4500人。

死亡人数的下降，除了预防控制得力外，病人的治疗效果也起到很大的作用。在这次防疫中，哈尔滨地区防疫总处的医院承担了大部分霍乱病人的治疗，日方的病人也全部送中方医院。中方防疫医院的死亡率17%，苏方的两家医院分别为35%和65%。在这次霍乱的防治中，霍乱病人在院死亡率中苏医院再一次形成鲜明对比，使东北防疫总处的防疫能力又一次达到世界先进水平。

霍乱流行结束后，伍连德总结了这次霍乱防疫的经验和教训。中方医院之所以再次以超过世界先进水平的病人死亡率傲视苏方，是因为准备工作充足，对病人认真负责，病人一到医院，医务人员马上进行医治。由于霍乱病人的早期治疗是病人存活的关键，所以中方的防疫医院才能取得这样的佳绩。而苏方医院住满了其他病人，对霍乱的流行没有任何准备，霍乱患者到医院后要等候很久才能被收治，往往耽误了治疗的最佳时机。此外，中方的医护人员在防疫中夜以继日的工作热情，也是苏方无法相比的。

当年，美国医学会杂志发表了一篇比较中国、印度和苏联医院在这次霍乱流行中表现的文章，将伍连德属下的防疫医院评为最佳的防治霍乱医疗机构。

东北防疫总处再一次经受了考验，站在世界的巅峰。

就在东北防疫总处从草创到成熟，一步一个脚印，最后闻名于世的这些年里，中国大地烽烟四起，政局混乱。袁世凯死后，北洋政府像走马灯一样换来换去，张勋复辟的闹剧，引发护法运动，造成南方北方事实上分裂。海军总长程璧光率舰队南下投奔孙中山，可惜南方一样争权夺利，1918年程璧光遇刺，伍连德失去了他在中国最好的朋友。

程璧光之死，对伍连德的打击很大。对中国的现状，他深感无奈。他当初抱着一腔热情回到祖国，原以为可以用自己的专业知识平平静静地为祖国服务。没想到不到三年，清朝倒台了，成立了共和政府。对这次变革，尽管伍连德曾受清廷的重用，但他深受自由思想的影响，还是表示出很大的热情，希望中国能够从此走上民主自由的道路。可是没想到，国家对内四分五裂，对外依然是地道的弱者。对这个现状，伍连德自知难以改变，只能利用现有的条件，尽其所能地做事。

1927年，中国重新出现统一的希望。国民党北伐取得胜利，南京政府建立，各方至少从名义上归属南京政府，使人民终于看到复兴的希望。

这一年，伍连德多半时间在世界各地奔波。春天，应国际联盟卫生部邀请，他前往欧洲考察各地卫生情况。自哈尔滨出发，经西伯利亚，四个月时间走遍欧洲各国，最深的感受就是第一次世界大战后，各国都在努力向美国学习，重视教育，重视卫生防疫，大力提高全民健康。对此，他更加深刻地感到，中国的医疗卫生现代化的必要性和紧迫感。

年底，他赶往印度加尔各答出席第七次远东热带病医学会议。在三个月期间足迹遍及全印，考察各地医疗卫生情况，行程一万两千英里。

一年以内，两次长途跋涉，虽然眼界大开，可是也很疲倦。伍连德刚刚准备休整一下，并检查一下东北防疫工作，便收到蒋介石的急件，希望他能够出任军医司司长，负责军内医疗系统的改革和重组。这是继肃亲王、袁世凯后，中央政府第三次礼聘他出任国家医学主管。

在当时的中国，出任这个职务，伍连德自然是第一人选。中国自己的军事医学教育是他开创的，加上积20年之声望和经历，的确是无人能出其右。因为刚刚结束对列国的考察，对全国卫生事业有了新的认识，伍连德对这个任命非常感兴趣。

但新政府到底怎么样？以蒋介石为首的将军们为人如何？他们之间的关系怎样？

怀着疑惑和担心，伍连德来到南京。

2

到达南京后，他便来到官邸，拜见蒋介石。没想到，蒋介石和夫人宋美龄一起来到会客厅。

蒋介石和宋美龄两个人对照鲜明，一个威武，一个玲珑。一进屋，宋美龄笑容满面，走上前来和客人握手，用英文说："伍博士，我们又见面了。"

伍连德想起来了，是 20 年前在天津温秉忠家里时，见过马上就要出国留学的宋美龄。

蒋介石一挥手，示意伍连德坐下。双方落座后，宋美龄继续找话题："伍博士，听说您几年前曾在美国进修，不知走访了哪里？印象如何？"伍连德简单地介绍了在美国的见闻，一谈到这些，宋美龄兴致勃勃，说起来没完。出于礼貌，伍连德应和着。

嗯咳！蒋介石咳嗽一声，两个人止住了谈话，蒋介石开口了，说得非常简洁："伍博士，我决定任命你出任军医司司长。军医司非常需要你这样的专才来执掌，以后政府将在军医司基础上设立国家卫生部。"

虽然事先有所准备，伍连德还是有些激动。从晚清到民国，政府始终没有一个部级卫生主管部门，南京政府设立卫生部的计划，的确是划时代的举措，肯定会大大地推动中国医疗卫生的现代化。他沉思了一下，决定还是开诚布公地说出自己的想法："蒋先生，非常感谢你对我的信任，关于主持军医司我恐怕有些难以胜任，力不从心。"

蒋介石边听边点头："好，好。"

伍连德继续说："据我所知，军内的医疗人员的提升不是靠水平而是靠资历，这些人中很大一部分不是学西医的，如果想在军队医学系统内进行改革，我恐怕……"

蒋介石不知道听没听进去，还是说："好，好。"

蒋介石的反应让伍连德不知所措，宋美龄这时插话："伍博士，我衷心希望你能接受这个聘请。"

蒋介石接着说："我相信，以你在北满防鼠疫的经历，是一定会成功的。"

伍连德见两人如此说，也无法再陈述下去，只好说："感谢蒋先生和夫人对我的信任，我想在拜见过冯玉祥将军后做最后的决定。"

蒋介石脸上隐隐有一丝不快，宋美龄还是笑容满面，道："好的，我相信冯将军和我们一样，非常希望您能出任这个职务。"

出了蒋府，伍连德立即前去拜访冯玉祥，因为他知道，按南京政府的分工，卫生系统归冯玉祥管辖。

身穿一身棉布军装的冯玉祥笑容满面地迎出来，一把握住伍连德的手："伍博士，久违了。新政府的卫生系统我就指望你了。"

当年在北京，伍连德和冯玉祥曾见过面，但没有过多的交往。冯玉祥和蒋介石完全是两种人，十分和蔼健谈。他夸赞了伍连德几句，又说了套革命的大道理，听了伍连德的忧虑，他像是劝说又像下命令地说："这些都不成问题。哈尔滨那边你就不必过多操心了，东北防疫总处的工作可以交给别人。你就专心地在南京当军医司司长。我保证提供足够的经费，有求必应。至于军内的医疗人员，不服从的就地撤职，不要有什么顾虑。"

伍连德也不好多说，告别了冯玉祥，回到住处，依然犹豫不定。他心中有接受任命的愿望，希望为中国军队组建一个现代化的医疗系统，进而为建立全中国的现代化卫生系统而尽力。可是，此时的伍连德已经不是刚刚接受袁世凯聘请回国时的伍连德。将近20年在中国官场上的经历，特别是好友程璧光的遇刺，使他对中国的政治有了更为清醒的认识。

在中国，军队并不是国家的军队，而是掌握在少数军阀手中。因此组建现代化的军医系统不仅要靠政府和军方的支持，还要靠比较长时期的稳定和一贯性。

20年来伍连德见过很多大人物，作为政治的局外人，他眼光越来越敏锐。仅仅一日之间，他感觉到冯玉祥和蒋介石之间的差距太大，是不会和平共处的。如果他接受军医司司长的职务，很有可能夹在两人中间，最后奔命于政治斗争而一事无成。

伍连德想来想去，还是无法做出决定。他想，还是听听妻子黄淑琼的意见。于是他当即坐渡轮过江，乘火车直奔天津，然后换火车回到北平。见到丈夫神色匆匆地回来，黄淑琼问："连德，南京之行怎么样？"

伍连德道："就是因为心中委实无法决定，连夜回来和你商议。"接着，把在南京的所见所闻，和自己的看法告诉了妻子。

黄淑琼静静地听完了，想了一想，道："连德，你的顾虑很有道理。国民党虽然北伐成功，统一全国，可是内部派系林立，不仅仅是蒋冯之间，还有其他的矛盾。你还是不要接受任命吧。"

伍连德道："好，我马上给南京发电报。"

黄淑琼道："慢，你马上赶回哈尔滨，在那里向南京发辞呈，这样更安全。"

伍连德点点头。

伍连德听从妻子的建议，当即返回哈尔滨，到了那里后，分别发电报给冯玉祥和蒋介石，以北满的工作更符合本人兴趣为理由婉拒了军医司司长的任命。

两周以后，南京政府发来公文，正式接受伍连德的辞呈。

时局也证明了伍连德的预感和黄淑琼的判断。两年之内，先是蒋桂战争，后是中原大战，蒋介石与李宗仁、白崇禧、冯玉祥和阎锡山决战，最后蒋介石取得了胜利。强大的中央政府终于建立了。但是，中国的灾难还没有过去，日本人加快了侵华的步伐。

南京政府于 1928 年 11 月 1 日设立了卫生部，部长由冯玉祥派系的薛笃弼出任，协和医院院长刘瑞恒出任次长。很快，由于推动废除中医案，卷入派系纷争，使卫生部的工作受到很大影响。1930 年，刘瑞恒出任卫生部部长，任命伍连德为卫生部技监，在卫生系统的改革上积极听取伍连德的意见，制定了全国卫生设施三年计划。并以事务繁忙为由，由伍连德代替他出任国际联盟卫生组织咨询委员会副主席。伍连德虽然没有出任卫生部部长，但始终参与国家卫生政策的制定和各项改革的计划。

1930 年 7 月 1 日，中原依然硝烟弥漫之时，中国政府宣布任命，伍连德出任海港检疫管理处处长。这个任命让很多人大吃一惊，而两年前辞去军医司司长的伍连德，对这个任命欣然接受。

海港检疫处是个刚刚成立的机构，行政上直属卫生部。曾经三次推掉了历届政府授予的国家最高医学长官任命的伍连德，为什么突然屈居卫生部一个处长？

这个职务是伍连德出任的唯一官方的正职。刚回国时，他的职务是陆军军医学堂帮办，是军内的文职，而且是副职。第一次东三省防疫时出任东三省防疫总医官是临时的钦差，由外务部委派的，正式职务依旧是陆军军医学堂帮办。防疫结束后，东三省防疫总医官的职务就自然取消了，蓝翎军衔是为了他面见摄政王方便而授予的，没有任何实质性权力。清朝灭亡后，他的陆军军医学堂帮办也辞掉了。

后来出任的外务部 / 外交部总医官，是为了他在东北与俄日英美法等国交涉时方便，属于客卿性职务，总统府侍从医官也完全是荣誉性的。东北防疫总处原属哈尔滨海关，后来独立，不是政府官方的。他那个处长是个历史的产物，和中央政府及地方政府没有关系。在中国的 20 多年，只有这个海港检疫处处长才是真正的政府官职。

历来视官职如粪土的伍连德，为何这么热衷小小的一个海港检疫管理处处长？

3

年逾 50 的伍连德早就是中国医学界的泰斗了，在全球也享有很高的声誉。要想当官，20 年前他就可任高官了。尽管当政者多次许以高官，可都被他谢绝。他历来对做官毫无兴趣，一贯采取明哲保身的策略，将主要精力放在科研和防疫上，和政界人物交往也是为了防疫方便，为什么在此时出山？而令人不解的是，伍连德本人对此非常看重。

这与海港检疫处的设立有关，也和伍连德过去 20 年的一个心愿有关。23 年前，当他第一次踏上中国的土地，心里就有了一个梦想：收关。

中国的现代国境卫生检疫开始于 1873 年。当时因为霍乱经常从泰国和马来半岛传入中国，海关和当地政府合作，在上海和厦门建立了海港卫生检疫所，并制定了国境卫生检疫条例。但是，由于检疫人员水平不高、知识陈旧、检疫设备简陋，特别是在工作职责和病例报告程序上的混乱和不统一，根本不能起到控制霍乱传入的初衷。除了这两个主要港口以外，在宁波、营口、天津、汉口也相继建立了小型检疫站。这些检疫所都控制在洋人手里，基本上对预防传染病传入起不到任何作用。各检疫站所之间没有任何业务联系，各自为政，所作的仅仅是对进港船只的检查登记，记录一下船员的死亡情况，个别口岸对船只进行消毒，也很不彻底。

1907 年伍连德首次自上海港入境，除了对口岸没有任何卫生检疫感到吃

1934年，伍连德与夫人黄淑琼在北京东堂子胡同家中

惊外，对口岸的检疫人员均为外国人的印象也十分深刻。可以说从那天起，他心中就有一个梦想，早晚有一天，口岸的卫生检疫要由中国人掌管。

东三省鼠疫防疫的成功，奠定了伍连德在国内和国际上的地位。借东北防疫总处建立之机，伍连德在中俄边境建立了国境卫生检疫站，并承担了营口和安东口岸的卫生检疫业务，在这两个口岸建立了现代化检疫医院。尽管在业务上东北防疫总处负责营口和安东的卫生检疫，可是在行政上，依旧归海关。和其他口岸一样，中国的海关那时候还在洋人手里。

伍连德从筹建东北防疫总处起，就有一个愿望，建立由中国人掌握的全国性的卫生检疫系统。不仅出于一个中国人的民族责任感，而且从卫生防疫角度，卫生检疫分别归属在各地的海关下，各自为政，根本就起不到预防传染病的效果，以致经常出现外来传染病的大流行。如果想达到及时控制传染病的目的，必须像在东三省那样，有一个机构统一负责各口岸的卫生检疫。

1924年在火奴努努举行的泛太平洋食品保存会议上，和1927年在香港举行的中华医学会和中国博医会联合大会上，伍连德两次提出成立全国性国境检疫机构的建议，但是北洋政府对此毫无兴趣。

南京政府建立以后，设立了卫生部，这个问题终于提到了议事日程上。1928年10月，《内政部长薛笃弼关于伍连德等人调查筹设海港检疫处等问题致国民政府的呈文》中指出：查海港为国家门户，应设检疫机关，以杜疫病传播，早为世界各国所通行。而我海港检疫权掌握在外国医生及外国领事税务司之手，缺乏统一管理，每当有传染病发生，他们往往只求外人无碍，而对于我国居民则无所计较。而各海关是由利害关系不一致的领事们组成的指挥部门，港口要获得疫情消息，往往必须经过相当长时间，负责医官还又得等候与行政官员和领事达成一致协议。在此期间，传染病已经蔓延开来。这种体制，不仅严重地妨碍对疫情的控制，也影响到主权国家的声誉。"为国家主权计，为民族健康计，为保护商业计"，检疫权均宜从速收回。

1929 至 1930 年间，国民政府财政部长宋子文，海关行政处总监张作霖，海关税务检察官梅兹及各海关官员、各海港地区的领事及商业组织代表共同协议，决定由中国政府独立设置海港检疫机构。国民政府遂批复由伍连德主持负责收回检疫主权各项事宜。

其间，南京政府卫生部正式向国联卫生组织提出请求，希望派团来中国进行港口卫生和海港检疫考察。11 月，拉西曼率国联卫生组织考察团来华视察了南京、杭州、上海、青岛、大连、沈阳、天津、北平、厦门、广州、香港等主要港口和城市。1930 年初，拉西曼回日内瓦后即向国联卫生组织提交报告并得到批准。报告中一个重要内容即国联卫生组织协作改组中国港口检疫组织，卫生部派伍连德、金宝善和蔡鸿参加了这次考察全程。之后，伍连德向南京政府正式书面提出收回检疫主权具体日程的报告。1930 年 7 月 1 日，全国海港检疫管理处在上海成立。全国海港检疫管理处直属南京国民政府卫生部管辖，统一管理全国检疫行政和业务事宜。

而伍连德，这位三次谢绝部长级职位的中国卫生检疫的首倡者不计个人名利，欣然同意出任海港检疫处处长。因为他经过 20 年的努力，终于从洋人手里收回了国境检疫权，建立了全国国境卫生检疫系统。收了关，他更要守好关。

1930 年 6 月 30 日，全国海港检疫总部在上海落成。次日，伍连德身穿海港检疫处处长制服，就任海港检疫处处长兼上海检疫所所长，中国人自己的国境卫生检疫从这一天开始了。

年过半百的伍连德精神抖擞，在伍长耀、陈永汉、金乃逸等助手的陪同下，来到吴淞港，从海关的洋雇员手中接收海关卫生检疫的职权。这个地方，就是 23 年前他第一次踏上中国的地方，也是他第一次被当成中国公民的地方。

1934年，时任海港检疫管理处处长

今天，他代表中国政府，在这里开始了中国人的卫生检疫。

他的一个梦想终于实现了。

伍连德平生建树颇多，而他自己最为得意者，以两件事为大，即东三省抗鼠疫的成功和建立国境卫生检疫。

中国人收了关更要定关，不仅要把住关，而且要比洋人把得更好。从海港检疫处成立的那天起，伍连德便抱有建立世界一流国境卫生检疫的雄心。有着强烈的民族自豪感的伍连德，亲自为上海检疫所配备的六艘检疫船起名字：木兰、赵云、伍员、蔡锷、岳飞和张飞。有三国名将，有传奇人物，还有民族英雄，就是要借他们的英魂，守住中国的海港口岸。

由于军阀混战，海港检疫处第一年经费，政府分文未给，海港检疫处和上海检疫所硬是靠检疫收费，不仅维持日常运转，而且还添置新的设备和船只，设在吴淞的检疫医院也开始筹建。

继收回上海检疫所，制定检疫条例，上海检疫所运转良好后，海港检疫处按预定计划，于1931年开始陆续收回了各个口岸的卫生检疫所。

1931年秋，伍连德回到东北。一方面对东北防疫总处进行年度巡视，同时参加正式接收安东和营口卫生检疫站的仪式。

他从哈尔滨赶到安东，于 10 月 15 日顺利接收了安东口岸的卫生检疫权。在当地布置完工作后，11 月，伍连德乘坐南满铁路的火车从安东返回长春。

"九一八"事变后，东三省一片动荡，可是伍连德以为靠自己在东北 20 年之声望，不会有什么意外。他登上从安东回长春的火车，一点也没有想到会大祸临头。

4

南满铁路从安东到长春的火车上乘客不是很多，头等车厢里更是空空荡荡。两个月前，日本人发动"九一八"事变，占领沈阳，时局动荡，人心惶惶，出门的人比往日少多了。

列车就要到达长春了，受雇于南满铁路的澳大利亚人肯尼起身整理行李。他站了起来，正好和车厢另外一头的一位戴眼镜的 50 岁左右的中国人目光相对，觉得这个人好面熟。肯尼回忆着，一时想不起来，正打算迈步过去打个招呼，车厢门砰地一声被撞开了，几位全副武装的日本军人走进来，陪同的铁路工作人员示意肯尼坐下。

日本军人来到那个中国人面前，领头的用日语命令："你，和我们走一趟。"

中国人满脸惊讶，拿出一个证件，也用日语回答："这是我终身免费乘证，我是伍连德博士，你们是不是搞错了？"

肯尼这才想起来，在大连曾经听过这个人的讲演，他是英国的医学博士，国际著名的鼠疫专家。

日本军官不由分说地下达命令，几个人把伍连德拉了起来，押出车厢，并命令铁路员工拿来伍连德的行李。伍连德边走边辩解："这肯定是个误会，我认识日本在满洲的所有官员……"

骚动平息了，列车进了长春站，日本军人押着伍连德下车，坐上汽车扬长而去。其他乘客交头接耳，这才纷纷下车。

肯尼满腹狐疑地下了车，回到住处放好行李，心里还想着这件事。于是立即去找他认识的一位英国人——英国一家报纸的记者爱德华·亨特。亨特听到这个消息后十分震惊，立即发电报给伦敦。

当哈尔滨和上海对伍连德的遭遇一无所知的时候，伦敦的报纸上登出了一条消息：著名鼠疫专家伍连德博士在长春被日军逮捕，下落不明。这个消息在伦敦一见报，伍连德在英国的朋友和知道他的人们非常震惊。东三省事变突起，在这个时刻伍连德卷入其中，处境肯定凶多吉少。人们纷纷找政府有关部门，希望政府能出面查清伍连德的下落，保证伍连德的人身安全。

为此，英国外交部当即要求驻华领事馆，尤其是驻东北领事，快速查清英国侨民伍连德的下落。

英国驻沈阳领事伊斯缇斯收到这份电报，已经是事发次日的傍晚。伍连德这个名字对他来说并不陌生，因为他和伍连德同时在剑桥就读，对这位优秀的中国同学早有耳闻，对伍连德在东北的工作也有不少了解。同时据他所知，伍连德是中国政府官员，怎么又是英国公民？伊斯缇斯看看时间已晚，无法向日方交涉了，便先打电话给长春方面，请他们查一下，是否知道伍连德的下落，明天再向在沈阳的日本有关方面询问一下。

这已经是伍连德被捕后的第二个晚上，而上海和南京对此事仍一无所知。

第二天早上，睡眼惺忪的伊斯缇斯走进办公室，倒上一杯咖啡，翻阅了一下公文电报，然后处理几件公务，秘书走了进来："伊斯缇斯先生，有一个中国工人求见，说是事关一个英国人的性命，非常紧急。"

伊斯缇斯一愣，这又是关系到什么人？日军占领东三省，事情那么多，哪里有时间管这些事？"你接待一下吧。"

秘书递上一张名片，伊斯缇斯接过来一看："伍连德博士？快把人请进来。"

一位中国工人跟着秘书走了进来，伊斯缇斯着急地问："伍连德博士人在哪里？"

工人示意他把名片翻过来。名片背面有些潦草地写着："我是伍连德博士，我被关押在沈阳日本宪兵队的地下室，请帮助我。"

伊斯缇斯也顾不得多问，马上起草措辞严厉的外交照会，亲自送交给在沈阳的日本领事，要求立即释放英国公民伍连德。

中午，疲惫不堪的伍连德走出日本宪兵队。这两天，伍连德究竟经历了什么事？

继占领沈阳后，日军很快占领长春，进而占领吉林和黑龙江，除锦州、哈尔滨外，东三省已经全部落入敌手。

从火车上被押下来后，伍连德被押运到长春的日军司令部，一到那里马上被送进审讯室。

审讯室里面有三名日本军官，两名中级军官坐在中间，一名下级军官拿着笔记本做笔录，另外还有一名充当翻译的中国人，一看就知道是大烟鬼。

坐在左边那位凶神恶煞般的日本军官指着伍连德说："军部已经掌握了你在满洲的间谍行为，必须老实交代。"

伍连德对此莫名其妙，他告诉他们，自己在东北已经主持防疫20年了，他的事可以找长春、沈阳和大连的任何一位日本医生核实。

翻译阴阳怪气地打断了他的话："伍博士，我劝你还是认罪算了，这样的话皇军还能给你留条活路。"

伍连德义正辞严地说："住口，我是无罪的，为什么要认罪？"

另外一位日本军官盯着伍连德看了一阵，开口说："军部自然要核实了，我们这里就是向你核实，你一定要如实交代。"

接着，日本人开始审讯。从伍连德在英国求学时开始询问，内容包括家庭、科学研究和交往，事无巨细，尤其是对他在东北这20年的经历、和防鼠疫研究的情况，反复询问核实。伍连德对此既奇怪又不满，可是人为刀俎我为鱼肉，失去人身自由的他只能如实地一遍又一遍地回答。

漫长的审讯结束时，天早就黑了，伍连德被关在一间冰冷的小牢房里。好在身上的大衣没有被搜去，可以御寒，伍连德又冷又饿地度过了失去人身自由的第一夜。

第二天一早，伍连德被从牢房里叫出来，再次坐上南满铁路的火车往南而去。下午一点多，到达沈阳。到沈阳后，他被带到关东军宪兵队，这时候他已经又饿又疲倦，简单吃了点日本人给的食物后，又进了审讯室。里面依旧坐着三个军衔更高的日本军官和一个翻译，把昨天问过的内容重新核实一遍，而且更加严厉。

伍连德建议，既然在沈阳，可以去日本人的南满医学院找他们院长或者任何一个教授，都能核实自己的话。日本军官根本听不进去，告诉他关东军有自己的调查方式。审讯依旧持续到天黑，最后日本人让伍连德在张写满日文的纸上签字，然后把他关押在地下室的一间小屋内。

伍连德连续两个晚上靠着大衣熬过漫长的冬夜，对自己的安危很是担心。长夜漫漫，他回忆了这两天的审讯，突然觉得事情绝对不是因为误会。日本人对他的背景掌握得非常之细，不仅仅是他公开的经历，甚至包括他和林语堂等人在英文的《中国评论周报》上发表针对日本侵华的文章，日本人也了解得一清二楚，而且他用的是化名，对此知道的人很少。表明日本人注意他已经很久了。

难道这一次日本人是要对他下手？究竟会对他怎么样？

东方微明，彻夜未眠的伍连德想到自己命运未卜，正不知如何是好，突然听到外面"丁铃，丁铃"的声音，趴在窗户上一看，是一个工友从井里打水。

伍连德脑海里一闪，决定冒一次风险，抓住这也许是唯一的机会。他想到自己的英国侨民身份，现在中国政府在东北已经不存在了，只有请英国领事出面了。他从兜里拿出自己的名片，快速在名片背后写下几句，然后掏出两块钱，压低了声音叫："先生，先生，请你过来一下。"

工人闻声，转过头，看见一个同胞在铁窗后面焦急的表情，走了过来。

伍连德把钱和名片从窗户栏杆的缝隙间递出去："先生，这钱请你收下。我被日本人无辜关押了，请你把这个名片送到英国领事馆。我是英国侨民，他们会帮助我的。"说完，焦急地等待答复，他希望这个工友和多数在东北的中国人一样，敌视日本人。

他遇到好人了，工人想了一想，点点头："你放心，我一定送到。"

工人走了以后，伍连德觉得每一分每一秒都过得非常之慢。从刚才的对话中，他看出这个工人是仇视日本人的，肯定会把消息送到英国领事馆。他知道英国领事馆要到十点才开门，他不知道在这段时间里会发生什么事，会不会有性命之虞？

十点了，外面没有一点动静。

十点半，还是没有动静，伍连德心急如焚。

　　十一点，楼上有动静了，隐隐约约传来日本人的争吵，似乎很激烈。难道英国领事馆的外交交涉有效果了？

　　十二点，牢房的门开了，伍连德被带到楼上。昨天审讯他的日本军官阴沉着脸，告诉他军部搞错了，他可以走了。不过在离开大连以前，日本领事要见他一面。

　　伍连德终于活着走出日本宪兵队，度过了平生第一场大难。

　　初冬的北国，阳光灿烂。伍连德在阳光下，深深地呼吸着。在他背后，是日本人设的鬼门关。

　　起先，他觉得自己是在错误的时间出现在错误的地点。"九一八"事变以后东北形势瞬息万变，对此毫不在意的他依旧巡视各口岸。加上他国民政府官员和国联专家的身份，难免引起关东军的怀疑。日本也公开宣称他是受国联卫生组织的派遣，到东北从事间谍活动的。后来他才知道，为什么以他在国际上包括在日本的声望，日本人仍敢作难他。

　　真正的原因直到七年以后才真相大白。1938年常德爆发鼠疫，伯力士、陈永汉等受国民政府派遣赶到疫区，经过调查发现鼠疫是日军通过空投携带鼠疫杆菌的跳蚤引起的。这才揭开了731部队的内幕，和日军处心积虑谋取东北防疫总处研究防治成果的居心。在伍连德的研究基础上，日本人得以将之发展为细菌战武器，这才是日本人图谋伍连德的真正原因。

第十八章　最后一战

1

大难不死的伍连德走出日本宪兵队。从宪兵队里拿回来的行李一看就知道是被仔仔细细地检查过好几遍了，他顾不得这些，先来到英国领事馆，向领事伊斯缇斯当面道谢。

和以往许多次一样，伍连德又遇见一位傲慢的英国领事。他虽然很同情伍连德的遭遇，可是对于他这种拥有双重国籍的人很是不满。这种问题很难解释，伍连德总有落叶归根的愿望，希望退休后回到南洋老家，因此始终保留英国侨民的身份。同时，他又是中国政府的官员，在国际上代表中国，可以说是中国科学的象征。两人话不投机，伍连德随即告辞，乘火车前往大连。

到了大连后，伍连德按日本军官的要求，面见日本驻大连的领事。日本领事非常热情，一个劲地为军方的行为道歉，保证以后不会发生类似事件。但伍连德心里明白，他再也不能回到日本人统治下的东北了。他一刻也不愿在日本人管辖地多待，应付了几句后，马上赶赴码头，乘船返回上海。

船离岸而去，伍连德望着东北心潮起伏。他在这里名扬天下，这里有他20年的心血。望着渐行渐远的河山，他不知何时能够重返这里。

大好河山，可惜沦丧敌手。汽笛声中，伍连德泪眼模糊。

　　和当时的很多人一样，伍连德也把希望寄托在国际联盟身上。9月19日，中国驻国联全权代表施肇基向国联报告"九一八"事件，请国联主持公道。两天后，中国正式向国联提出申诉。中国政府亦请美国政府出面协调。甲午战争后，日本曾在列强的压力下，将辽东还给清政府。可是，这次日本军国主义已经羽翼丰满，根本不把国联放在眼里。1932年初，日本攻占锦州、哈尔滨，东北全境沦陷。日本因扶植满洲国，受到国联的谴责后，退出国联。希望以夷制夷的施肇基和伍连德彻底地丢掉了幻想。

　　东北沦陷，伍连德再也不能重返哈尔滨主持防疫，东北防疫总处只好宣告解散。当时世界上最先进的鼠疫和其他流行病防疫控制治疗系统、最齐全的鼠疫样本库，以及各口岸的防疫检疫医院全被日本人接收。刚刚收回的安东、营口海关卫生检疫站也由日本人接管。不仅如此，1931年11月，日本人制造了天津事变，造成塘沽口岸的卫生检疫权不能按期接收，直到两年多以后才转交给中国方面。

　　20年心血毁于一旦，国民政府奉行不抵抗政策，外敌当前，国内犹在内战中。伍连德既无能为力，又很有些心灰意冷。从此也只好经营长城以南的防疫工作。

　　东北防疫总处被日本人接收后，伍连德手下的精英们不甘当亡国奴或为日本人所用，纷纷南下，重新聚集在伍连德领导的海港检疫处。除了早已参与检疫处创建的陈永汉等人外，伯力士、林家瑞等都来到上海。正是这批伍连德培训出来的中国卫生防疫精英，在抗战中英勇对抗日军细菌战，为中国立下不朽的功绩。

　　不再有东北的防疫事务，伍连德得以专心于国境卫生检疫工作，基本上长住上海，中国国境卫生检疫系统的建设也得以迅速发展。

　　20世纪30年代，是中国经济快速发展的年代，尤其是江浙一带，迅速发展成非常繁荣的地区。上海也成为国际大都会，一派欣欣向荣的景象。海港国境卫生检疫的任务也更为繁重了，不仅要负责异常繁忙的港口的检疫，而且因为伍连德在，还要负责上海市及其周边地区的卫生防疫。近几年来，伍连德的个人生活也发生了变化。他和黄淑琼所生的三个儿子中，幼子长明死于第一次东北防疫时，年仅六个月。次子长福 16 岁时，在一次球赛后染上肺炎，没有得到及时治疗而死。只有长子长庚以优异的成绩先后在美国约翰·霍普金斯大学、耶鲁大学和罗切斯特大学获得学位，其后又在英国获得学位证书。黄淑琼由于幼年患结核，体质一向较差。加上回国后伍连德长期在东北驻守，她一个人支撑全家，劳累过度身体每况愈下，近几年在北京处于疗养状态，基本上足不出户，根本不能陪伍连德四处奔波。

因此 1925 年伍连德在东北再度成家，夫人李淑贞一直随他四处奔波，此时终于在上海安家。两人一共育有二子三女，依次为玉玲、玉珍、长生、长员和玉珠。

由于东北被日本人占领，中国的鼠疫预防工作便侧重于长城沿线和沿海各口岸，这项工作自然归海港检疫处负责。因为有了国家一级的领导权，伍连德得以全盘规划。在他的筹划指导下，中国终于第一次有了一个全国性的鼠疫监测网。这个监测网主要是监测鼠跳蚤，监视其身上是否有鼠疫杆菌存在。具

1934 年，伍连德与海港检疫管理处同事合影

体负责这项工作的是伍连德的侄子、海港检疫处的第一副处长兼流行病预防科主任伍长耀。

和林宗扬、林可胜一样，伍长耀也是伍连德从海外聘请回来的人才。他毕业于香港大学，是因为海港检疫处的设立而专门从海外聘请回来的。海港检疫处还有另外两名副处长，一是伍连德在东北防疫总处的副手、负责医学服务科的陈永汉，另外一位是负责消毒科的金乃逸。

海港检疫处成立以后，首先接收的是上海港卫生检疫。上海是大港，船只来往频繁，关税收入占全国海关收入的一半。在此之前，上海港的检疫由中国政府和英法租界委托给上海海关。海关的卫生官员常驻吴淞，自以为是海关和租界雇员，只听命于港口总督。因此在紧急情况需要当机立断的时候，根本没法得到专家的指点，造成传染病特别是霍乱的流行屡次发生，因此改革势在必行。

现在负责上海港检疫的是一位退休的英国医生，主要的工作就是报告来往船只上死亡员工的病例。船只的消毒外包给一家洋人小公司，收入的 10%交给海关。检疫经费的其他来源还包括租界的每年赞助，整体上入不敷出，到伍连德接手时已经负债 15 万元。财政部在伍连德的请求下指示海关免去了这笔债务。

1930 年 7 月 1 日，上海检疫所正式成立，伍连德兼任所长。上海检疫所面临的主要任务是预防霍乱的传入，自从霍乱传入中国以来，历次大流行都是从上海港开始的。上海所工作的重点，是对来自霍乱高发地区的船只进行消毒处理。上海所建立后，人员壮大得很快，形成由 12 名医生、6 名检疫员、4 名医院助理、2 名技师，和 60 名其他工作人员组成的现代化检疫队伍。还有六艘检疫船。

中央政府预算中的第一年检疫经费为检疫处总部 3 万元，上海所 6 万元，可是由于军阀交战，一分钱也没有拨下来。但是由于上海港船只消毒业务很快全面开始，每个月的消毒费收入可达两万元。不仅检疫处和上海所的工作可以顺利进行，而且还可以添置新的检疫设备和船只，使国境检疫工作很快达到国际水平。

1930 年 9 月，伍连德主持制定了《海港检疫章程》，检疫处还制定了《进口船舶检疫规则与熏船规则》《海港检疫标志旗帜及制服规则》等法规，使中国海港检疫步入正轨。

继接收上海港后，第二个按计划被接收的是厦门港。1931 年 1 月 1 日海港检疫处接收厦门港，不久，厦门出现鼠疫流行。在东北防疫总处的协助下，厦门检疫所圆满地控制了这场小规模鼠疫。当年，厦门还出现严重的天花流行，也是由厦门检疫所负责对港口和城市进行防疫，起到了建立卫生检疫系统预期的作用。

随后，1931 年 4 月检疫处接收汕头港。1931 年 10 月接收营口和安东港，但因"九一八"事变安东港落入日本人手中。1931 年夏天长江水灾，检疫处应邀在汉口开设检疫所，开始了长江沿线的检疫工作。原定于 1932 年 1 月 1 日接收的青岛、塘沽和秦皇岛口岸卫生检疫，因为日本人作梗，直到两年后才接收。1932 年还从广东省政府手中接管了广东口岸。

就在检疫工作按部就班地展开的时候，1931 年底伍连德在东北蒙难，东北检疫总处解散，东三省口岸全落到日本人手里。半年后，中日在上海交战。

2

从 1930 年开始，伍连德把主要心血倾注在上海。特别是"九一八"以后，东北防疫 20 年心血毁于一旦，他只能全身心地寄情于海港卫生检疫处。

除了鼠疫和霍乱外，对中国的其他严重流行的疾病，他也主持或参与预防控制。1926 年 1 月，中国麻风协会成立，1930 年在上海召开了第一次中国麻风会议，伍连德任主席，报告了"中国麻风的现状"。伍连德是国际微生物学会（IAMS，国际微生物学会联盟的前身）发起人之一。在创立中华医学会之后 20 多年间，他在国内还参与发起创建了 10 余种学术团体，包括中华麻风救济会、中国防痨协会、中国公共卫生学会、中国微生物学会、中国医史学会和中国科学社等等。

对当时常见的结核病，他始终很关心。这里面还有一个鲜为人知的小故事。

因为妻子黄淑琼终生受结核病所苦，以及结核在中国的广泛流行，他对结核病格外关注。他发现，中国传统的饮食习惯，大家共食使肺结核很容易传播。从卫生的角度，应该采取西方的分食制。可是分食制在中国很难被接受。一开始，他考虑在吃饭的时候每人用两副筷子，一副取食，一副入口，这样虽然达到了卫生的目的，但造成了很大的不便，推广不开。经过反复考虑，伍连德发明了介于共食和分食之间的卫生进食法，就是今天常见的旋转餐台，将菜放在这上面，每样菜边上放一双共用筷子。这样，既解决了传染病包括肺结核通过共食这个环节传播的问题，又照顾了中国人传统的饮食习惯。现在，这种旋转式的餐台在海内外中餐馆里随处可见，却很少人知道是伍连德发明的。

海港国境卫生检疫从无到有，从小到大，都是伍连德每日每夜的努力。除了上海检疫所外，还有一个让他格外关注的就是厦门检疫所。一方面厦门是大港，福建移民出入频繁。另外一方面他自幼和福建有千丝万缕的联系。太太是福建人，好友兼亲戚林文庆也在厦门。

1912年初，林文庆应孙中山的聘请，到南京担任临时政府内务部卫生司司长，同时兼任孙中山的保健医生。不久，孙中山辞去临时大总统，政府北迁，林文庆返回新加坡。1921年，陈嘉庚创办厦门大学，第一任校长邓萃英上任不久即辞职，陈嘉庚遂聘请林文庆当校长，一直到1937年厦大改为国立，林文庆才辞职回新加坡。他在厦大任职16年，在厦门岛上荒凉的一角，建立起一所规模宏大的学府，校内设施、院系组织、课程设置以及教授的延聘，都参照欧美大学而改进，使厦门大学成为全国闻名的私立大学。

这段期间，伍连德经常往返于上海和厦门之间，1931年建成的厦门检疫所也就成为除上海检疫所外，第二大检疫所。每次来到厦门，他都会抽空和林文庆一聚，两人的友谊一直持续到终老。

伍连德深知，在现有的国情下，想搞好国境卫生检疫，必须取得在华洋人的合作。从1930年开始，每年圣诞节前，检疫处都在上海举办年度晚宴，邀请在华洋人的代表，向他们介绍检疫处的工作，听取他们的意见和建议。在晚宴上，检疫处的报告，特别是消灭了多少只老鼠等数据给来宾留下深刻的印象。上海的港口检疫工作，因此从一开始就获得租界方面的大力配合。此外，伍连德和国联卫生部门建立了常规合作，把中国的国境卫生检疫纳入全球检疫系统。

仅仅一年多，到1932年初，港口检疫已经取得了可喜的成绩。上海港口检疫船只总吨位达1800万吨。其中上海港检疫船只2234艘，总吨位1500万吨。吴淞检疫船只697艘，总吨位300万吨。入境中外旅客20万人，船员将近30万人。相比之下，1930年伦敦港检疫船只16085艘，总吨位2200万吨。1931年，上海口岸船只消毒总吨位200万吨，5136甲板。在当时，新建的中国卫生检疫已经接近国际先进水平。

检疫处的建设也不是一帆风顺的。因为天津事变的影响，塘沽口岸迟迟不能从日本人手里收回。1932年，淞沪抗战爆发。这时，伍连德刚刚从东北脱险不久，检疫处的建设也处于起步阶段。日本人依然一口咬定他是间谍，而且

上海海港检疫处（1935年摄）

是国联的间谍。

1932 年 1 月 28 日，日本海军陆战队突然向闸北中国驻军阵地发起猛烈进攻，日本帝国主义蓄意制造的"一·二八"事变，在日军不宣而战的情况下爆发了。驻守于淞沪地区的十九路军在上海和全国其他各地人民的支持下，奋起抵抗。战事一起，处于前线的吴淞检疫站便毁于战火，使上海口岸的检疫工作中断达一年之久。

港口的检疫设施毁于战火，检疫处和上海检疫所的人员只得撤回市内。大家简单安顿后，便聚集在临时避难所，打听下一阶段的安排。大家议论纷纷，各种消息在人群中流传着。日本人步步紧逼，东北防疫总处解散后，眼看海港检疫处也要关张。

年过半百的伍连德身穿检疫处长官服出现在门口，人们停止了议论，目光都看着伍连德。

伍连德看着大家，斩钉截铁地说道："国难当头，以上海之大已经不能做卫生防疫了。既然日本人不让我们安安静静地检疫，那就投身抗战吧。我决定停止检疫处的各项业务，组成救护队，上前线参加战地救护。"

一席话，令在场所有的人都振奋起来了。

伍连德一挥手："是中国人的，跟我上前线。"转身走了出去，身后跟随 100 多名中国卫生检疫的精英，这些手无缚鸡之力的书生们这一刻和他一样热血沸腾。

有时候，需要的只有热血。有时候，剩下的只有热血。

这一年，伍连德 53 岁，早已过了热情冲动的年龄。

从 1908 年归国出任陆军军医学堂帮办到此时，24 年了，他这个原北洋军人、前清的陆军少校终于有机会上战场了。

年过半百，伍连德没有想到自己还有机会上战场，而且是抗日的战场。能够在民族存亡的关头，和舅舅们和妻子的叔叔一样，迎着日寇的炮火为祖国而战。伍连德不是第一次为国而战，只不过以往都是战斗在卫生防疫战线上，用胸中所学为国效力，靠真才实学为祖国增光、为祖国守关。现在，他要做一次真正的军人。

让日寇的炮火再猛烈些吧，中国不缺热血。在淞沪抗战中，伍连德率领的检疫处医疗队奔波在战场，总共医治了两万多官兵和几百名伤兵。他们和其他为抗战出力的医学前辈们，就是中国医界的柱石。

淞沪抗战刚刚结束，还没来得及重新开始港口检疫，中国20世纪最大的霍乱流行就开始了。刚刚从抗日战场上归来的伍连德，还没从硝烟中调整过来，不得不仓促迎接平生最后一场恶战。

3

设立海港检疫处，还有另外一个目的。自刘瑞恒主持卫生部后，他积极推动建立全国防疫检疫系统。将海港检疫处总部设在上海，其目的就是请伍连德坐镇上海，对付每隔几年大流行一次的霍乱。

从19世纪下半叶开始，霍乱在中国的流行一直不断。几乎每次大流行的起点都是上海，来自霍乱疫区的船只把霍乱带到上海，由于没有有效的国境卫生检疫，霍乱很快在上海地区流行，然后传遍全国。尽管其他口岸也有霍乱传入，但因为上海的国际化大都会的地位和四通八达的交通，在上海控制霍乱，对控制全国的霍乱流行至关重要。

在哈尔滨时，伍连德于1919年、1926年两次主持霍乱控制，1926年更是协调整个东北的霍乱防疫，取得了令人瞩目、达到世界先进水平的成果。在当时的中国甚至世界上，伍连德是当之无愧的霍乱权威，特别是在大城市传染病防治上，当时海内外无人能出其右。如果想在上海严格控制霍乱，非伍连德莫属。更为急迫的是，20世纪二三十年代之交，全球霍乱流行越来越严重，迟早会出现一次大流行。利用建立海港检疫处的机会，请伍连德坐镇上海，刘瑞恒心里踏实多了。虽然不知道是否能控制住霍乱的流行，但是他相信，以伍连德之才，一定能有大的作为。

伍连德来到上海以后，仔细了解了上海的实际情况。认为上海的问题除了日益增多的人口和快速增长的商业活动以外，上海本身的缺陷也影响有效的防疫。上海的卫生机构共有三个互不相关的部分，即国际租界、法租界和大上海。

这也是许久以来，上海没有有效的卫生防疫的根本原因。

伍连德和刘瑞恒就此进行了讨论，决定利用伍连德的国际声望，和海港检疫处，使三方面达成合作。刘瑞恒出面召集国际租界、法租界和大上海的卫生部门以及检疫处先后开了三次会，就此反复讨论，到第三次会议上终于达成共识。卫生部出资 2 万元，上海市出资 1 万元，法租界出资 1.2 万元，国际租界出资 7500 元，建立防霍乱合作项目。卫生部为此在上海设立中央防止霍乱临时事务所，伍连德出任所长，具体负责此项目。定 5 月 15 日为霍乱日，开始在上海进行霍乱疫苗接种。所有在上海的医疗机构使用统一的防疫表格。防止霍乱临时事务所接管了吴淞和长江口的检查站，指定几家实验室对船只和水源进行流行病学监测，这些措施的实施使上海开始有了统一的霍乱控制系统。

"九一八"后东北防疫 20 年的心血毁于一旦，伍连德只得常驻上海，专心国境卫生检疫和霍乱所的工作，并且有时间对上海的霍乱问题进行研究分析。因为他知道，早晚有一天，霍乱大流行还会光临上海，他需要的是时间。

可是上天并没有给他多少时间，半年以后霍乱就出现了，上海究竟会出现什么状况？

经过大难不死和战火考验的伍连德，能不能打好这一仗？

1932 年夏天，中国发生 20 世纪最大的一次霍乱流行。24 个省中，23 个出现霍乱；366 个大城市中，312 个出现霍乱病例。全国一共记录了 95000 个霍乱病例，死亡 31000 人，病人死亡率之高令人闻霍乱色变。其中北平病人死亡率最高，接近 80%。

和以往很多次霍乱大流行一样，这次霍乱的第一个病例也是出现在上海。1932 年 5 月，停泊在上海附近的一艘法国邮轮的水手出现霍乱，很快在苏州河沿岸流行。其原因是苏州河沿岸居民用河水洗衣煮饭，夏季时甚至直接饮用河水。上海市 150 万居民中起码有 30 万人没有自来水供应。

如果没有淞沪抗战，靠海港检疫处和上海检疫所在上海建立的港口卫生检疫系统，这场大霍乱是有可能被堵在国门之外的，起码可以减弱其流行程度。这笔账，要算在日本人头上。正是因为日寇在上海悍然开战，造成步入正轨的港口检疫全面瘫痪，使霍乱乘虚而入。

庆幸的是，在又一个关键时刻，伍连德在场。

东北防疫总处可以说是伍连德的毕生心血，20 年来无论风云如何变幻、无论当国者许以何等高官厚禄，他始终不为所动，坚持任东北防疫总处处长。而且，历届当权者对他始终予以礼遇，使他可以安心研究和防疫。如今被日本人用武力夺取，对一位年过半百的人来说，可谓刻骨铭心，甚至心灰意冷。好不容易建立的港口检疫系统，又因为日本人的战火而陷入停顿。淞沪抗战，最后在列强的调解下，以中国的忍让而停火，让他感到非常郁闷。1932 年霍乱大爆发，使伍连德一下子忘掉个人得失，重新振作起来。

和前几次防疫不同，这一次伍连德有了各种有利条件。首先，他是大上海中外三方合作成立的中央霍乱所所长，有毋庸置疑的权威。其次，尽管租界方面对他还只是配合，卫生部部长刘瑞恒、上海市市长吴铁城对他则是言听计从、绝对支持。其三，上海市的医疗系统是全中国最好的，加上海港检疫处和上海检疫所，以及伍连德本人对付霍乱的经验，使他占尽先机。但是也有许多不利之处，他坐镇上海不久，海港检疫处力量本来就比较薄弱，又受战火影响，对霍乱没有一点准备。

泰山崩于前而面不改色是凡人所无的素质，可是对决事者来说，光有镇定是不够的。在疫情如山崩地裂之时，千头万绪，企图面面俱到，肯定一事无成。这种时候要分清轻重缓急，解决重中之重，此中高手要能从眼花缭乱中看到敌人的死穴。伍连德在这方面盖世无双，他有一种异于常人的直觉和判断力。在东北防鼠疫时，刚刚到达哈尔滨，就能准确看到傅家甸这个重心，用全面隔离的办法一击成功。

在现在这种情况下，应该先做什么？那么这次上海霍乱的中心何在？从哪里入手，才能击中霍乱的死穴？

伍连德胸有成竹地来到市政府，拜访市长吴铁城。听说伍连德来访，吴铁城放下手头的一切事务，赶紧接待。

双方坐定，吴铁城道："伍博士，上海的防霍乱就全仰仗您了。无论是人力物力，市政府一定有求必应、全力支持。"

伍连德道："谢谢吴市长，我今天来只有一件事，请市政府务必火速完成。"

吴铁城问:"什么事?"

伍连德道:"请市政府马上为苏州河畔居民提供干净的生活用水。"

吴铁城大感不解地问:"伍博士,我知道上海还有很多地方卫生条件很不好,市政府也有计划逐步解决。可是现在霍乱又大流行起来了,控制霍乱是当务之急,这件事能不能等霍乱被控制之后再做?"

伍连德一笑:"这件事正是控制本市霍乱的关键。"

"噢?"吴铁城更不明白了。

"霍乱在本地的流行,正是因为人们食用有霍乱菌的不干净的食物或者水源所致。现在本地霍乱病例逐日增多,苏州河水已经被霍乱菌污染了。面对这种情况,我们不可能对河水进行消毒。如果听之任之的话,沿河居民就会继续饮用有霍乱菌的河水,霍乱病例也会越来越多,上海市和周围的霍乱流行就会越来越严重,以至于无法控制。因此当务之急就是火速向这30多万人提供干净的水源,从而控制霍乱的流行。"

吴铁城豁然开朗:"伍博士果然洞察秋毫,我马上下令,火速铺设自来水管道。"

上海市于数日之内紧急为苏州河沿岸居民铺设了6条自来水管道,并为穷人提供五辆取水车,并大力宣传。此举一出,上海市的霍乱流行马上得到初步控制。

4

控制了霍乱利用水源大规模流行的可能后,伍连德开始抓下一个重点。

中央防止霍乱临时事务所成立后,伍连德就下令准备大量的霍乱疫苗,现在正好派上用场。中央防止霍乱临时事务所开始向市民提供免费的霍乱疫苗。霍乱流行期间,大上海一共有78万多人接种了霍乱疫苗,加上英租界的20万人,和法租界7.6万人,一共超过100万人接种了霍乱疫苗。如此大规模地在一个地区短时间内进行上百万人的疫苗接种,在中国历史上甚至在当时的世界上,都是前所未有的。这一项措施进一步切断了霍乱的传播。

　　与此同时，借助哈尔滨的防疫经验，中央霍乱所大力开展宣传，让全社会知道疫情进展的情况，动员市民配合有关部门进行防疫。在大疫的时刻，人心惶惶，流言四起。稳定人心和社会秩序不是靠隐瞒真相，而是靠开诚布公，让全社会知道现状，以取得全社会的支持。霍乱所定期发布公告，同时各方面加强检查，对食物水源等有可能的污染途径加以严格控制。

　　最后，就是病例的收治。对传染病，重要的是及早发现病例，及早隔离收治。对霍乱来说，及早收治不仅仅是避免继续传播，而且是挽救病人生命的关键。采取东北防霍乱的经验，医疗部门在全上海逐日进行检查，一旦发现病例，马上送传染病医院。除了原有的霍乱医院外，一些私人医院也加入防霍乱系统，在中央防止霍乱临时事务所的指导下收治霍乱病人。上海一共有20家医院对霍乱病人开放，包括17家的私人医院。

　　全上海，特别是在中国政府控制的区域内，各方面密切合作，展开了对霍乱的战争。从4月26日第一例霍乱出现起，到9月28日最后一例病例出现止，刚刚经过淞沪抗战这场恶战的上海，5个月内霍乱的流行始终没有失去控制。超过300万人口的霍乱爆发地，霍乱病例只有4296例，虽然在全国大城市中病例数第一，可是和以往霍乱流行时，动辄数万病例相比，这次霍乱的流行在上海得到非常好的控制。上海的疫情得到控制，全国的疫情自然就得到相对的控制，在没有进一步的感染源散发的情况下，各省市的霍乱逐渐销声匿迹。

　　而更为令人难以置信的是，尽管是霍乱爆发地，上海霍乱病人的死亡率在全国最低，只有7.4%，不到北京的十分之一。同样是大港，广东和厦门分别为35.37%和45.98%。与上两次哈尔滨防霍乱的数据相比，上海霍乱病人的死亡率也只有哈尔滨的一半。

　　如果说如此低的病人死亡率得益于上海先进的医疗系统和医生水平，那么让我们看看上海本地的数据，看看什么叫高山仰止，什么叫中国人的自豪。

　　当时上海共分三个区域，即大上海区、英租界和法租界。由中国控制的大上海区病人病死率7.4%。英租界的外国籍霍乱病人的死亡率为29.5%，法租界的外国籍霍乱病人的死亡率为30%。租界的霍乱病人死亡率比中国人居住区要高出四倍多。

如果说是因为居住地区的不同，再看看同样住在租界中的由中方医院收治的中国籍霍乱病人的死亡率。英租界中方医院的霍乱病人的死亡率为9.6%，法租界的中方医院霍乱病人的死亡率为6%。同样达到大上海区的水平。

伍连德再一次名扬天下，再一次证明，虽然物质条件是必要的，但是有信心、有恒心、有出色的领袖，在简陋的条件下一样能做出光彩的成绩。

从1910年到1932年，22年间，伍连德多次主持大规模防疫，也多次取得佳绩。若换成别人，有一次便足以慰平生了。可是这些机遇，除了第一次临危受命外，都是因为他出色的表现和过人的才华而创造的。一旦有重大疫情出现，无论是哪一个当权者，第一个想到有能力控制疫情的人选，总是伍连德。当今之世，舍我其谁？在那个乱世，伍连德靠的是自己的能力，无论谁当国，都会把重任交给他。

在每一次取得成绩时，在每一次回忆时，伍连德从不沾沾自喜，而是以能够为祖国服务而感到自豪和欣慰，仅仅这一点，就已经让当今很多很多人汗颜了。

第十九章　老兵不死

1

中央霍乱事务所在成功地控制了 1932 年霍乱大流行后，继续执行它预防控制上海地区霍乱的作用。经过这次成功的防疫后，上海各方面，尤其是租界方面，对霍乱所的工作更加支持配合。霍乱所每月定期开会，听取下属部门关于流行病、血清学、粪便检查、临床调查和水源供应等方面的报告。在霍乱事务所的领导下，大上海的霍乱防疫工作位于世界领先水平。

对伍连德来说，上海的中央霍乱事务所是他继东北防疫总处后又一项杰作。和海港检疫处一样，是他在 20 世纪 30 年代的突出成就。可是和东北防疫总处一样，又是日本人使他再次不得不放弃。1937 年，抗日战争爆发，中央霍乱事务所不得不终止所有业务。

在控制霍乱流行后，伍连德开始建立鼠跳蚤监测系统，在全国范围内监测鼠疫的流行迹象。

1932 年，受战争的影响，上海港的检疫船只数和总吨位、消毒吨位都低于 1931 年。在上海、广东、厦门、汉口进行的鼠跳蚤监测没有发现鼠疫杆菌。1933 年，鼠跳蚤监测扩大到其他港口，其流行病学研究也取得了非常有意义的结果。

到 1934 年，吴淞现代化检疫医院终于建成。鼠跳蚤监测不仅遍布各个口岸，也包括长江沿线。这一年最大的变化就是上海港检疫的船只中，日本船只总数第一次超过英国船只总数。当时伍连德并没有意识到，这是日本逐步侵华的一个步骤。

从 1935 年开始，国境检疫的力量逐年加强，1936 年广东检疫站终于划归检疫处，进入1937 年国境卫生检疫的前途一片光明。海港检疫处在各口岸的服务站、检疫医院及实验室共 20 多处，病床 2387 张，初步形成全国性检疫系统。

伍连德于 1936 年

也是在这一年，伍长庚学成回国。因为出生时险些丧命，所以伍连德给长子起名长庚。长庚自幼体质欠佳，当次子长福出生后，伍连德夫妇很重视他的健康。长福果然非常健壮，可是当他 16 岁就读南开中学时，在一场体育比赛中得了感冒，因为学校没有校医，送到北京协和医院时已经转为肺炎，很快去世了。这件事对伍连德夫妇打击非常大。三子长明早夭，伍连德和黄淑琼两人的孩子中只有长庚长大成人。

伍连德对长庚期望很大，为他设计了和自己一样从事医学研究的道路。天分很高的长庚也没有辜负他的期望，清华大学毕业以后入美国约翰·霍普金斯大学，获得学士学位后入美国耶鲁大学，获理学博士学位，然后入美国罗切斯特大学，获医学博士学位，最后在伦敦热带病和公共卫生学院获得证书，于1937 年学成回国服务。

　　回国以后，伍长庚就职于北京协和医学院的教学区，北平市第一卫生事务所，很快晋升为疾病监测科主管。同年，长庚成家，婚礼在协和医院举行。看到儿子成家立业，伍连德和黄淑琼感到无比的欣慰。

　　没想到，自幼的病躯，长期的劳累，使黄淑琼的身体终于支撑不住了。参加完儿子的婚礼不久，黄淑琼便因病在北平去世，终年53岁。

　　这一年，是伍连德和黄淑琼结婚32周年。

　　两个人初次相识于新加坡林文庆家中。端庄的相貌、良好的教育和不凡的家世，使得黄淑琼身边不乏追求者，其中有富豪有名人，可是她最终选择了伍连德，也就选择了聚少离多。

　　当年福建依旧按习俗裹脚，南洋的女子则是天足。南洋华人移民中不少人以裹脚为美，常常有人专门回福建娶来小脚妻子，然后招摇过市。黄淑琼从

1937年6月19日，伍连德夫妇在北京协和医院参加伍长庚婚礼（后排右一为司徒雷登）

小也裹足，幸于六岁时，父亲改信基督教，她得以拿掉裹脚布。可是这几年的裹脚还是对足部的发育有影响，相对来说有些行走不便。她幼年在教会学校寄宿时，因为学校的校舍陈旧肮脏而染上结核病，虽幸病愈，可是终生身体不佳。和伍连德订婚后，便先后两次感染肺炎，以致不得不在北京长期疗养，直到两年后身体康复，才能重返南洋，和伍连德成亲。

嫁给伍连德后，千金小姐不得不亲自持家。伍连德几次远行，都是一年半载，加上她接连生了三个孩子。特别是在第一次东北防疫时，她产后身体欠佳，加上幼子夭折，伍连德远在哈尔滨，使她的精神受到很大打击，身体也一直未能恢复。其后20年，她定居于北平，基本处于疗养状态，长期卧床，靠日光浴来维持身体的健康。即便这样，她依旧为伍连德的事业提供了巨大的帮助。

和在槟城时一样，黄淑琼在北平的社交圈里十分受欢迎，无论是和中国人还是和外国人打交道，她都游刃有余。伍连德常年在哈尔滨，处理和中央政府的关系，以及和洋人打交道，都是由黄淑琼出面。由于家庭的背景和教养，使她对时局有着相当准确的判断力和直觉，每每料事如神。伍连德对她言听计从，使得伍连德在那个乱世里能够保持独善其身，基本上不受改朝换代的影响，始终能获得官方的认可和资助，能够专心地进行研究和防疫。这在当时的学者中，可以说是凤毛麟角的。如果没有她的帮助，伍连德是无法做出这么多成绩的。

除了相夫教子之外，黄淑琼也有自己的事业。儿子长大成人以后，她开始用英文写作，着重介绍中国古代妇女。第一部英文小说《杨贵妃》发表于1923年，是第一部向西方介绍中国古代妇女的英文著作，在英美引起了很大的好评。受到鼓励后，她决心完成四大美人系列，第二部《西施》于1931年出版，第三部《昭君》于1934年出版。三部小说都取得很大的成功。随后，她开始着于完成最后一部小说《貂蝉》，可惜没有机会了。

32年相濡以沫，黄淑琼的去世对伍连德打击很大。从现存的照片看，在此之前，尽管年近六旬，他依然显得很年轻，看上去如若中年。可是自从黄淑琼去世后，他仿佛一下子衰老了。

尽管伍连德在北平和上海各有一个家。但其主要原因是黄淑琼身体不好，只能在北平长期疗养，活动范围基本局限在家中，无法陪伴伍连德东奔西跑。

伍连德年事渐高，身边也需要人照顾。北平上海两处相安无事，双方相处十分和谐。每到夏天，长女玉玲就来到北平，到北平妈家度暑假，过得非常愉快。

伍连德卸去天津的陆军军医学堂教职后，把家从天津搬到北平，主要想让家人有一个良好的生活环境。和天津那种租界般的喧哗浮躁不同，古都浓厚的文化气息和宁静的气氛不仅有利于黄淑琼疗养，也使得四海奔波的他，每次回家有偷得浮生半日闲的感觉。北平是中央政府所在地，还有各国使团，伍连德的工作很多时候需要和北平打交道，1931 年以前，他是北平和哈尔滨这两点一线。后来政府虽然定都南京，但北平还有协和医学院等医学单位，他依然时常北上。

每一个成功的男人背后都有一位女人，黄淑琼就是伍连德背后的女人。没有她，伍连德是不可能取得如此辉煌的成就的，黄淑琼称得上是一位伟大的女性。

伍连德处理了黄淑琼的后事，清理了东堂子胡同的宅子，遣散了佣人。结发夫妻，可惜不能终老。伍连德徘徊于园中，悲伤不能自已。东堂子胡同的宅子是他当年倾囊从一洋人手里买下，历年来多次修缮，中西合璧，屋里倾注了黄淑琼的心血。如今触景生情，情又何堪？伍连德翻出亡妻的手稿，想完成亡妻未完成的遗作《貂蝉》，以寄托自己的哀思。

就在他沉浸在三国的历史中时，城外响起了枪声。

1937 年，伍连德大喜大悲，怎料更有国破家亡。

2

1937 年 7 月 7 日，芦沟桥响起枪声。七七事变，抗战全面爆发。从甲午战争开始，40 多年，中日多次交锋，终于到了最后决战的关头。

华北战火连天，伍连德仓促南下。长庚因为任职协和，只能留在北平。一路上都是逃难的人流，走走停停，伍连德担心上海的局势，恨不得插翅飞回上海。没想到他的担心成了现实，"八一三"，中日再次在上海恶战。

上海检疫所又一次处在前线，检疫工作再次完全中断。日军攻下了淞沪，进而占领南京，国民政府西迁重庆。等伍连德终于重返上海港，发现刚投入使用的现代化吴淞检疫医院化成一片废墟，旁边的检疫处长官邸也毁于战火。

恨不抗日死，留做今日羞。伍连德一路奔波，还是没有赶上在淞沪会战中和朋友同事们再次上前线救护，看着一片狼藉的医院和家园，心中充满了悲愤。

从塘沽到厦门，各地检疫所的业务全面停顿，所有设施或毁于战火，或落入敌手。政府迁往大后方，海港检疫处可以说不存在了，上海的中央霍乱事务所也不存在了，伍连德几年的心血又一次彻底地毁于日本人之手。

三川北虏乱如麻，四海南奔似永嘉，伍连德在英租界中反复考虑何去何从。

随政府去重庆？他已经是快 60 岁的人了，再在战乱中颠沛流离，很可能会埋骨异乡。祖国虽然十分需要他，但自从黄淑琼去世后，他的身体状况大不如前，心情也黯淡了很多，很难像从前那样忘我地工作了。何况他 30 年的事业，让日本人一再毁灭，使他难免有些心灰意冷。

留在上海？他也算英国公民，有日本大学荣誉学位，是非日本人第一个获得此荣誉的，日本人不会把他怎么样，也许还可以在日本人统治下继续从事防疫检疫工作。但伍连德对日本人没有一丝好感，怎么可能为日本人干事？

受前妻的影响，从 20 年代开始，他也开始写作，主要匿名为英文的《中国评论周报》写时事文章。1928 年创刊的《中国评论周报》的编辑有潘光旦、全增嘏、林语堂、钱钟书等知名学者，其中也是福建人的林语堂和伍连德交往甚密。战后伍连德极力促成林语堂主持新成立的南洋大学，可是由于林语堂和主事者意见相左，很快离去，令伍连德遗憾不已。值得一提的是，"九一八"时他在东北受关东军审讯，日本人居然掌握了他匿名在《中国评论周报》上发表反日言论的情况，使他深感日本对中国渗透之深。

最后，伍连德决定举家南下，回槟榔屿家乡。他相信，这场战争很快会结束的。他以为，列强会再一次干涉介入，逼日本人撤军。他在南洋只不过是暂时的避难，用不了多久，就会重返中国的。祖国在战乱中，虽然防疫工作会更重，但他手下那批精英应该能够支撑得住。30 年为国效力，他奉献出了生命中最宝贵的时光。30 年间，希望用自己的学识为祖国服务，希望中国的医学卫生防疫能够进入先进国家的行列了。他努力了，也做出了震惊世界的成就。可是国家动乱，尤其是日本帝国主义，使得这一切努力最终成了泡影，让这位年过花甲的老人感到无比的心酸和惆怅。

1937年，伍连德举家离开上海，告别了他为之服务30年的祖国，回到故乡槟榔屿。

少小离家老大回，乡音无改鬓毛衰。伍连德回到槟榔屿家乡，休整一年后，在怡保市定居下来，重新开业，成为南洋一位年老的私家医生。

从光辉到平淡，一位举世闻名的科学巨匠，中外皆知的名人就这样云淡风轻地，像30年前一样再次成为南洋一个平平常常的医生。

单这份平常心，世上能有几人？

伍连德的选择，在有些人眼里是不可理解的。国难当头，匹夫有责。全民抗战之际，应该共赴国难，为抗战出力，为什么选择逃避？

伍连德是名医，是科学家，是那种踏踏实实，一步一个脚印，用成就而不是靠嘴巴让世人瞩目的学者，也不是那种怀着大医医国抱负的人。他所要求的，是一个和平的环境，让他得以不受干扰地做研究，搞防疫。而现在抗日烽火四起，乱邦不居，对他来说，暂时离开不失为合理的选择。

匹夫不敢忘忧国，如果退后10年、20年，正值壮年的伍连德会毫不犹豫地留下，随政府去大后方，为抗战做自己的贡献。可是他已经快60岁了，有报国之心而无报国之力。

伍连德在中国服务30年，他的英国公民的身份一直没有正式放弃。他不是海归而是华侨，中国是他的祖国，可是南洋是他的故乡。人老了，落叶归根，加上发妻故去，事业两度被毁，他心灰意冷，这次正是退隐的机会。伍连德离开中国时，心里还是认定战争会很快结束，他还有为祖国服务的机会。

当时和他一样选择离开的人不在少数，林文庆卸去厦门大学校长职务，也于1937年返回新加坡居住。伍长耀于1938年去了美国。当然，还有更多的人留下，选择为中国抗战服务。有陈永汉、林家瑞这些几十年追随伍连德的精英，也有林可胜、伯力士这些伍连德的外籍亲友弟子。这些年富力强的防疫先驱们在抗战中勇敢地承担起战场救护的重任。伍连德虽然远在南洋，可是他培养起来的中国防疫队伍和全国人民一起为中华民族血战。

　　无论是在常德细菌战期间，还是在历次会战的后勤保障中，都随处可见伍连德手下的群英，有他们在，中国不亡。

　　回到故乡，伍连德感到了久违的亲情和平静。30 年间家乡改变了许多，和中国一样，槟城的西化或者叫现代化也日新月异。许多伍连德记忆中的习俗改变了、不存在了。生活水平提高了，一些不健康的东西也出现了。而曾经无处不在的鸦片虽然收敛了许多，但依旧随处可见。

　　伍连德虽然有举世皆知的荣誉，可是类似逃难般地回来，不仅 30 年的事业灰飞烟灭，而且由于行李在运输过程中丢失，家财损失惨重，尤其是历年收集的珍贵医学古籍不知下落。伍连德虽然历年积累了些财产，可是几乎全部用在北平和上海的房子上，而且他为医院建设、医史研究和艺术公益等多次捐款，回到家乡时可谓囊中羞涩。他决定实现 30 年前他离家时的诺言，重新开业行医。

1937 年，伍连德举家自上海返回南洋

休整了一段时间后，伍连德于 1938 年在怡保市重新开业。名医返乡的消息很快传开了，各地前来就医的病人络绎不绝。伍连德每天从早到晚接待病人，而且周末常常也要应诊。他本人对此乐而不疲，和 30 年前一样，如果病人需要，他随时上门应诊。对穷苦的病人经常免费。由于医术高明，许多病人的生命得以保全。在一天又一天的忙碌中，伍连德重新找到了事业和寄托。

可是，没想到的是，1942 年，日军占领马来，噩梦又开始了。

3

1938 年到 1941 年这 3 年，伍连德过得非常愉快。尽管他时刻牵挂中国抗战的局势，但忙碌的行医生活使他从丧妻和事业毁灭的阴影中走出来，仿佛返老还童一样精神抖擞。怡保市当年像个宁静的小镇，在这里，他享受到了一份久违的宁静。和退休回新加坡，依然积极支持中国抗战的林文庆不同，伍连德像一位隐士一样，安享忙碌而平静的晚年。

可是，珍珠港事件以后，日军南下，势如破竹，英军一击即溃，日军很快占领南洋。

这一次，伍连德没有考虑去其他地方避难，一来日军进展神速，南洋旦夕而下。再则此处是他的故乡，故土难离，他选择了留下来和父老乡亲们共患难。战火纷飞，怡保眼看有一场恶战，他只得带着一家大小到吉隆坡避难。

1942 年 2 月，战火平息后，伍连德从吉隆坡的临时避难所回到怡保，发现因为附近经历了一场恶战，家里的房子一片残破，几乎被战火彻底摧毁。他这一生，似乎和日本人纠缠不清，这一次又多了一次毁家之恨。

伍连德不顾年迈，只好亲自动手，勉强盖好了屋顶，封严墙壁，使得一家老小不至于风餐露宿，就这样迎来三年半的日本统治。

1942 年又是一个伤心欲碎的年华。长庚在主持北平霍乱防疫中，长期深入贫民窟进行流行病学调查，不幸因此身染结核和肺炎，于年底在东堂子的宅子里去世，安葬在母亲身边，留下妻子以及三个年幼的孩子，其中一个孩子也很快去世了。长庚的英年早逝，对伍连德又是一个非常沉重的打击。

南洋华人长期受西方殖民者的压迫，历来对东方最强大的国家日本很有好感。当日俄战争中日本取得胜利后，南洋举行规模不小的游行，祝贺东方人第一次战胜西方人。1923 年日本东京大地震，南洋人自发组织为日本的震后重建捐助了大量的钱财。现在，日本人赶走了英国人，迎接他们的应该是亚洲人的自由吧？日本人起码应该懂得感恩吧？

事实证明南洋人太善良了，日本人带给南洋的是前所未有的恐怖和苦难，横征暴敛，枪杀无辜，比西方殖民者有过之无不及。

日本在南洋实行非常严格的殖民地统治，不容当地人有一丝反抗的苗头。尤其对地方著名人物和社区领袖，更是加以严格的监控，伍连德就是其中之一。人为刀俎我为鱼肉，伍连德开始了人生最黑暗的年代。

日本占领南洋期间，伍连德已经记不得多少次被骚扰、被盘问、被监视，所幸他曾经荣获日本医学界的最高荣誉，本人又是出名的医生，加上和本地日本商人关系不错，才能屡次转危为安。

另外一方面，日本占领者的头面人物频频向伍连德示好，试图和他建立友谊。其中一任本地最高长官早年任职满洲南满铁路时，曾经见过伍连德，以此为由经常套近乎。对此，伍连德一律敬而远之，以老迈为由谢绝一切事务，专心行医。

怡保不是大埠，使得伍连德能够保持私人医生的身份在日寇统治下苟活，可是在新加坡的林文庆就无法独善其身。

1937 年回到新加坡后，因年事已高，林文庆宣告退休。但他依旧十分关心中国抗战，揭露日军在中国的暴行，指出日军除以暴力施虐、破坏文化机关和医院之外，还助长许多社会弊害，诸如娼妓、赌博和鸦片等。他呼吁华侨尽一己之力，帮助祖国，拯救同胞；也鼓励华侨在精神上和物质上支持英国的反侵略战争。

1942 年，林文庆已经 73 岁了。日本侵略军占领新加坡后，急需利用一些社会上有名望的领袖人物来为其服务。而当时公认的华侨领袖如陈嘉庚等人，或早已出走，或销声匿迹。于是年逾古稀的林文庆在劫难逃，被迫出面组织了"华侨协会"，并筹集 5000 万元的"奉纳金"献给日军最高指挥官山下奉文，作为愿对日本的军事统治加以合作和支持的一种表示。

为了同胞的生存，林文庆被迫无奈，受尽煎熬。但他也利用"协会"及其"会长"身份，营救了一些爱国华侨。第二次世界大战结束后，林文庆被指为日奸，正是因为这些营救行动，英国当局豁免对他的谴责。可是，在世人眼里，林文庆晚节不保。他从此不闻世事，纵酒豪饮，默默地度过余年，于1957年元旦逝世。一代豪杰，晚境如此凄凉。

在偏僻的怡保市，以行医而避世的伍连德小心翼翼，可是还是躲不开灾难。

1943年9月的一天，两名日本士兵突然闯进伍连德诊所，命令伍连德夫妇即刻去见宪兵队队长。

不知发生了什么事的伍连德夫妇不安地赶到被宪兵队占用的昔日本地富豪的庄园。到了那里，两人被勒令并肩站在宪兵队长前面。身穿上尉军装的宪兵队长凶神恶煞一般地宣称：根据可靠情报，伍连德夫妇参加了抵抗组织，并提供7000元作为抵抗组织活动经费。

伍连德对这个指控感到非常奇怪，一口否认。

宪兵队长勒令伍连德夫妇说出实情，否则就不客气，然后叫来下属警官把伍连德夫妇带下去审问。

伍连德夫妇被带到警官的办公室继续进行审问。万幸的是，这位日本警官和他的情妇是伍连德的病人，这一年来多次到诊所看病，很满意伍连德的医术和人品。因此，没有过多难为他们。他告诉伍连德，他是可疑人物名单上的第一位，这次如果被发现有问题，恐怕凶多吉少。

伍连德确实和抵抗力量没有任何瓜葛，他从来不参加任何党派，虽然对日本人没有好感，但他采取忍耐的态度，相信国际局势早晚会发生变化，因此反复强调肯定是个误会。被分开审讯的夫人和他的说法毫无出入。日本警官听取了伍连德的陈述，然后对伍连德的诊所进行搜查。当时诊所设在他家的一楼，楼上的住所也被仔细搜查。经过几次反复搜查，没有发现任何证据，日本警官认为伍连德夫妇是无辜的。

4

原来，在两个月前，1943 年 7 月的一天，一个衣冠楚楚的人急急忙忙来到伍连德的诊所，请他马上去 4 英里外的镇子出诊。既然病人危急，伍连德放下手中的一切，两个人上了伍连德的汽车，在来人的指引下出城。走到半路，来人请伍连德停车，带着医疗用具跟着他走到一棵橡胶树下，没等伍连德明白过来，4 个全副武装的年轻人出现在他身边，命令伍连德随他们走向密林深处，伍连德这才知道自己被绑架了。

一队人在林中走了一个多小时，来到了一个隐蔽地点。武装分子给了伍连德一些饭菜，他草草地吃了，然后他们命令伍连德就地休息。两名年轻人看守着他，其中一人手里拿着一只手枪，枪口指着他的脑袋。

晚上 10 点，伍连德被叫了起来，来到一群年轻人面前，其中一个人他认识，也是他的病人，几个月以前得了严重的疟疾，是伍连德挽救了他的生命。

这群人领头的是个高个子客家人，一边说话，手中一边玩弄着手枪，目不转睛地盯着老医生，故作和蔼地开口了："伍医生，我们是抵抗组织，现在经费短缺，希望你捐献 15000 元。"

伍连德摇摇头回答："日本人来了以后苛捐杂税很多，诊所生意不好，我家里没有那么多钱。"

对方一笑："没关系，你可以给你太太写信，让你太太把首饰拿出小部分抵押或者卖掉就足够了。"

伍连德不禁苦笑，他知道说了对方也不会相信，他太太根本就没有几件像样的首饰。

在旁人眼里，伍连德在中国官场 30 年，经常身兼多职，肯定积蓄不少。其实，他并没有积攒多少财富。当年伍连德无衣食之忧，而且还很有节余。可是他所积累的财产很大一部分都用在维持北平和上海的房子上，其次他捐出了很大一部分，无论是东北防疫、北京中央医院建设、海港检疫，还是上海艺术馆、中国医学史基金和博物馆，他都慷慨解囊。其余的财产他都用于收藏中医古籍和古画上，而其中的大部分，1938 年回乡时在旅途中不知被航运公司运到什么地方去了。

此时，伍连德除了行医外没有别的收入。刚刚修缮好毁于战火的房屋，还要养家糊口，一家七口人可以说很不宽裕，哪里有钱给太太置备首饰？没有用首饰应付支出就不错了。

伍连德想了想："我没有那么多钱，只能出 5000 元。"

"那样的话，你可能要一辈子待在林子里了。"那个人冷冰冰地说。

最后，双方同意赎金为 7000 元。伍连德给妻子写了求救信，要她明天一早无论如何也要筹到这笔巨款。

在蚊子叮咬中，身穿单衣的伍连德根本无法入睡，度过一个又惊又恐的长夜。当启明星出现的时候，他不禁想起 12 年前在东北的遭遇，也是这样生死未卜的不眠长夜，这一次是否也能转危为安？

第二天一大早，警卫把伍连德叫起来，转移到另外一个地方。9 点，送信的人回来了，说伍太太同意出赎金。10 点，伍太太拿着钱到了，交完钱，伍连德终于恢复自由。原来李淑贞持家有方，在家中藏下了一笔应急款项，否则很难在一上午筹到这笔巨款，那样的话后果不堪设想。

后来，那伙抵抗组织落在日本人手中，刑讯之下，他们交代，那 7000 元是伍连德自愿资助的，以至伍连德夫妇被拘捕。

其后两年，日本人对伍连德的监视更严了。可是，随着战局的变化，日本战败的迹象越来越明显。南洋的日本统治者开始夹起尾巴。很多日本人都试图和伍连德建立个人友谊，依然被伍连德委婉地拒绝了。

1945 年，日本投降，苦难的日子终于过去了。

南洋历史上最黑暗的一页终于成为过去，当地人民再也不用每天在固定的时间到固定的地点听训话，然后面向东京的方向鞠躬。再也不用经过日本哨所的时候向日本军人鞠躬，否则挨耳光挨枪托。

战争结束后，伍连德依旧和过去几年一样，以行医谋生，没有着急回中国。一来家乡刚刚从日本人手里解放，百废待兴，他要为重建家乡出力。二来他这些年让日寇压榨得一贫如洗，只能先靠行医来积蓄路费。虽然可以通过朋友旧部向中国政府开口，可是中国刚刚经过血洗，他不忍心开这个口。

　　1947年，返乡十年后，他才有了足够的积蓄，携妻子李淑贞第一次远行，第一站先到日本，他要看看日本军国主义的下场。

　　伍连德在华期间多次到过日本，或开会或进修，那时的日本充满着军国主义的暴虐，每一次去都让他感到压抑和无奈。只有这一次，让他感到胜利者的开怀。

　　战后的日本，正在废墟上重建。伍连德在有生之年，能够亲眼看到日本军国主义的灭亡。踏上这片土地，他想起了三舅林国裕、淑琼的三叔黄乃模、二舅林国祥，还有程璧光、谭学衡，以及半个世纪中无数和日寇浴血奋战的将士们，他们终于能够含笑九泉了。他想起自己毕生的事业和心血，一一为日本人所毁，现在正义战胜了邪恶，中国终于取得最后的胜利。

　　带着重访日本的愉快心情，伍连德和妻子回到中国。而此时的中国，内战正酣。

　　十年后重回故国，伍连德在上海、厦门、北京等地故地重游，见到了许

1947年，伍连德、李淑贞夫妇回国，在上海与陈永汉（右三）、林家瑞（右一）等合影

多劫后余生的老朋友和昔日旧部，他们迫切希望伍连德能够回来，重新主持中国防疫大政。可是，眼见中国人打中国人，加上国民党日益腐败，使他觉得很难有所作为，加上年事已高，便打消了再度回中国效力的念头。

这次回国的主要目的，是想重返久违 16 年的东北。东北是他成名之地，他对东北感情极深，第二任太太也是出生在东北。可是东北的战事使他不得不放弃计划，终生再也没有回到东北。

访问结束后，谢绝了有关方面希望他出任要职的建议，伍连德再度告别中国，回乡继续行医。

上海港外，海风拂面，伍连德在船上，挥手向送行的人告别，在汽笛声中渐渐远去。这片土地，他来过了，他把最好的年华献给了这里，在有生之年能再次踏上这片土地，他满足了。

麦克阿瑟有句名言：老兵不死，他们只是悄悄地隐去。

第二十章　光芒重现

1

挥手自兹去，从此天涯孤旅。汽轮载着伍连德离开上海，从中国人的视野里悄悄隐去，甚至渐渐地被人遗忘了。

随后的 12 年间，中国的变化天翻地覆。共产党打败了国民党，建立了新中国。抗美援朝的结局让中国人体会到了一百多年来所没有的"中国人民从此站起来"的感觉。其后蒸蒸日上的中国开始进入一个新时代。

和天翻地覆的中国相比，南洋相对平静得多。马来亚最终分成新加坡和马来西亚两个国家。年老的伍连德多次谢绝当局希望他参政的建议，一直坚持开业行医。

怡保市很多人都记得在斯里并巷 93 号开诊所的那位年老和蔼的老医生，他几乎是一天不间断地在那里开业，20 年来风雨无阻，治好了无数的病人。可是他们不知道，这个平凡的老医生曾经闻名世界，曾经因为他一个人的成绩让他的祖国获得前所未有的荣誉。这位老人虽然已经因为年老而驼背了，但他曾经顶天立地地站着，是一个伟大国家现代化的先锋和旗手。这个悠闲地在街头漫步的老人，时常用广东话劝告小贩们不要吸烟喝酒，多运动，甚至当街免费开药方，曾经只手撑起北中国的天空，拯救了千百万人的性命。而现在，就这

1956 年，伍连德在怡保诊所

样让名利如浮云，默默地造福家乡。

伍连德虽然安静地行医，但是对时事依旧很关心。新中国成立以后，最令他赞赏的，就是很快地消灭了鸦片问题。这是他毕生奋斗而没有完的宿愿，使他对新中国寄予热望。1950 年，中华医学会由上海迁京时，他主动将东城区东堂子胡同 55 号故居捐献出来，作为中华医学会的办公场所。

可是，很快运动就开始了。1949 年从海外回国报效、在卫生部工作的伍长耀被打成右派，1958 年含冤去世。对中国政治的这种变化，伍连德在心中叹息不已。

战后，伍连德重新开始他受程璧光影响而养成的收藏习惯。1957 年，他将收集的两千多卷有关中国、印度和欧洲艺术科学和历史方面的书籍，捐献给南洋大学，也就是现在的新加坡国立大学。他将自己的论文和鼠疫的样品，捐献给香港大学。将部分中国古代书画收藏捐献给新加坡的马来大学。此外他花了 3 年时间，在怡保设立了霹雳图书馆，对公众免费开放。

由于名声在外，每年剑桥大学都邀请伍连德回访，他和剑桥的关系也很密切。在得知同是师从普金斯教授的李约瑟出版《中国科学技术史》遇到资金困难后，他主动说服新加坡首富李光前出资。李氏基金会资助了《中国科学技术史》前四卷的出版发行，使这部巨著得以面世。

从 1950 年开始，伍连德开始写自传，历时数年，这本名为《鼠疫斗士——一个现代中国医生的自传》于 1959 年由剑桥出版社出版。这部英文自传记载了他的一生，特别是在中国 30 年的经历，是中国近代史和近代医学史极其珍贵的

伍连德自传

资料。在自传的最后，他满怀热情地寄希望于中国的未来，再一次体现出伟大的爱国为民精神。出版之后，好评如潮。

1959 年，年满 80，回乡行医 22 年的伍连德决定正式退休。在家乡买下邹新庆律 39 号 I，打算回乡安度晚年。

老兵不是战死沙场，就是老死故乡。1960 年 1 月 21 日，刚刚搬进新居一周的伍连德心脏病突发病故，享年 81 岁。

尊重他生前遗愿，伍连德的遗体火化后，骨灰安葬于槟城。源于斯，归于斯，从平凡中走入辉煌，又从辉煌中走回平凡。

从香港到伦敦，人们纷纷纪念这位鼠疫斗士，黑死病的克星。伍连德的业绩再一次得到高度的评价。

直到 1983 年，在著名的流行病学家拉斯特主编的《流行病学词典》中，里面唯一的中国人就是伍连德。

2

20 多年过去了，世界在变化，中国更是在不断的变化中。经历了多次运动的中国人早就忘掉了那个叫伍连德的人，甚至搞不清楚他究竟是哪里人、哪国人以及他的下落。和许许多多本应该被我们这些后人牢牢记住的人们一样，伍连德这个名字就如同轻烟一样，从中国近代史里消失了。甚至在医学界里，知道伍连德的也非常之少。

1987 年，伍连德的长女伍玉玲女士访问中国，在中华医学会会议室的墙上看到悬挂的历届会长的照片，排在第二位的是她的父亲，这也许是当时伍连德在中国的唯一的痕迹。

这个人本来应该被当做国宝一样供奉起来的。从晚清到抗战，中国可以没有那些政客军阀，也可以没有那些文人买办，但是如果没有伍连德，中国，金瓯缺。他是那个悲壮年代里为中国补天的英雄。他是最不应该被中国人遗忘的国士。

1994 年 9 月 18 日，印度象神节的最后一天。古吉拉邦苏拉特市突然出现大批高烧不退、咳嗽、打喷嚏、吐血和昏厥的病人，很快相继死亡，死者浑身发黑，表情痛苦。政府怀疑有人在饮用水源中投毒，下令切断自来水供应。直到终于想起来化验

1956 年，伍连德于剑桥大学

血样后，得知是鼠疫，此时鼠疫已经开始大面积流行。当地医疗条件非常差，医疗设备十分落后，医务力量严重不足，医治鼠疫所需的四环素、磺胺等药品更是奇缺。到 10 月 4 日，已有 1000 多人被送进医院，其中 50 人死亡。接着几天时间，200 万人口的苏拉特市，有 30 万人仓皇出逃，把鼠疫迅速带到印度各地，整个印度和周邻国家陷入空前的恐惧中。

这次鼠疫流行中，印度卫生部门表现十分忙乱。以首都新德里为例，由于传染病医院人满为患，当局不得不在普通医院临时设隔离病房。无论传染病医院，还是临时隔离病房，医疗条件都十分糟糕。一间昏暗的病房里，挤着几十个病人，病房门窗洞开，蚊蝇飞舞，老鼠在地上、窗台上、房顶上打闹嬉戏。

1960 年，伍连德去世前最后一张照片

由于条件恶劣，许多病人无法忍受而逃跑。卫生部门只得组织特别警察小队，到处追查这些病人，以防止他们传播鼠疫。

人们在恐慌、疑惑、不满和愤怒中回顾历史，猛然发现 83 年前，一个年轻的中国医生在北中国的壮举，这个人从历史的尘埃中站立起来，开始他光芒万丈的重现。

1995 年 6 月，中华医学会医史学会、中华医学会上海分会、上海医科大学、上海卫生检疫局、上海预防医学会等在上海联合举办"纪念伍连德博士及中华医学会成立 80 周年国际学术研讨会"，除回顾中华医学会 80 年历史外，着重

1960 年，伍连德葬礼

进行伍连德检疫及预防医学思想研究、伍连德对医学史的研究及其贡献和伍连德生平、成就及事迹等方面的研讨。中华医学会是由伍连德于 1910 年最先登报倡议，并于 1914 年和颜福庆、俞凤宾等共同发起的。伍连德在中华医学会的创立、东北消灭鼠疫、建立中国检疫体制、医学史研究及医学教育等方面殊多贡献，是中国近现代西医事业的奠基人之一。从此，伍连德开始重新赢得他在中国医学科学史上应有的地位。

1999 年 3 月，国家卫生部、卫生检疫总局、中华医学会、中国医学科学院等在北京举行了"纪念我国现代医学先驱伍连德博士诞辰 120 周年座谈会"。

2000 年 9 月，北京大学人民医院为纪念第一任院长而塑立的伍连德博士铜像揭幕，并将学院学术报告厅命名为"伍连德讲堂"。

2001 年，哈尔滨医科大学于 75 周年校庆时，隆重举行了第一任校长伍连德纪念大会和雕像揭幕仪式。

3

尽管伍连德重获中国科学界的盛誉，但是在民众中，甚至在广大科学工作者包括绝大多数医疗卫生人员中，只能用一无所知来形容。中国那段历史被翻来覆去写成无数本小说和演义，被无数次地搬上银幕荧屏，唯独没有人告诉我们，在那个年代里，有这样一个人，他的成就只需要两个字来形容：伟大。

社会越来越功利，越来越浮躁，于是伍连德便离我们越来越远，远得如同遥远天空上一颗闪烁的星辰。

历史还是这样的无情。

历史再一次体现出他无与伦比的公平。

2003 年春，"萨斯"如世界末日般地在北京横行。"萨斯"过后，许多人开始提到伍连德，开始了解伍连德。每一次和伍连德的时空接触，都使许多人的心灵产生强烈的震撼。伍连德那种爱国为民的精神正在被各有关方面大力提倡。在由全国人民代表大会常务委员会副委员长韩启德院士撰写，收入《科学与中国——院士专家巡讲团报告集（第 1 辑）》的《传染病的历史告诉我们》中，他着重介绍了伍连德在东北大鼠疫和海港检疫等方面的成就。黑龙江省和哈尔滨市在哈尔滨鼠疫研究所、东三省防疫管理处旧址建立的"伍连德纪念馆"，于 2006 年 9 月奠基。

伍连德终于走出历史，重回中国。

在中国历史上有许多和伍连德一样的人，他们来了，又走了，中国的天空就这样一代代支撑下来。

有一种人，他们不仅仅是英雄、是国士，而且是我们心里道德和人生的楷模和榜样，是知其不可为而为之时的支柱，是奋不顾身、舍生忘死时的勇气，是民族的灵魂，是高悬在每一个中国人头顶三尺的神明。

这些人中，有一个人，名字叫伍连德。

附录 伍连德年谱

1879 年 3 月 10 日

生于英属海峡殖民地（今马来西亚）槟榔屿。

1886 年

入槟城公立学校（大英义塾）就读，入学注册时，由学校职员起了英文名字：
GNOH LEAN TUCK。

1893 年—1896 年

连续四年参加海峡殖民地女皇奖学金选拔考试。1893 年列第八名，1894
年列第五名，1895 年列第二名，因年龄不到 17 岁而未获留英资格。1896 年列
第一名，为该年唯一获奖人。

1896 年 8 月

赴英留学，入剑桥大学意曼纽学院，是剑桥大学第一位华人医学生。

1899 年

获剑桥大学文学学士学位，入圣玛丽医学院。

1902 年 4 月

获得剑桥大学医学学士学位和外科学士学位，为该校 1896 届医学生中第
一位获得医学学位者。在剑桥读书的五年零三个月内，几乎囊括学校所有奖项。

1902 年—1903 年

先后在伦敦布罗穆顿医院、利物浦热带病研究所、德国哈勒大学卫生学院

及法国巴斯德研究所进修。

1903 年 8 月

通过博士资格考试，获得医学博士学位，同时获文学硕士学位。

1903 年 9 月

返回海峡殖民地，在新加坡和黄淑琼订婚。

1903 年—1904 年

在吉隆坡医学研究院从事研究。

1905 年初

在槟城珠烈街挂牌行医。

1905 年 7 月

在新加坡和黄淑琼结婚，两人育有长庚、长福、长明三子。

1907 年 7 月

应袁世凯之聘，北上天津，就职北洋军医处，旋因病回乡疗养，随后赴欧洲参加会议及考察军事医学。

1908 年 5 月

举家归国，任陆军军医学堂帮办（副校长），英文名字改为：WU LIEN TEH。

1910 年 12 月

东三省鼠疫大流行。受外务部派遣，任东三省防鼠疫总医官，赴哈尔滨主持东三省鼠疫防疫。在此期间，三子长明去世，年仅六个月。

1911 年 4 月

因在东北鼠疫防疫中功勋卓著，担任万国鼠疫研究会议主席。赏医科进士。

1911 年 5 月

授陆军蓝翎军衔，协参领。获二等双龙勋章，出任外务部总医官。俄国授予二等勋章，法国授予荣誉衔。辞民政部卫生司司长之委任。

1911 年 7 月

筹建东北防疫总处，任处长至 1931 年该处解散。

1911 年 12 月

作为中国政府代表赴海牙参加国际鸦片会议，代表政府签署了国际鸦片公约。

1913 年 7 月

再次作为中国政府的代表，出席第二届国际禁毒大会。

1913 年

任大总统侍从医官，前后十余年。

1915 年

筹建北京中央医院（今北京大学人民医院），1918 年落成，出任第一任院长。

1915 年 2 月

和颜福庆等创立中华医学会，任秘书。任《中华医学杂志》主编前后六年。

1916 年

任黎元洪总统特医及京汉、京张、京奉、津浦四条铁路总医官。在中华医学会第一次大会上被选为会长，在次年的第二次大会上连任。

1916 年底

获香港大学法学博士荣誉学位。

1918 年 1 月

赴山西参与鼠疫防疫。

1919 年 1 月

受民国政府指派，在上海主持焚烧鸦片和烟具。同年，筹建中央防疫处。

1919 年夏天

主持哈尔滨霍乱防疫，东北防疫总处下属医院霍乱病人死亡率大大低于苏、日医院。

1920 年底至 1921 年春

主持东北第二次鼠疫防疫，成功地将鼠疫大流行控制在北满。

1922 年

获上海圣约翰大学荣誉理科博士。同年，受张作霖委托，在奉天建成东北陆军医院。

1923 年

作为"交换教授"去日本，是日本的首位中国"交换教授"。

1924 年 8 月

赴美国约翰·霍普金斯大学公共卫生学院进修，于次年获公共卫生硕士。

1925 年

次子长福因病去世，年 16 岁。

娶李淑贞，两人共育有二子三女，依次为玉玲、玉珍、长生、长员和玉珠。

1926 年

以肺鼠疫的论文获日本帝国医科大学荣誉医学博士，系首位非日本人之得主。同年，国际联盟卫生组织出版其著作《论肺鼠疫》（A Treatise on Pneumonic Plague），任该组织的卫生部研究员。

1926 年夏

再次主持哈尔滨霍乱防疫，属下的防疫医院被美国医学会杂志评为最佳的防治霍乱医疗机构。

1927 年

国际联盟卫生处聘伍连德为该处中国委员，并授予"鼠疫专家"称号。出席国际联盟在印度召开的第七次远东热带病学会，被选为副主席。

1928 年

任国民政府军医司司长，旋辞职。

1930 年

任卫生部技监，国际联盟卫生组织咨询委员会副主席。在上海主持第一次中国麻风会议，任主席。

1930 年 7 月 1 日

出任海港检疫管理处处长、技监兼上海检疫所所长，中央防止霍乱临时事务所所长。任以上两职至 1937 年。

1932 年

和王吉民合作出版《中国医史》（History of Chinese Medicine）。

1932 年

在淞沪抗战中，率领海港检疫处同仁，组织战地救护队，共医治两万多官兵和几百名伤兵。

1932 年夏

成功控制上海霍乱大流行。

1935 年

获诺贝尔生理学或医学奖提名。

1937 年

任中华医学会公共卫生学会会长。长子伍长庚留学归国，任北平市第一卫生事务所疾病监测科主管。妻子黄淑琼去世。

1937 年

举家回家乡避难。

1938 年

于怡保市重新开业行医。

1942 年

长子伍长庚因结核病去世。

1947 年

最后一次访问中国。

1950 年

将北京东堂子住宅捐献给中华医学会作办公场所。

1950 年

开始撰写自传《鼠疫斗士：一个现代中国医生的自传》（Plague Fighter: The Autobiography of a Modern Chinese Physician），于1959年由剑桥出版社出版。

1960 年 1 月 21 日

因心脏病突发病故，葬于槟城。

主要参考文献

1. Wu Lien-teh. Plague Fighter：The Autobiography of a Modern Chinese Physician [M]. Cambridge, England：Heffer & Sons, 1959.

2. Wu Yu-lin. Memories of Dr Wu Lien-Teh, Plague Fighter [M]. Singapor:World Scientific, 1995.

3. K.Chimin Wong, Wu Lien-teh. History of Chinese Medicine [M]. Shanghai:National Quarantine Service, 1936.

4. Wu Lien-teh et al. Cholera:A Manual for the Medical Profession in China [M]. Shanghai:National Quarantine Service,1934.

5. 施肇基．施肇基早年回忆录 [M]. 台北：传记文学杂志社,1966.

6. 陈雪薇．炫丽中一响清凡匿流：伍连德的一生及其思想 [D]. 新加坡：新加坡国立大学中文系,1999.

7. 焦润明．1910 — 1911 年的东北大鼠疫及朝野应对措施 [J]. 近代史研究.2006(3)106-124.

8. 曹树基,李玉尚．历史时期中国的鼠疫自然疫源地——兼论传统时代的"天人合一"观 [A]. 李根蟠．中国经济史上的天人关系 [M]. 北京：中国农业出版社,2002.

9. 伍连德．得之于人，用之于世：医学家伍连德自述 [A]. 程德培.1926—1945 良友人物 [M].上海：上海社会科学院出版社，2004.

10. 伍连德. 三十年来和疫菌的抗战：伍连德自述 [A]. 程德培.1926—1945 良友人物 [M]. 上海：上海社会科学院出版社,2004.

11. 曹树基. 曹树基. 国家与地方的公共卫生——以 1918 年山西肺鼠疫流行为中心 [J]. 中国社会科学, 2006(1):178-190.

12. Mark Gamsa.The Epidemic of Pneumonic Plague in Manchuria 1910-1911[J].Past and Present, 2006(190) 147-183.

13. 莫理循, 伍连德. 私人通信. 澳大利亚米歇尔图书馆.

初版后记

2004 年的春节，我坐在位于美国首都华盛顿郊区的办公室的电脑前，回忆起四年前回国过年的情景。那是出国后头一次回去过春节，也是最后一次陪父亲过年。伤感之下，小时候的往事历历在目。突然有了写作的冲动，那个年代，那些事，那些人，一瞬间从记忆的深处涌现出来，于是从这些深藏的记忆开始写起。

第一篇文章是这样结尾的："把儿时一些记忆写下来，算是纪念为共和国九死一生的开国将帅们，以及包括家父在内的那些在激情燃烧岁月中为共和国奋斗终生的军人们吧。"是的，如果不是因为怀念先父，我也不会开始写作，因此也不会有这本传记。因此，第一个要感谢的是在天的父亲。不仅仅是因为他是我写作的起因，更因为他和伍连德先生一样，曾是中国的军医。对此，我非常自豪。其次，要感谢我的妻子和儿子。写这种正统文字，无论从风格上还是在水平上，对我来说都是很艰苦的。能让我不言放弃、精益求精地完成它，除了伍连德先生伟大的人生外，还有家人的体谅和理解，让我能够把绝大部分业余时间花在这部书的写作上。

我之所以要写这部书，正如前言提及，应该归功于我的岳父，中国药品生物制品检定所陈天寿教授，是他提供了这个素材，并不遗余力地帮助我写出来。

亲人之外，有三个人值得特别地感谢。一位是我在大学读书时的老师、全国人民代表大会常务委员会副委员长、九三学社中央主席、中国科协主席、欧美同学会理事会会长、北京大学医学部主任韩启德院士。韩老师在百忙之中为我这个很不成器的学生的这本书写了序，让我受宠若惊。当年韩老师带课之时，不仅教我们知识，同时也教我们做人为医的道理。我想，20年了，唯有以此书向老师汇报。

另一位是伍连德先生的长女伍玉玲女士，在接到我这位素昧平生的晚辈的信后，伍女士欣然同意本书使用其家传照片，而且不顾年事已高，亲自审阅本书的初稿，纠正其中不少错误，并多次在电话中提供宝贵的历史资料和见证。伍女士几十年来不懈地宣传她父亲的平生业绩，如果不是因为她的努力，伍连德，这位对中国近代史有非凡贡献的人，有可能被世人永远地遗忘了。伍连德先生不仅仅是他后人的骄傲，也是全体中国人的骄傲。

在创作这本传记的过程中，因为对伍连德先生的敬仰和崇拜，结识了海内外不少朋友。可以说，没有他们的帮助，这部书就很难完成。中国社会科学院近代史研究所吕文浩博士提供了多篇史料和论文；北京社会科学院窦坤博士在澳大利亚做访问学者期间，寻访到了伍连德与《泰晤士报》记者、袁世凯政治顾问莫理循一些通信，福建教育出版社以3澳元复制一页的价格，为我提供了这套极其珍贵的历史文献；著名旅澳历史画家沈嘉蔚先生，应马来西亚有关部门之邀，创作马来西亚历史画，他将伍连德列入了这组历史人物画中，提供了有关伍连德研究的不少线索，并更正了本书中有关马来亚内容的几点错误。他还专程去了马来西亚怡保市寻访伍连德诊所，拍了照片，而且派夫人亲赴新加坡，于伍玉玲女士家中为本书重新翻拍其家传的珍贵照片；新加坡国立大学历史系助理教授杨斌博士，一位和我神交于网上的朋友提供了许多有价值的资料和大力的帮助；新加坡国立大学文学暨社会科学院中文系副教授兼副主任黄贤强博士热心地帮我联系到伍玉玲女士；湖南经济电视台曾海波编导提供了伯力士等人的资料。国家质检总局史志办公室徐鉴编辑多次提供难得的史料；内人的好友 Kathleen Glaser 女士花了大量时间帮助复原因年代久远而难以辨认的原信和狂草手迹。

我的老师、同学和朋友对这部书提供了难以估量的帮助和支持。他们中有北京大学常务副校长、医学部常委副主任柯杨教授，北京大学医学部基础医学院科研处李平风副教授，北京大学医学部主任办公室肖渊副主任，美国哈佛大学医学院斯根芬眼科研究所陈东风副教授，美国 Cyber-data Technologies 公司总裁景明博士等。

最后，网上的数不清的朋友们，他们不仅提供了史料上的帮助和探讨，而且在每一天每一刻给我巨大的鼓励和鞭策。无论何时何地，无论心情如何，有他们，我不曾孤独过，也从未丧失写作的乐趣和信心。

我最初写东西，就是想趁着记忆没有消失之前，把从童年开始的一些经历写下来。不料像玩票一样，写作成为我最大的副业。到现在，我也不认为自己是个作家或者写手，只不过是一个用写作来打发剩余时间的人。写作给我最大的收获，就是真正地用脑子思考问题，而后读东西和思考时便有不同的角度。

写伍连德传记可以说是一项艰苦的工作，就我本人来说是不适合做的，因为我没有那么深的历史功底，又不是学文科的。但是，有些事情总是要有人做的，不管是好是坏，做出来就代表我们没有遗忘，代表我们没有忘记自己的责任。

在我的生命中，除了伍连德与父亲同为军医这一点外，还和伍连德先生的生命轨迹多次交叉。伍连德先生是北京大学人民医院的创办人，我则毕业于北京大学医学部。伍连德先生开创了中国卫生防疫事业，而我也曾经是一名中国防疫人。伍连德先生曾经在美国约翰·霍普金斯大学公共卫生学院进修，我也在那里度过了五年时光。我祖籍吉林，先祖应该属于伍连德先生所拯救的千百万人之一。也许，为伍连德先生写传记是我命中注定的。

研究历史对我来说是业余的爱好，我写的不是学者的历史，而是百姓的历史。学者的历史是用来从兴废中发现历史前进的指针，还历史本来面目，让历史为今天做鉴。百姓的历史是用来从中汲取人生的真谛，领会生活的本质。在历史面前，每个人都会有所启发、有所收获、有所感叹、有所升华。不管读过多少本书，看过多少条资料，每个人都有权力、有能力从历史中记下对自己有益的东西，都有权力、有能力对历史畅所欲言。

我记下的历史不是为了考古，不是为了正本清源，是为了留给我自己，或者与别人分享的痛心疾首、热血沸腾和慷慨悲歌。

我记下的历史不是为了炫耀博学，不是为了沽名钓誉，是为了每天早上起来有我做人的原则、在需要的时候有知其不可为而为之的勇气。

我记下的历史不是要进行普史宣传，不是想千百年后作为教科书，而是让我在走过的日子里，和剩下的岁月中，永远不忘身为一个中国人的自豪、义务和责任。

这本书就是这样写成的。

2011 年 9 月于弗吉尼亚

再版后记

　　《国士无双伍连德》是我公开出版的第一本书，也是唯一得过奖的书。这以后我已经陆续出版了十多本书，但是没有一部能够和这一本相提并论。并不是因为这本书写得出色，而是因为它所写的人物出色，而是因为在写作中和人物产生了共鸣，迸发出了激情。

　　通过这本书，我结交了很多朋友，包括一批被称为"伍迷"的人，以及各方面关心、推广伍连德先生事迹的人们，例如人大常委会副委员长韩启德老师自费购买了200本书，利用各种场合进行宣传。这些热心人中最值得我敬佩的是刚刚去世的协和医学院公共卫生学院院长、《健康管理》杂志主编黄建始教授。

　　《国士无双伍连德》出版一年后，黄教授写了热情洋溢的推荐信，推荐本书参评第二届中华优秀出版物图书奖。后来黄教授希望在《健康管理》杂志上连载《国士无双伍连德》，我借机请黄教授为我的另外一本书作序，就这样成为神交的朋友。《国士无双伍连德》成为在《健康管理》杂志的第一个连载作品，使得伍连德先生的事迹为更多的人所知道。

　　2010年夏，在回国期间，应黄建始教授的邀请，我到《健康管理》杂志社做讲座，才第一次和黄教授见面，也是我们唯一的一次见面。这次见面中，黄教授和我互相以老师相称，而我心中则把他视为知己。这次见面中，黄教授谈到他在中国所面临的问题和困境、中国大众健康存在的问题，特别是他的理想，让我颇有同感。我们还约定日后合作写一部健康书，可惜不能实现了。得知黄教授去世的噩耗后，不禁生出这样的感慨：莫道人生何处不相逢，很多时候初见便是永别。

《国士无双伍连德》这本书是写给有心人看的，因为有的人可以从中看到自己的榜样，从而有了人生的目标和追求；还有的人能够从中看到自己，从而感到欣慰和自豪，感到此生无悔无憾。黄建始教授正是后一种人，他从这本书中看到了这些年来他为中国公共卫生事业所作出的奉献努力和知其不可为而为之的勇气，因而觉得此生无憾。

中国的公共卫生事业，正由从伍连德先生到黄建始先生这样的一代又一代的公卫人奉献、奋斗和传承。

这几年，总有热心的朋友建议我也写某类热门的题材，我一概婉言谢绝，因为我写东西所追求的最高境界是当自己老的时候翻开了读，能够拍案惊奇：这东西是我写的吗？本来以为不可能达到这个境界，可是时隔四年，重新读这本书的时候，居然有了这种感觉。

我少年时曾经有当作家的梦想，我父母担心那样的话我将来会衣食无着，可是死活劝不住，便利用浩然先生是我母亲病人的机会，让大作家出面，巧妙地让我打消了这个念头。

但这个梦想一直深埋在我心中，直到这本书获了奖，才算实现了这个梦想。我也可以在父亲的坟前供上这本书，告诉他老人家：儿子现在能糊口能养家，业余的时候还能够实现自己的一个梦想。

人的一生有很多梦想，在无奈的人生中，实现自己的梦想已经是一种相当不切实际的奢侈。因此，我感到非常幸运和满足。

拿出酒，斟满。

干杯，为被岁月埋葬的所有梦想！

2011 年 9 月于弗吉尼亚